裕固族现代教育与
文化传承研究丛书

YUGUZU XIANDAI JIAOYU YU WENHUA
CHUANCHENG YANJIU CONGSHU

安维武　巴战龙　主编

第一辑

裕固族聚居区基础教育改革与发展研究

YUGUZU JUJUQU
JICHU JIAOYU
GAIGE YU FAZHAN YANJIU

安维武／著

甘肃文化出版社

图书在版编目（CIP）数据

裕固族聚居区基础教育改革与发展研究 / 安维武著
. -- 兰州 : 甘肃文化出版社，2021.7
（裕固族现代教育与文化传承研究丛书. 第一辑）
ISBN 978-7-5490-2266-3

Ⅰ. ①裕… Ⅱ. ①安… Ⅲ. ①裕固族－少数民族教育－基础教育－教育改革－研究－中国 Ⅳ. ①G758.1

中国版本图书馆CIP数据核字(2021)第143643号

裕固族聚居区基础教育改革与发展研究
安维武 | 著

责任编辑 | 凯　旋
封面设计 | 马吉庆

出版发行 | 甘肃文化出版社
网　　址 | http://www.gswenhua.cn
投稿邮箱 | press@gswenhua.cn
地　　址 | 兰州市城关区南滨河东路520号 | 730000(邮编)

营销中心 | 贾　莉　王　俊
电　　话 | 0931—8454870　8430531(传真)

印　　刷 | 甘肃发展印刷公司
开　　本 | 889毫米×1194毫米　1/16
字　　数 | 260千
印　　张 | 16.5
版　　次 | 2021年7月第1版
印　　次 | 2021年7月第1次
书　　号 | ISBN 978-7-5490-2266-3
定　　价 | 38.00元

序

巴战龙

随着“后义务教育”时代的到来，人类社会出现了一个令人颇为迷惑的现象，即一方面教育的重要性被政府、市场和社会越来越多地承认和强调，另一方面教育的日常语义却日趋泛化，教育的那些温暖人心的意象——“阳春白雪”“春风化雨”“润物无声”“革故鼎新”等，不断模糊。由于被各色人等频繁使用和被各种力量竞相争夺，“教育”这个词在当下已然不免让人产生“陈词滥调”“周吴郑王”“新瓶装旧酒”“换汤不换药”等消极联想和负面情绪。但若从长时段视角出发公允地说，“教育”仍不失为深度理解全球社会和人类文化的关键词。

从理论上看，教育是科学与艺术高度统一的复杂现象，教育研究更是建筑在综合吸收一切研究人的学术成果基础之上的学问。从现实中看，教育的“异化”贻害无穷，教育研究的“泛滥”备受责难。教育，无论是实践还是学术，都深陷“应然”和“实然”间的泥沼难以自拔。个中原因纷繁多样，但缺乏“历史感”（“绊倒我们的常常是同一颗小石子”）和“实践感”（“一个行动胜过一打纲领”），是极易被忽视的重要原因。

学校与社会的关系问题，是教育领域学术研究和实践探索的基本问题之一，诸如哲学、人类学、社会学、政治学和历史学等许多学科专家学者都持续挥洒汗水和贡献才智，政府、市场和社会各种力量各色人等都介入其中运作权力和实现抱负。裕固族聚居区学校教育的改革发展，为这个教育研究的经典问题提供了一个有趣且独特的案例。

国家、教育与学校的古今之别已经被学术界广泛且充分地论证，在此不赘。裕固族聚居区学校教育的改革发展之所以能成为有价值的学术案例，其主要原因在于：

首先，裕固族聚居区学校教育的历史短暂。如果从1939年5月七世顾嘉堪布在中华民国蒙藏委员会调查室驻酒泉调查组的协助下创建莲花寺小学开始算起，现代意义上的裕固族聚居区学校教育迄今只有80余年历史。裕固族教育，从传统的以寺院教育为主的体系到现代以学校教育为主的体系的演化和转变，可以折射出裕固族由传统的部落联盟为主的社会政治体系到现代县乡辖制为主的社会政治体系的演化和转变。

其次，裕固族聚居区学校教育发展的节奏稳定强劲。裕固族聚居区学校教育可以粗略分为四个阶段：（1）1939年至1958年的学校教育体系创建阶段；（2）1959年至1978年的学校教育曲折发展阶段；（3）1979年至1998年的学校教育普及发展阶段；（4）1999年至今的学校教育的改革发展阶段。可以说，每过20年时间，学校教育就呈现出不同的社会风貌和文化底色。

再次，近十年来裕固族聚居区学校教育改革发展成果丰硕。自2004年掀起裕固族聚居区学校教育的学术研究和实践改革的新潮流以来，已经取得了令人瞩目的成就。其中有两项成就值得特别谈到：一项是基本构建起了一个以教育人类学学科群为学科基础，多学科多领域参与其中的学术领域——“裕固族教育研究”，这一新兴领域业已在中国质性教育研究界和民族教育研究界，以及教育人类学界均获得一定程度的肯定和认同；另一项是积极推进以开发校本课程和发展民族语言教育为特色的学校课程改革，使裕固族聚居区学校教育由完全照搬内地发展模式转换到初具民族特色发展模式。

第四，可能是最重要的是，裕固族聚居区的学校与社会业已构建起了双向互动的良性关系。历史经验证明，学校教育为裕固族聚居区经济政治和社会文化的发展培养了一批批普通民众、文化精英和国家干部，而地方政府和社会成员均十分重视学校教育，尽力支持和促进子女教育和学校发展。值得注意的是，在张掖、酒泉、兰州和北京等地还有一个支持家乡教育发展的文化精英圈，他们/她们本身都是学校教育中较高学业成就的获得者。

安维武是近年来裕固族聚居区改革发展整体实践中涌现出的新一代文化精英中的代表人士。他是继七世顾嘉堪布、钟天明和杜生德之后成长起来的又一位“土生土长”的教育家，是“裕固族教育研究”和“学校课程改革”的主要规划者、直接推动者和深度参与者，当过语文老师和中学校长，现任肃南裕固族自治县教育局局长和裕固族教育研究所所长。他的视界、观念和魄力对裕固族聚居区基础教育发展有着直接和重要的影响，我们也可以透过他书写的文本来理解和想象裕固族聚居区基础教育改革发展的情境、过程和机制。

这本书集合了十多年来裕固族聚居区学校教育改革发展的主要“印记”。常言道，前事不忘后事之师。着眼中国及全球教育发展的整体情况，无论是从西部教育还是民族教育的视角看，2020年将是裕固族聚居区基础教育发展的分水岭，之前裕固族聚居区基础教育发展模式属于“追赶型”教育发展模式，之后裕固族聚居区基础教育发展模式将转向“自主型”教育发展模式。新的教育发展模式的确立、丰盈过程，也将是裕固族由文化自觉走向文化自信的漫漫征程。

2007年，教育人类学家滕星先生在写给安维武主编的裕固族乡土教材——《裕固家园》的“序”中提出的殷切期望之一是“裕固族地区的社会各界能在深入总结自己实践经验的基础上，立足本土，放眼世界，为人口较少民族的经济社会和文化教育在全球化时代的全面发展提供独具特色的‘裕固族经验’”。十多年过去了，我认为安维武的这本新著旨在尝试回应滕星先生的殷切期望，因而十分值得关注和推荐、阅读和评论。

是为序。

二〇二〇年九月十日

于北京市朝阳区育慧里小屋

（作者系裕固族学者，现任职于北京师范大学社会学院）

目 录

上篇：文化传承

民族地区义务教育课程改革与裕固族乡土教材建设研究报告 ……003
裕固族乡土知识专题学习网站建设与应用研究报告 ……025
甘肃省肃南裕固族自治县皇城镇肃南二中初中地方性校本课程建构研究报告 ……045
人口较少民族教育特色研究
——以裕固族为例研究报告 ……067
裕固族语言文化校本课程(系列)开发研究报告 ……133

下篇：教育管理

牧区初中生流失的成因及对策研究报告 ……159
少数民族地区寄宿制学校安全管理的思考与实践研究报告 ……179
西北地区预防和应对地震等重大自然灾害校本课程构建研究报告 ……195
西部民族地区普通高中校本化管理机制改革研究报告 ……209
肃南裕固族自治县中小学生家庭作业的现状调查与改革研究报告 ……235

上篇：文化传承

民族地区义务教育课程改革与裕固族乡土教材建设研究报告

肃南裕固族自治县第二中学校长安维武为中学一级教师，2003年6月至2005年6月主持完成了自选课题《民族地区义务教育课程改革与裕固族乡土教材建设研究》。课题组主要成员有王延军、王师鹄、凯忠军、杨爱军、蔡世宏、彭建宇。

一、简介部分

1.标题

民族地区义务教育课程改革与裕固族乡土教材建设研究报告

2.摘要

我校是肃南裕固族自治县的一所牧区寄宿制学校。在积极落实国家课程标准的基础上，根据学生和社会的需求，结合民族地区和我校基础教育实际，对形成多样化课程资源和合理的课程结构等方面的问题进行了积极的探索。本文旨在从文化的视野初步探讨肃南裕固族乡土教材建设问题。主要从分析肃南裕固族乡土教材开发建设的背景及校本课程资源的优势、劣势入手，提出了“开发课程资源，传承民族文化”这一研究主题，确立了题为《民族地区义务教育课程改革与裕固族乡土教材建设研究》的教研课题，就裕固族乡土教材的开发和建设的研究原则、方法，研究的过程，研究的结果，实验成效进行了全面的分析总结，并结合研究，就裕固族乡土教材开发取向问题作了一些初步的探讨。

二、主体部分

1.问题的提出

我校是肃南裕固族自治县的一所牧区寄宿制学校，在积极落实国家课程标准的基础上，根据学生和社会的需求，结合民族地区和我校基础教育实际，对形成多样化课程资源和合理的课程结构等方面的问题进行了积极的探索，确立了题为《民族地区义务教育课程改革与裕固族乡土教材建设研究》的教研课题，尝试开发校本课程，编写了裕固族乡土教材，作为我校教学的课程资源之一，以增强课程的选择性和适应性，体现办学特色。本文旨在从文化的视野初步探讨肃南裕固族乡土教材建设问题。

校本课程的开发是国家新一轮课程改革的一项重要内容，其主要思想是针对我国是一个人口众多的多民族国家，地域辽阔，各地的经济文化存在着差异，完全用大一统的课程设计和一刀切的要求，显然不能满足各地区和各学校发展的需要，尤其是在民族地区。为此，国家实行了由国家、地方、学校管理为主的三级课程管理模式，要求以学校为基地进行课程开发，弥补学校课程资源不足，提高学校的办学自主权，体现办学特色。在这一思想的指导下，目前，全国各地一些中小学正在轰轰烈烈地进行校本课程的开发研究。作为民族地区学校应抓住新课程改革这一历史机遇，积极投身于校本课程开发研究的实践当中，以促进民族教育的不断向前发展。

人类文明的发展呈现出多样性和差异性。我国是一个多民族国家，有着悠久的历史、灿烂的文化和优良的传统。“五十六个民族五十六朵花”，在民族文化的大花园里，各民族的文化异彩纷呈，百花争艳。各族人民在历史发展的长河中，为中华民族的繁荣发展做出了贡献，共同缔造了中华文明。在今天社会主义现代化建设的新时期，建设有中国特色的社会主义，实现中华民族的伟大复兴是全国各族人民的共同心愿。建设有中国特色的社会主义文化，必须是政治、经济、文化协调发展的文明。社会主义精神文明建设就是要尊重文化的多样性，学习、借鉴、吸收和继承人类一切优秀文明成果，繁荣民族文化。党和国家在少数民族地区实行的民族区域自治制度为各民族政治、经济、文化的发展提供了政治保障。同时，社会的进步和发展使人们越来越容易接受多元文化的价值观念，这为裕固族传统文化的传承提供了一个极好的历史契机。

文化是一个民族的心理反映，文化是民族的文化，民族是文化的载体。根据对本地开展的调查结果分析，我们发现由于强势文化的影响和社会生活的迅速发展进步，一些民族本土文化日渐萎缩，人们对传统文化的亲合力降低，少数民族面临着民族文化蜕变和消亡的危险。本地学生的民族传统文化知识贫乏，民族观念不强。在被调查者中有88.3%和89.2%的学生对裕固族的族源、族称不清，有58.2%的学生对裕固族历史上的重大事件不明，对民族传统文化、风俗习惯了解和掌握得很少，对民族文学阅读量小，尤其是中小学生对裕固族语言的分类和民族分布不清。对肃南的基本地理知识缺乏全面了解，大部分学生不知道我们生活在祁连山北麓，相当一部分学生不知道肃南的行政区划。大部分人对肃南的人文和自然资源只是略知一二，了解得不够全面和深入。整个社会对民族传统文化的继承和传播重视不够。少数民族的文化是祖国文化的瑰宝，抢救、整理、传承和发扬传统文化中的优秀成果显得日益紧迫，刻不容缓。

根据对本地学生、家长和社会各界人士的广泛调查了解，学生有了解学习少数民族优秀传统文化的需求。有88.3%的学生对民族语言文学、民族历史和当地的自然环境有强烈的学习和了解的需求，有90.64%的学生对民族歌舞、传统体育、手工制作也有学习参与的欲望，有94%的学生对自己的家乡有着深厚的感情，并愿意勤奋学习建设家乡。这种需求内驱力为民族优秀传统文化的传承和民族乡土文化校本课程的开发建设奠定了良好的学生基础。同时，民族乡土文化校本课程的开发也有着广泛的社会需求。民族地区的广大人民群众既是民族文化的创造者，又是民族文化的传承者。优秀的民族传统文化是大众的文化，民族地区人民群众有一定的民族传统文化知识，对优秀传统文化有着浓厚的情感和强烈的认同感。在调查中有94.78%的家长喜欢本民族的传统文化，这为裕固族乡土教材的建设和优秀民族文化的传承创造了良好的社会氛围。同时，有94.6%的家长和社会人士也迫切希望自己的下一代学习和继承民族优秀文化传统，这都为裕固族乡土教材的建设和优秀民族文化的传承创造了良好的社会基础。通过调查，我们认为人民群众对民族传统文化传承有比较正确的认识。有78%的人认为应继承和发扬优秀传统文化，有91%的人认为传承民族优秀文化是全社会的责任，普遍认为学校开发和建设乡土教材，传承民族优秀传统文化是非常必要的。

优秀的民族文化是提高民族自信心、增强民族凝聚力、培育民族精神和民族情感的源泉。全社会应当从本民族生存和发展的高度充分认识到保护、挖掘、整理、传承和弘扬民族优秀传统文化的重要性和紧迫感。因此，让学生学习和了解本民族的文化，传承和弘扬本民族优秀文化是民族地区学校的历史责任。立足于基础教育，我校主要从文化视野的角度进行校本课程的开发和建设，以增强学生民族观念和对本民族文化产生认同感，传承裕固族优秀文化。

2.裕固族乡土教材建设的现状

课程资源是一切课程活动的基础，我们在校本课程裕固族乡土教材建设中应该认识到少数民族地区课程资源的不足和优势，如何充分发挥本地的优势课程资源，传承民族优秀文化，是我们在开发课程资源中要解决的首要问题。

2.1 校本课程资源的优势

2.1.1 神奇绚烂的人文资源

肃南的历史文化源远流长。据普查，在肃南县境内的崇山峻岭中分布着大大小小的石窟、石刻、烽火台、古城、古建筑、古墓遗址、寺院、革命文物古迹130处，其中有38处古文化分别被列入国家和省级、县级重点文物保护单位。在这些熠熠生辉的人文遗址中，以马蹄寺石窟和文殊寺石窟最为突出。自北魏时期就开始建造的马蹄寺石窟群，其内的立体圆雕彩塑飞天和洞内壁画艺术，可与敦煌莫高窟媲美。洞窟以体裁内容之丰富、雕饰之多变、保存之完整而享誉石窟艺术界。自元、明、清以来，马蹄寺就成为西北地区藏传佛教胜地之一，吸引着众多游客前来观光。此外，在全县境内的战国岩画、草沟井古城、明海古城、古皇城遗址、元代西水大长岭古墓、泱翔永昌王古墓以及沙沟寺、长沟寺等6处寺院。让学生学习了解历史，考察浏览这些历史古迹，使他们仿佛置身于篇幅浩帙的历史画卷中，这不仅可以开拓学生的知识视野，调动学生学习的主动性，还使学生对家乡有了更深层次的了解，以增强民族自信心和自豪感。裕固族是一个历史悠久的民族，通过挖掘宣传裕固族、藏族、蒙古族、土族等少数民族在河西的历史，使学生在思想上认识到，在历史发展的进程中，民族间存在着矛盾和冲突，但各民族和睦相处，相互融合，共同发展是历史的主流。唐时"回鹘衣装回鹘马"，藏汉"和同为一家"，就是民族间亲密交流事例的历史见证。以国家统一为乐，以江山分裂为忧，是中华民族天经地义的价值取向，在少数民族的传统文化中蕴藏着爱国主义传统。裕固族的祖先"甘州回鹘"还在助唐平定"安史之乱"，维护国家的统一中做出过贡献。

2.1.2多彩丰富的自然资源

肃南地处祁连山北麓，境内山势变化多端，气象万千。奇山怪石、险峰幽谷随处可见；黑河、疏勒河等大小30多条河流纵横全境，沿途山清水秀，风光旖旎；33万公顷原始森林，展现山涧新绿；孕育着70万头（只）牲畜的千里草原，水草丰美，碧绿无垠；一望无际的沙漠，悦耳动听的驼铃，演化丝绸之路的繁荣；有亚洲古化石象征的"七一冰川"和皑皑雪山，构成了雪域高原的银色世界。著名的祁连山主峰素珠链、观山海子、药水神泉等多处自然风景别具一格；风格迥异的丹霞地貌、雪山冰川、大漠戈壁、森林草原、河流瀑布、幽谷深涧、奇山怪石，交织成一幅幅神奇、玄秘、耀眼的风景画。肃南县境内还有着丰富的物种资源，各种飞禽走兽、奇草异木数量众多。以马鹿、白唇鹿、雪豹、盘羊、蓝马鸡、马熊等国家一、二类保护动物为代表的229种野生动物，以冬虫夏草为代表的1044种植物生长茂盛，呈现出勃勃生机，是生态资源宝库；金、铜、铁、钨等27种矿产资源储量丰富，有着开发价值。只要我们用心发现，各种气候、地质、花鸟鱼虫、山石田木、树木走兽、河流、湖泊等等，都可以成为重要的课程资源。美丽富饶的家乡，会激发学生热爱家乡、建设家乡的朴素情感。

2.1.3独具特色的民族风情

在漫长的历史岁月里，经过中原和西域各民族的大融合，肃南已成为黄河文化和西域多民族文化交流与融会的地区之一。许多少数民族都曾在这块美丽富饶的土地上生息繁衍、辛勤耕耘，都为这块土地的繁荣、发展做出过各自的贡献，最终造就了以裕固族为主体的11个民族的大家庭，成为全国唯一、甘肃省独有的裕固族聚居区。其语言、宗教、服饰和风俗习惯都极具民族特色。这些民族传统、生活习俗、民间神话传说、民族歌舞、民歌民谣、民族戏曲、民族工艺、民族服饰、民族体育、民族饮食、乡规民约、道德伦理等都是重要的课程资源，具有极大的挖掘潜力。在浩如烟海的中华民族文化卷帙中，裕固族民间文学散发着浓郁的芳香。无论是民间故事还是史诗、民歌民谣、民族戏曲在广大牧民中世世代代口头相传，极富生命力，它是裕固族人民生活的反映，成为人民生活中不可缺少的精神食粮。这些丰富的民间文学艺术既有知识教育和道德教育的作用，还具有审美的功能。学校积极挖掘、整理这些民间文学艺术，可以扩大语文教学的空间，达到教育、审美和娱乐功能的统一。裕固族还是一个性格开朗、勇敢、坚强不屈的民族，他们崇尚英雄，渴望自由，喜爱运动，他们的传统体育活动有着悠久的历史。

农牧民群众是历史文化的传承者，也是重要的文化艺术宝库。充分挖掘少数民族地区丰富多彩的民族传统、民族风俗等课程文化资源，开发民间文化课程系列，以丰富学生的精神生活，培养学生的乡情和民族感情，促进少数民族地区精神文明建设的发展。通过对民间、民族传统文化的搜集、整理，积淀学生的文化底蕴，弘扬民族优秀文化。充分利用民族传统的歌舞、体育活动培养学生广泛的兴趣爱好，传承优秀民族文化，培育民族精神。

这类课程资源的开发对于弘扬民族文化、丰富学生精神生活，加强民族地区精神文明建设都具有十分重要的意义，能使学生清醒地认识到西部尤其是西部的少数民族地区，机遇与挑战并存，深知自己肩负的重大历史使命，从而唤起他们改变家乡落后面貌的历史责任感。

2.1.4广阔的生产劳动资源

民族教育的目的就是要为农牧业生产和民族经济发展服务，因此生产劳动是最具开发潜力的课程资源。在讲到少数民族经济发展时，联系少数民族畜牧业、商业和独具特色的民族手工业的发展，能使各民族的学生都深深感到自己的祖先对河西的开拓和发展做出的贡献。在丝绸古道、唐蕃古道、茶马古道上阵阵的驼铃和嘚嘚的马蹄声中都留下他们劳碌奔波的身影。各族商人为加强国内各民族、各地区之间的联系和发展，为促进中西方经济文化交流和友好往来，做出了不可磨灭的贡献。在农牧业生产中，家禽、家畜的饲养技术，动植物的病虫防治技术，人工繁殖技术，暖棚养羊等技术的广泛应用，以及民族工业中传统手工艺品的制作技术的发展都促进了民族地区经济的发展和人民生活水平的提高。通过少数民族独特民俗的展示，可成为宝贵的旅游资源。所以"广大的农牧业生产劳动就是天然的课堂"。充分发挥学校现有的现代化设施设备（尤其是计算机网络）的作用丰富课内外、校内外教育教学资源（包括得天独厚的环境资源、土地资源、农牧业科技资源、人文资源、信息资源等），构建每个学生展示自我、完善自我的平台，以促进学生最大限度地成长与成才。这类课程的开发对于学生了解"三农、三牧"问题，促进农牧业现代化发展具有十分重要的意义。

2.2校本课程资源的劣势

2.2.1课程人力资源素质偏低

课程人力资源是课程活动的关键因素。少数民族地区课程人力资源包括学校教师、农牧民及其他社会人士等。由于社会发展等各种因素的影响，我国少数民族地区人口整体素质偏低。从课程资源的角度分析：第一，学校和教师缺乏课程改革所需要的创新意识和能力。长期以来学校和教师服务于"应试教育"，由于经费缺乏，教师缺少新课程改革的培训和信息交流，对课程改革缺乏理解，缺乏课程开发的基本理论素养和技能；许多中小学教师虽身在民族地区，但对一些民族的历史、传统文化、自然环境、社会经济的发展状况以及处理民族问题的一些方针政策并不熟悉，缺乏课程开发必要的知识储备。第二，社会参与程度低。长期以来，农牧民群众就很少参与到学校教育中来，普遍认为教育是学校的事，对于新课程改革他们几乎是闻所未闻，少量的民间艺人、文艺工作者、农牧业生产大户和农牧业科技人员也鲜有参与民族教育的热情，因此课程开发缺乏必要的社会支持。第三，学校缺乏课程专家的引领。肃南地域广宽，山高路远，经费短缺，很少有课程专家深入学校实地指导。

2.2.2课程财力资源严重缺乏

课程财力资源是课程活动的基本支持。缺乏必要的财力、物力、人力支持，课程活动就会失去生存和发展的空间。我校在校本课程开发的过程中，首先遇到的困难就是缺少图书音像资料。其次由于地域辽阔，居住分散，开展调查和收集资料相当困难。再次学校课程的实践和推广也存在许多困难。如聘请当地的民间师资需要资金的支持，开展考察、实验、歌舞表演、传统体育等实践活动也需要资金作后盾。因此，少数民族地区学校要进行课程资源的开发，必须拥有齐全的实验仪器、图书音像资料、多媒体、校园网络等现代化的教学设备以及实践基地，需要花费人力、财力、物力去整理、挖掘、传承优秀的民族传统文化。

2.2.3课程思想资源落后

校本课程资源的开发都能以马列主义、毛泽东思想、邓小平理论、三个代表为指导，全面贯彻党的教育方针。但在生活思想资源方面，广大农牧区群众师生都把学生“跳农门”“光宗耀祖”当作理想追求。“升学”被看成了改变一个学生乃至整个家庭命运的唯一手段。“升学率”和“分数”成为评价农牧区学校、教师和学生的唯一指标。在教学实践活动方面，广大农牧区教师和学生仍把教材当作“圣经”，不敢越雷池半步。教师是忠实的知识传递者，学生是知识的容器，“传授——接受”是农牧区教师和学生的唯一教学方式，教学活动缺乏实践性、探究性。在师生关系上，仍然盛行“师道尊严”，教师和学生的地位是不平等的，“体罚学生”的现象在少数民族地区学校仍然存在。这些与新课改的要求格格不入的思想，严重影响了学校开发校本课程资源的顺利开展。

3.课题研究的实施过程

3.1第一阶段：分析情景、确立主题

3.1.1课题研究的目的意义

《民族地区义务教育课程改革与裕固族乡土教材建设研究》这一教育科研课题的确立和研究，主要目的就是通过对民族地区义务教育阶段实施课程改革以来的情况分析，结合我校实际，积极开发校本课程资源，编写一套裕固族乡土教材以补充现行教材。让我们这个民族的新一代能在基础教育阶段学习和了解本民族丰富的历史和文化遗产，吸收民族文化智慧、传承优秀民族文化、尊重多样文化。在青少年学生中，不断加强民族团结教育，增强民族自尊心和民族自豪感，形成民族认同感，培育民族精神。这对于全国唯一、甘肃独有的裕固族来说，繁荣民族文化，繁衍民族历史，传承和弘扬本民族优秀的历史文化都具有非常重要的现实意义。

3.1.2课题研究的理论依据

《基础教育课程改革纲要（试行）》明确指出，为保障和促进课程适应不同地区、学校、学生的要求，实行国家、地方、学校三级课程管理。学校在执行国家课程和地方课程的同时，应重视当地社会、经济发展的具体情况，结合本校的传统和优势、学生的兴趣和需要，开发和选用适合本校的课程。

根据《甘肃省肃南裕固族自治县自治条例》，自治县的学校具有继承和发扬民族文化传统，积极发展具有裕固族和其他民族特点和风格的文学、美术、音乐、舞蹈，收集整理民族文化遗产，保护名胜古迹、珍贵文物和其他重要历史遗产的权利。在这些精神的指导下，结合学生的知识结构和能力水平，研究并开发裕固族乡土教材，以培养学生的民族认同感和民族自豪感，丰富学生的学习生活。

3.1.3课题研究的坚持原则

客观性原则。基本要求是：必须全面、真实、系统地占有材料；要坚持一切从实际出发的实事求是的态度。

科学性原则。基本要求是：树立严谨的工作作风；必须合理地选择研究方法。

发展性原则。基本要求是：要用发展的眼光去发现问题；要用发展的眼光去分析教育现象，研究的结果要有前瞻性、预见性、要有助于推动教育的改革和发展。

定性研究与定量研究相结合的原则。

3.2第二阶段：定位目标、设计课程

这一阶段的课题研究任务是：编写教材分类研究规划，搜集和查阅参考资料，制定裕固族乡土教材选编设想或编写提纲。

3.2.1课程开发的目标

编写裕固族乡土教材，传承和弘扬民族文化。

3.2.2课程开发的内容

《肃南地理》《裕固族文学作品选读》《裕固族历史》《裕固族体育与健康》《裕固族民间美术欣赏》《牧区寄宿制学校安全教育手册》。

3.2.3教材编写方式

每册都有几个单元，每个单元一般由三大板块组成。知识区、活动区（以课内活动为主）、实验场（以室外延伸为主，包括参观、调查、实践、操作）。按照课题研究方案，课题组成员各自制定了裕固族乡土教材的编写研究计划。课题组成员还主要以裕固族博士钟进文先生主编的《中国裕固族研究集成》（中国民族出版社）为索引，分别查阅了上百种报刊、杂志、文集、志书，以及互联网资料等，搜集到近50年来本民族内外，甚至国内外学者、专家的有关裕固族历史、文化、风情、民俗、文学、艺术、体育等诸多研究成果。裕固族乡土教材课题组的主编人员各自整理出裕固族乡土教材的编写参考资料。随后，课题组根据《基础教育课程改革纲要（试行）》中指出的关于教材开发与管理要积极开发利用校内外各种课程资源的要求和新课程教材编写的特点，集体研究制定了裕固族乡土教材选编设想和编写提纲。

3.3 第三阶段：精心选材、编写教材

这一阶段是课题研究的关键阶段和攻坚时期，是编写裕固族乡土教材的过程，是课题组运用科学方法鉴别、分析资料、统一分歧、提出理论见解和建设性意见并具体编写教材的过程。课题组全体成员经过努力做到了：

3.3.1全面占有资料

对查阅过和搜集到的资料进行分门别类的整理、准确分析。将繁杂的原始资料整理，汇总成容易理解、处理的资料汇编。

3.3.2认真鉴别资料

对调查的研究资料和研究成果进行全面审核，区分真假和精粗，消除资料的假、错、缺、冗现象，保证调查资料的真实性、准确性。

3.3.3科学编写教材

按照客观、公正、科学的原则和传播、弘扬民族文化的宗旨，努力编写富有趣味性、可读性，贴近学生生活、传承优秀文化的裕固族乡土教材。经过课题组全体成员的辛勤工作和共同努力，2004年年底，裕固族乡土教材——肃南二中校本课程编写完成。它包括：《肃南地理》《裕固族文学作品选读》《裕固族历史》《裕固族传统体育与健康》《裕固族民间美术欣赏》和《牧区寄宿制学校学生安全教育手册》。

3.4 第四阶段：实施课程、评价反思

课题组根据国家、省、市《义务教育课程设置实验方案》，配合学校教导处制定了《2005年春学期肃南二中校本课程——裕固族乡土教材实验教学方案》。在我校7-9年级进行实验教学，我们根据学生的认知规律，确定实验教学的对象、内容、课时、人员。利用16周时间，总授课66课时，完成了实验教学任务。采用“先实验后推广”的研究策略，2005年4月，由课题组的6名老师分别选择两个实验班进行了课堂教学实践，效果很好。从2005年5月起，在总结实验班先进经验的基础上，正式在全校范围内全面落实推行。

课程计划、教学内容安排

授课内容	教学要求	授课年级	授课节数	授课周数
《肃南地理》	全修	7年级	12节	6周
《裕固族文学作品选读》	选修	7年级	12节	6周
《裕固族民间美术欣赏》	选修	8年级	6节	3周
《裕固族历史》	选修	8年级	12节	6周
《裕固族传统体育与健康》	全修	7-9年级	4节	2周
《牧区寄宿制学校学生安全教育手册》	选修	7-9年级	4节	2周

课题组建立了以学生自评为主，学校、教师、学生、家长、社会共同参与的评价机制和多种评价方式。要求实验教师对自己的教学行为进行诊断与反思，注重学生的意见和家长的反馈信息。通过多方评价，使裕固族乡土教材得到不断完善，让实验教师从多种渠道获得改进教学行为的信息，进而不断提高教师教学水平。

4.课题研究的成果

通过课题组成员的辛苦工作和全校师生的共同努力，课题现已结题。有付出就会有回报，有耕耘就会有收获。首先，发展了教师。经过一年多时间的学习、研究、教育，学校教师科研意识得到了显著增强，科研能力有了明显的提高，有力地推动我校教育科研的不断发展以及科研兴校、以人为本、发展为本的办学新理念得到实现。其次，培养了学生。校本课程的开发和实践，拓展了学生的视野，丰富了学生的情感体验，体验人与自然的和谐关系、民族的情感与态度、个人的成就感，促进了人性的形成。同时，课程的实践活动陶冶了学生的性情。如在领略大自然的过程中产生广阔的胸怀，在感受民族文化的生活中培养了热爱家乡的情感，在学习传统文化中接受了社会共同发展的道德规范，培养了学生的能力，唤醒了学生保护民族文化的意识。在学习之后，他们认识到还有许多珍贵的东西散落在民间，他们纷纷走出校门搜集和整理民间文学和民间歌谣。在活动中，学生们也都在自己的生活中搜集到了一些民歌和民间故事，尽管这些歌谣和故事大多已经被整理出来，但我们相信，只要他们有这种意识，在今后的生活中一定会有新的发现。再次，传承了民族文化，体现了学校特色。该课题具体形成了6项研究成果。

4.1调查报告

《裕固族乡土知识调查分析与思考》（附：问卷调查表）

4.2开题论文

《少数民族地区校本课程资源开发的现状及思考》

4.3裕固族乡土教材

肃南二中校本课程《肃南地理》《裕固族文学作品选读》《裕固族历史》《裕固族传统体育与健康》《裕固族民间美术欣赏》《牧区寄宿制学校学生安全教育手册》

4.4裕固族乡土教材范例教案7个

4.5裕固族乡土教材教学实践论文6篇

4.6结题报告

《开发校本课程资源、传承民族优秀文化——民族地区义务教育课程改革与裕固族乡土教材建设研究》

课题成果为我们开展校本课程的教学提供了素材，也为学生和家长学习民族文化提供了一个很好的通俗读本。另外，丰富多彩的民族体育、歌舞等文化活动的开展，丰富了校园文化生活，培养了学生的特长，充实了学校文化的底蕴。

5.校本课程开发的取向思考

5.1弘扬民族优秀文化传统，发展以人为本的价值目标取向

校本课程目标是校本课程开发的方向与灵魂。无清晰的课程目标，不仅课程开发过程缺乏计划性、方向性而且缺乏目标导向，从严格意义上讲，课程开发活动无从谈起。少数民族地区校本课程的开发只能定位于国家课程计划之内，既要以国家的教育目标为依托，又要立足于对国家课程的补充与完善，以突显学校的办学特色、发展学生的个性为宗旨。要求在设计校本课程时，应将校本课程的特殊目标与国家课程的一般目标结合起来，寓特殊性于一般性中，使校本课程的特殊目标在与一般目标相统一的过程中得到实现。

对于全国唯一、甘肃独有的裕固族来说，基础教育校本课程的开发目的首先就是让民族地区的新一代在基础教育阶段在掌握好现代科学文化知识的同时，积极学习和了解本民族丰富的历史和文化遗产，吸收民族文化智慧，培养学生知乡、爱乡、建乡的思想感情，加强民族团结和爱国主义、社会主义的教育，树立正确的民族观和对待传统文化的正确态度，增强民族自尊心、自豪感，增强民族的认同感、凝聚力和责任感，培育伟大的民族精神。

其次是尊重文化的多样性，发展民族文化。在21世纪的今天，人类文明的发展呈现出多样性和差异性。文化面对两种并存的趋向，一方面，人们深切地感受到人类是一个具有共同命运的整体，各种不同的文化都被卷入了历史洪流之中；另一方面，却又更加显示出特色文化之斑斓色彩。正是这两种并存的趋向，促进了文化的发展和人类的进步。事实证明，只有承认各种文化的差异性与独特性，才能真正找到不同文化之间相互沟通、相互理解的基础。繁荣民族文化、繁衍民族历史、传承和弘扬本民族优秀的文化，是学生和社会的需求，是尊重文化的多样性，是建设有中国特色先进文化的需要，保护好中华民族大家庭中的各民族文化，不仅是对中华民族的贡献，更是对整个人类社会的贡献。因此，要教育学生自觉担负起繁荣民族文化，传承民族文化的历史重任。

再次，体现“以人为本”的办学理念，培养学生的创新精神和实践能

力，体现以学生的发展为本的教育价值。当今时代是人力资本和劳动力要素较量的时代，事实证明教育上不去经济就永远落后。少数民族基础教育事业的发展不仅对提高少数民族的文化素质，推动民族地区社会经济的发展，对改善民族地区人们的物质文化生活有着重要的作用，而且对推进中华民族的整体素质，实现社会主义现代化的宏伟目标，最终达到各民族的平等、团结、共同繁荣都有极为重要而特殊的战略意义。因此，校本课程只有着眼于学生的现实生活与未来发展，只有培养学生的创新精神和实践能力，才具有真正的价值与蓬勃的生命力，才不会被当作“异己”力量或“花边”教育予以排斥，才能有生存和发展的空间。

最后，必须着力提高全民族的思想道德素质。《基础教育课程改革纲要（试行稿）》中指出“新课程的培养目标应体现时代的要求。要使学生具有爱国主义、集体主义精神，热爱社会主义，继承和发扬中华民族的优良美德和革命传统；具有社会主义的民主法治意识，遵守国家的法律和社会公德；逐步形成正确的世界观、人生观、价值观；具有社会责任感，努力为人民服务；具有初步的创新精神、实践能力、科学和人文素养以及环境意识；具有终身学习基础知识、基本技能和方法的态度；有健壮的体魄和良好的心理素质，养成健康的审美情趣和生活方式，成为有理想、有道德、有文化、有纪律的一代新人。”民族地区学校应积极挖掘民族传统文化的德育资源，培养学生良好的行为习惯和优良的品质，引导学生健康成长，为青少年健康快乐的成长，营造一个和谐的发展环境，使学生现在和未来的生活更加健康和完美。

5.2 突现民族性、时代性、地域性、适应性为特点的内容取向

校本课程内容是实现校本课程目标的手段和载体。学生是学习的主体，校本课程开发的意义就在于使学生获得学习的最大收益。作为少数民族地区的学校就校本课程内容的选择而言，要立足于民族地区的实际，以学生现实生活的需要为出发点，最大限度地选取与学生的现实需要、生活经验、文化背景相契合的知识经验。因为只有这种知识才能对学生的实际生活产生效用，才能引发学生的兴趣，促使学生主动学习探究。我校校本课程的内容在突现民族性、时代性和地域性的同时，还考虑到内容的科学性和有效性，对学生和社会的实际意义，以及能否为学生所接受，是否与

学校教育的基本任务相一致等问题。

首先，突现民族性。民族性表现在每一个民族独特的文化之上，民族性是我校开发和建设乡土教材最基本的特征之一。生活在祁连山的裕固族是全国唯一、甘肃独有的少数民族，是一个历史悠久的民族，有语言而文字失传，民族文化的内容绚烂多彩。“以史为镜，可以知兴替”。作为裕固族乡土历史教材，主要从裕固族社会发展状况以及民族语言、宗教、风俗、服饰、饮食、民族精神和价值观念等方面作了比较全面的概述。知之愈深，爱之愈切，通过学习使学生初步了解裕固族发展的历史，产生一份浓浓的乡情、朴素的爱国情感，从而增强了学生民族信念、民族自豪感和责任感。对民族团结、社会稳定以及国家民族政策有了更深层的认识和理解，最终把知识转化为建设家乡的历史使命。裕固族的先祖过着游牧生活，他们面对残酷的自然环境，辗转迁徙，顽强地生存了下来。艰苦的环境造就了他们强健的体魄和勇敢的精神，他们在不断创造和发展生活技能的同时，也创造和发明了如赛马、摔跤、拉爬牛、顶杠子、拔腰等健身娱乐的体育活动。他们崇拜英雄，将赛马和摔跤的获胜者称为“巴特尔”，体现了裕固族勇敢、刚健、豪放、拼搏的民族精神。聆听着裕固族祖先艰苦创造生活的脚步，同学们深深地为先辈们不畏困难、艰辛开拓的精神所打动，跃跃欲试之情溢于言表。这也正是民族性格在后一代身上的表现。裕固族民族文学具有鲜明的民族特色和浓厚的草原气息。它采用人们所喜欢的诗歌、故事、神话传说、史诗等形式反映自己的愿望，表现了对未来的期待，以及对美好事物的向往和追求，歌颂了劳动人民的崇高品质和巨大的创造才能，歌颂美好生活。我们在众多的文学作品中确定了四个单元主题即：“草原篇”“生活篇”“歌声篇”和“传说篇”，来进行作品选编。裕固族人以他们的聪明和智慧，在长期历史发展过程中，依靠赖以生存的畜牧业，创造了许多实用的工艺美术品。如编织的各种毛口袋、毯子、马缰绳等，还能在这些用品上编织出美丽的花纹和图案，色彩朴素、结构大方。还有宗教艺术、服饰艺术等都绚烂多彩，散发着浓郁的民族气息。这都在我们所编的美术教材中得到了充分体现。

其次，紧贴时代性。民族文化是不断发展变化的，任何一种文化都植根于生活，是现实生活的反映。校本课程的内容要紧贴时代的发展，反映当代社会生活的发展变化，有浓厚的时代气息。课程内容可涉及现实生活中一切领域。诸如科学教育、文化艺术、人民生活水平、生态环境或其他与学生日常生活经验有关的主题都可作为校本课程开发的内容源泉。如裕固族是全国第三个实现全民族普及九年义务教育的民族，也是甘肃省达到小康水平的县份之一，政治、经济、文化、体育、卫生等各项事业都发生了翻天覆地的变化。少数民族传统体育运动有着很强的艺术魅力和观赏价值，“蓝天白云映雪峰，绿草如茵马蹄疾”充分展示了游牧民族高超的骑术。学生观看了由自己的乡亲或家长参加的比赛，倍感亲切，也极富感染性。传统体育运动至今被广大各族人民所喜爱，有着广泛的群众基础。肃南已举办了四届少数民族传统体育运动会，各乡镇每年都要在“五四”“六一”等节假日期间，或者群众在“祭鄂博”等民俗活动中开展传统的体育活动。我们应当传承和发展它，让它发扬光大，造福于人民。这对振奋民族精神，丰富人们的文化生活，促进精神文明建设发挥着重大作用。

民族地区的现代化必须考虑可持续发展的问题，农牧民群众保护环境意识的增强必须“从娃娃抓起”，发展“生态农业”，我校校本课程的内容依托当地丰富的自然资源优势，通过环境保护方面的法律法规学习和可持续发展战略、生态移民工程、天然林保护工程、黑河综合治理工程、三北防护林的建设、退耕还林、退牧还草的政策教育孩子，影响学生家长，进而影响乡邻，达到保护绿色家园，确立农牧民“生态农牧业”“绿色环保”的观念。

校本课程内容要综合现代农牧业生产技术、经营方式和管理策略，致力于传播农牧业科技文化知识和优秀文化成果，推广农牧业科技成果。把理论与实际相结合，教育与经济相结合，让学生在“做中学”，做到“教、学、做”合一，把人力资源直接转化为智力优势。在这方面，肃南裕固族自治县基础教育做了有益的探索和实践，现已形成以县职教中心为龙头，各乡镇农科教培训中心和九年制学校为依托，大办职业技术教育，取得了显著的成效。我校在平时的学科教学中注重渗透服务“三农、三牧”的内容，如数学教学中的生产统计、土地测量；物理中的电工维修常识，地理中的环保治污，化学中的土壤成分分析、化肥农药、病虫害防治，生物学中的优良草畜的培育，英语中的导游知识，艺术教育中的音乐、舞蹈，政治中的民族经济，民族体育中的传统体育运动和健康知识，周会课的法治、安全教育等，使学生学有所得、学有所用。

再次，围绕地域性。如肃南地处祁连山，地形多样，气候寒冷、资源丰富、景色优美、以牧业生产为主。校本课程的内容只有与当地的自然环境、生产生活结合起来，贴近生活，才能激发学生学习探究的欲望，使学生产生亲切感。因此，教材建设要体现地域特征。我们的学生对自己的家乡比较熟悉，但空间概念并不十分清楚，乡土地理教材在文字叙述的同时，尽可能使用一些图像资料。如地貌类型图，人口、民族、矿产、农作物、畜牧业分布图，城市规划图以及一些直观教具，如标本、画报、图片、地图等，以起到形象直观的作用。另外，我校是少数民族地区寄宿制学校，住校生占58%，校外借宿生占12%。牧民群众居住分散、交通不便，生产的季节性强和转场放牧，给学生放学回家带来了诸多不便，路途中也存在许多安全隐患，加之所处的环境气候寒冷，取暖期长，周围又有大片的森林和草场。因此，安全教育的内容要紧紧围绕这一实际进行。

最后，力求适应性。教材所选编的内容在体现民族性、时代性、地域性的基础上最终要体现在适应学生。因为青少年是鲜活的生命个体，教材建设只有取材于生活，从学生需求和认知特点出发，贴近学生、满足学生发展的需求，具有可读性和实践性，方可有生命力。我们在教学实践中尽量寓教于乐，采取学生喜闻乐见的形式，以激发学生学习和参与的兴趣。在民族传统体育的教学中依据青少年学生活泼好动、争强好胜的性格特点，以及对裕固族传统体育活动所表现出的极大的参与欲望，针对大部分同学对裕固族传统体育运动比较熟悉，在日常生活中也经常进行这类活动，都能来两手，可谓是驾轻就熟的实际，个别学生还说得头头是道。在开好国家体育课程的同时，补充民族运动的内容，开展传统民族体育竞赛活动，让每个同学都体会到了成功的快乐。在裕固族文学所选的作品中，尽量体现这些作品都是他们身边的人写的，有的甚至很熟悉，作品的内容都是生活中熟悉的内容或能引起兴趣的故事、传说，甚至是一些耳熟能详的歌词，通俗易懂、倍感亲切。在这种积极情绪的影响下，使教学收到良好的教学效果。美术教材所选就是让学生欣赏、学习人们在衣、食、住、行、宗教等日常生活中所体现出的艺术，学生徒手或用一些简单的工具就能学会，非常实用。作为安全知识也是学生日常生活中必备的一些小常识，如防冻、防火、防煤气中毒、防食物中毒、预防疾病等，通过典型案例、身边的事例让学生可信、可学，以适应学生发展的需要。

5.3参与、合作、探究、体验为主的实施取向

校本课程应该是知识经验和人格发展的整合。校本课程应该根据主题的要求，将所选择的课程内容按照学生的兴趣、需要、能力等因素组织起来，融认知、技能、情意为一体，不仅要专注于培养学生的能力、发展学生的特长，还要注重张扬学生的个性，陶冶学生的性情，力争使所学的课程内容成为构筑学生人格内涵的有机养料。根据新课程的精神，我们编写教材力求突现学生的主体地位，教材由知识区、活动区、实验场三大板块组成。教学实践过程中注重学生的创新能力和实践能力的培养，注重教学组织形成的多样化和教学方法的灵活性，将课内学习和课外活动结合起来，以室外延伸为主，包括参观、调查、实践、操作。在整个教学中教师循循善诱，注重师生互动，活跃课堂气氛，提高学习兴趣，以激发学生的求知欲。比如在肃南地理教学中，在讲述“团结和睦的大家庭”时，让学生叙述本地有哪些民族聚居，该班有哪些民族的同学，各民族有哪些风俗习惯、风土人情，相互间关系如何等，通过启发诱导、师生互动、合作交流等方式，学生不但对不同民族有了较全面的了解，而且达成了“各民族平等、团结、互助、友爱、携手并进”的思想共识。如在裕固族文学作品的学习中，我们在每篇课文前编写了“阅读提示”，课后设计了“阅读思考”。为了达到以读促写的目的，我们在前两个单元后安排了两次练笔活动，主要是想让学生能将写作的笔触落在自己的家乡，抒写自己对家乡生活的感受，从而激发他们热爱家乡的情感。为培养学生的学习兴趣，我们在后两个单元安排了两次语文活动，让学生在生动的语文活动中感受民族文化的魅力，以引起他们对该领域的关注，并且通过“我的加油站”了解搜集整理民间文学和民间歌谣的方法。为了达到情感教育的目标，我们在课后思考题中设计了一些有关民族道德意识、民族精神、集体智慧等方面的思考题，以引起学生对这些问题的思索。一般都要求学生在课前对作品进行充分的阅读，除了熟悉课本中所选的作品外，也让学生主动搜集有关作者的情况，并阅读类似的作品，以此来拓宽学生的学习领域，阅读更多

的裕固族文学作品，将学习空间由课堂延伸到课外。通过欣赏裕固族文学作品让学生领略语言之美，感悟生活之美，用自己的眼睛去发现美，用笔触来抒发美。再如在裕固族传统体育教学中，在学生喜爱的基础上，根据不同的条件实施不同的教学。采取“三自”方针，即由学生自主选择内容、自主选择练习方法、自主选择课余练习时间，给学生以较大的自由学习空间，体现学生的主体性。还有在肃南地理的教学中，让学生了解当地丰富的物产，考察、游览当地的自然景观和人文景观，了解当地有着丰富的旅游资源，并结合当地的自然环境和生产方式开展一些社会调查，分析当地的环境状况，提出合理化的建议，并积极参与到环保行动之中，以激发学生对自然的热爱之情和建设家乡之志。在民族艺术教学中，让学生唱唱、跳跳、画画、剪剪，以感受民族艺术之美，体验和展现生活的快乐与幸福，培养生活的情趣。另外，平时注重科技知识在课堂教学中的渗透，可采用合作探究的方式，使学生掌握一些知识和技能。学校打破劳动技术课与实践活动课的时空界线，发挥身居牧区的优势，引导学生观察暖棚养羊和普通圈养，大棚蔬菜与普通蔬菜，高山细毛羊与未改良绵羊之间的区别，从而感受高科技的效力和威力，激发学生学科技、用科技的欲望。

5.4以形成性评价为主的多元化评价取向

校本课程评价是研究校本课程价值的过程。每一种课程评价都体现着特定的价值观，这其实就是课程评价的取向问题。国家课程基本上采用的是目标取向的评价，这种取向追求评价的客观性和科学性。所以，一般都采用统一的、标准化的外部考试，其评价的目的就在于课程目标达成度。由于校本课程采用的是相互适应的取向，评价的主动权在学校，因此，校本课程评价就应该采用形成性评价和主体评价取向。要以学生的发展为评价的根本出发点，培养学生的创造性和主体性，“评价要多几把尺子”，灵活多样。首先，评价主体的多元化。社会、学校、教师、学生既是评价的对象又是评价的主体。其次，评价方法的多样化。在学生的自我评价方面重点放在学生追求自我进步而不在超越别人；对艺术活动的评价应重视学生心理的体验和感受；对实践活动的评价重视学生树立正确的生活态度。

5.5以人才为主体多层次开发取向

课程资源是开放的，有待于全社会关心参与。学校和教师是校本课程开发的主体。学校领导要从发展眼光，突现学校特色，增强在教育市场竞争力的高度来领导和管理校本课程的开发和实施。整合人才资源，努力营造使优秀人才脱颖而出和发挥聪明才智的良好环境，千方百计调动教师的积极性、主动性、创造性，培养双师型师资队伍。同时要多渠道引进师资资源，通过聘（向校外聘请农艺师、畜牧师、民族语言的专家、学者及有专长的优秀大中专毕业生）、请（请当地种植、养殖致富示范户、民族语言的学者、民间艺人、歌舞能手、传统体育爱好者等）等途径优化组合学校的师资队伍，以解决民族地区中学现有师资队伍的结构不合理和学科失衡状况。

总之，该课题成果填补了裕固族教育研究方面的空白，丰富了中国裕固族研究成果，为裕固族优秀文化的传承摸索了一种极好的途径。我们期望这套裕固族乡土教材，能够把富有智慧的裕固族人民的悠久历史、灿烂文化、丰富的民间文学、独特的造型艺术和富有特色的传统体育，通过学校教育不断传承和弘扬。同时我们也期望那些由于受到强势文化影响，包括裕固族在内的面临民族文化蜕变和消亡危险的其他人口较少民族，通过研究编写少数民族乡土教材，对保护、传承和弘扬本民族文化能有一个很好的借鉴。

2005年10月，该课题荣获肃南裕固族自治县教育教学科研优秀成果一等奖。同年，荣获张掖市第六届基础教育教学科研优秀成果一等奖。2006年9月，该课题主要成果《裕固族乡土教材（包括6本）》，荣获第六届甘肃省基础教育科研优秀成果一等奖。2007年9月，经过甘肃省教育科学规划办组织专家评审，该课题通过省级鉴定（证书号：GJKGB<2007>JD150）。2009年2月，合订的裕固族乡土教材《裕固家园》（甘肃文化出版社，2008），荣获张掖市委、市政府第二届社会科学优秀成果一等奖。2009年5月，又荣获甘肃省委、省政府第十一届社会科学优秀成果三等奖。2007年11月，该课题成果之一，论文《民族地区校本课程建设的取向思考与实践》荣获中国教育学会第20次学术年会优秀论文二等奖（证书编号：W200700076）；2009年11月，该课题成果之一，论文《开发校本课程资源，传承优秀民族文化——民族地区义务教育课程改革与裕固族乡土教材建设研究》荣获中国教育学会第22次学术年会优秀论文三等奖（证书编号：200900070）；2011年4月，该课题成果之一，论文《民族地区义务教育课程改革与裕固族乡土教材建设研究》荣获由张掖市教育局评选的“张掖市义务教育课程改革论文”二等奖。

裕固族乡土知识专题学习网站建设与应用研究报告

肃南裕固族自治县第二中学校长安维武为中学一级教师，2006年3月至2007年6月，主持完成了甘肃省“十一五”规划课题，中央电教馆“十一五”全国教育技术规划课题《裕固族乡土知识专题学习网站建设与应用研究》(立项号：064521630)。课题组主要成员有蔡世宏、王延军、凯忠军、宋培明、余会义。

一、课题的确立与规划

1.选题的背景

全面推进素质教育，是21世纪我国教育改革的重大主题，是贯穿教育改革的核心任务。中央发布的《中共中央国务院关于深化教育改革全面推进素质教育的决定》中指出：“全面推进素质教育，要坚持面向全体学生，为学生的全面发展创造相应的条件，尊重学生身心发展特点和教育规律，使学生生动活泼、积极主动地得到发展。”《基础教育课程改革纲要（试行）》中也指出：“调整和改革课程体系、结构、内容，加强课程的综合性和实践性”。“体现办学特色，提高学校的办学自主权，国家实行三级课程管理，地方和学校要积极开发课程资源”。

我们已经进入到信息时代，多媒体技术、网络技术的发展对我国教育将会产生重大而深远的影响。中央电化教育馆“十一五”全国教育技术研究规划明确指出："推进农村中小学现代远程教育工程的实施，进一步加强现代教育资源建设，积极促进教师专业化发展，推进信息技术与新课程的有效的整合，是教育信息化工作重点，也是全国教育技术研究工作重点。迫切需要充分依靠各个方面的力量，充分发挥我国教育技术研究的基础性、时代性、前瞻性、先导性、服务性作用。"

实现教育手段的现代化和教育资源的信息化，实现教育资源最大限度的共享，推动普及九年义务教育，完善终身教育体系。

裕固族是全国唯一、甘肃省独有的少数民族之一，主要聚居于甘肃省肃南裕固族自治县。裕固族在悠久的历史发展进程中，创造了极其丰富的文化成果。其历史演变、民族传统，生活习俗，民间神话传说、民歌民谣、民族戏曲、民族工艺、民族服饰、民族体育，以及近年来涌现出的民族作家所创作出的文学作品等都是宝贵的文化财富。百余年来，国内外学术界对裕固族进行了多角度、全方位的研究，有关部门也对这些文化成果进行了搜集整理。在文学创作方面，肃南先后编辑了《裕固之歌》《狂奔的彩虹马》等文学作品集；许多民族文化工作者积极搜集整理了裕固族民间故事，出版了《裕固族民间故事集》；在理论研究方面，1996年，甘肃省民族研究所有关人员编成《裕固族研究论文集》一书；在民俗研究方面，有《裕固族风情》《裕固族的服饰》等文献；在历史研究方面，有《裕固族通史》《裕固族简史》等。2000年，由中央民族大学教授钟进文主编的《中国裕固族研究集成》，搜集整理了近一个世纪有关裕固族方面的研究资料，并分门别类编纂成了一部全面系统地反映裕固族研究成果的学术集成，为裕固族文化的传承做出了积极的贡献。

裕固族只有13000多人口，是人口较少的一个民族，文字又失传，其文化传承状况令人担忧。2005年，我们在学校所在地进行的一次调查发现：作为裕固族聚居地，我校学生对民族居住分布状况不清，民族历史知识贫乏，对民族文学的阅读量甚少，对本地的民族习俗缺乏必要的了解。这样的调查结论昭示着裕固族的文化濒临消亡的危险。如何才能使本民族悠久的历史文化摆脱蜕变和消亡的危险命运呢？在这方面，诸多文化工作者虽然搜集整理了部分文化成果，对一些历史问题进行了研究，形成了一些论文著作，但由于这些书发行数量较少，这些成果还没有得到大多数人的了解，它们只能在个别文化研究者的手中传阅。如何让这些研究成果走出象牙塔，扩大民族文化传播的辐射半径，是我们亟待解决的一个问题。在新课改的背景下，国家实行三级课程管理，提倡开设校本课程。为了丰富学生的学习资源，也为了抢救即将消亡的裕固族文化，2004年，我校组织部分老师成立了课题组，编写了一套《裕固族乡土教材》，将裕固族民族文化有效地转化成为学生的学习资源。其目的一方面为了开发校本课程资源，另一方面也为了挽救即将消亡的裕固族文明。这套书涉及裕固族居住区的地理状况，裕固族的演变历史、传统体育、民间美术、文学作品等知识。投入使用以后，得到了广大学生的普遍喜爱和社会的广泛赞誉。但它也存在一定的局限性，主要表现在普及率低、信息量少、无法满足学生进一步的学习需求。

2.选题的意义和研究价值

2.1利用信息技术开发校本课程资源是民族地区实践“以信息化带动教育现代化，实现教育跨越式发展”的需要

我国少数民族地区经济文化相对比较落后，在教育、科技文化方面显得尤为突出，基础教育比较薄弱，九年义务教育的普及率低。这直接关系到社会的和谐发展和民族的伟大复兴。而通过加快民族地区的信息化建设，以信息化带动教育的现代化，是实现民族地区教育跨越式发展的一条捷径。为此，国家实施的“校校通”工程、“农村现代远程教育工程”以及“中小学教师教育技术革新能力建设”等重大举措，为民族地区中小学利用信息技术进行课程资源的开发和实现教育跨越式发展提供了强有力的技术支持。我校作为少数民族地区的基层学校，在信息建设方面已实现了“三网”合一，学校的办学条件得到了根本性改善，为民族教育的进一步发展奠定了坚实的基础。

2.2利用信息技术开发校本课程资源是民族地区建立新的基础教育课程体系的需要

《基础教育课程改革纲要（试行）》中指出：“体现办学特色，提高学校的办学自主权，国家实行三级课程管理，地方和学校要积极开发课程资源。”随着《义务教育课程标准》的颁布和实施，关于课程资源的开发和利用问题越来越被广大中小学校和教师所关注，尤其在现代信息技

术条件下，如何因地制宜地开发和利用资源，使课程资源与信息技术有机整合，不断拓展课程资源的空间，发挥资源最大的效益，更成为关注的焦点。

我国是一个多民族国家，地域辽阔，各地经济文化存在着差异，发展呈现出不平衡，完全用大一统的课程设计和一刀切的要求，显然不能满足各地区学校发展的需要。而在广大的民族地区又蕴藏着丰富的课程资源，这为民族地区义务教育阶段构建符合实际、具有民族特色课程体系提供了强有力的资源保障。发挥网络便捷、大容量、交互性强等作用，充分运用现代教育技术手段实施对校本课程资源的开发、利用、管理和评价。

2.3利用信息技术开发校本课程资源是学校引领教师专业成长的有效途径

随着教育技术的运用对教学所产生的影响日趋明显，掌握和有效地运用教育技术已成为教师专业化的重要内涵，成为广大教师迫切需要具备及掌握的专业素质和能力。开发校本课程资源，建设学校乡土知识学习网站过程就是信息技术与课程整合的过程，也是教师摸索、创新的过程，更是教师对自身教学的一个反思过程。在校本课程的教学实践中，创设运用多媒体的新型教学环境，这既能发挥教师的主导作用，又能有力地促进教师专业的发展。

2.4利用信息技术开发校本课程资源为学生个性发展提供了广阔平台

随着信息技术和互联网技术革新的发展，网络以惊人的速度影响着青少年的学习和成长，为青少年的个性发展开辟了新的空间。学生越来越多地从互联网上获取更多的信息和知识，互联网已经成为储存和获取知识的最大宝库。多媒体的使用既充分体现学生的主体地位，又使教学方式呈现出自主、合作、探究的特征，使学生创新精神和实践能力的培养得到真正的落实。因此，加强对信息技术的建设，是促进基础教育健康发展的需要。

2.5利用信息技术开发校本课程资源是创办特色学校的有效途径

一个学校的最大特色就在于符合学生的需要和当地社会发展的需求。我们通过对本地学生、家长和社会各界人士的广泛调查了解后认为：学生有着了解学习少数民族优秀文化传统的需求，有88.03%的学生对民族语言文学、民族历史和当地自然环境有强烈的学习和了解的需求，有90.64%的学生对民族歌舞、传统体育、手工制作有学习参与的欲望，有94%以上的学生对自己的家乡有着深厚的感情，并愿意勤奋学习建设家乡。这种广泛的需求内驱力为民族优秀传统文化的传承和乡土知识校本课程的开发建设奠定了良好的学生和社会基础。少数民族地区蕴藏着丰富的课程资源，民族语言、宗教、生活习俗、民间神话传说、民间节目、民歌民谣、民间戏曲、民间工艺、民间服饰、民间体育、民间饮食、乡规民约、道德伦理等等都是重要的课程资源，都具有极大的课程挖掘潜力，也为创办特色学校提供了强有力的资源保障。我国少数民族地区自然条件复杂多样，有着千姿百态的自然风光和类型众多的自然条件。这类资源通过信息技术开发展现出来，有助于增强学生的环保意识，树立人与自然和谐相处的可持续发展观；有助于培养学生热爱劳动，热爱和建设家乡的思想感情；有助于弘扬民族文化、丰富学生精神生活，培养学生良好的行为习惯和优良的品质，加强民族地区精神文明建设。

2.6利用信息技术开发校本课程资源是传承民族优秀文化的有效载体

文化是民族的文化，民族是文化的载体。在21世纪的今天，人类是一个具有共同命运的整体，各种不同的文化都被卷入了世界的历史洪流之中，同时人类文明的发展呈现出多样性和差异性，显示出各具特色文化之斑斓色彩。事实证明，只有承认各种文化的差异性与独特性，才能真正找到不同文化之间相互沟通、相互理解的基础。我国是一个多民族国家。开发和建设民族地区的乡土知识教材，繁衍民族历史，传承和弘扬民族优秀的文化，是学生和群众的需求，建设有中国特色先进文化的需要。由于强势文化的影响，许多人口较少民族的文化面临着蜕变和消亡的危险，裕固族文化传承状况令人担忧。在新课改的背景下，学校充分利用现代信息技术开发这些资源，传播这些资源，让后代了解和学习民族的优秀文化，这对于保存和传承民族优秀文化，加强民族团结，培育民族精神，繁荣民族文化，加强精神文明建设，实现中华民族的伟大复兴具有十分重要的意义。为此，我们确立了《裕固族乡土知识专题学习网站建设与应用研究》这一课题。

3.选题的可行性分析

3.1理论依据

3.1.1建构主义思想——一个发生认识论的基础

皮亚杰的发生认识论强调认知是一个这样的过程，已有知识结构对新知的同化和新知对已有知识结构的建构。本课题的研究试图为学生提供研究性学习的原始知识积累和研究示范，最终实现知识迁移，得出比较有创新性的成果。初中学生辩证思维的能力有限，研究的结果大都显得非常稚嫩，甚至较多重复早已定论的东西，但只要是学生以已有的知识作为基点，在查找、讨论的过程中进行了学习研究，那么无论这些学生的成果水平高低，我们都应该肯定这是一种超越自我的创新性的认识活动。

3.1.2发掘实践性——新的课程理论的支持

《基础教育课程改革纲要（试行）》规定："改变课程内容'难、繁、偏、旧'和过于注重书本知识的现状，加强课程内容与学生生活以及现代社会和科技发展的联系，关注学生的学习兴趣和经验，精选终身学习必备的基础知识和基本技能。"

新的课程理论强调活动教学，强调在实践中印证真知、在实践中"生产"真知。本课题的研究，需要组织学生开展大量的社会走访和田野调查，积极投身于社会实践活动中去汲取和宣传裕固族文化传统的精华，这种实践性的发掘有利于培养学生的实践能力和创新精神。同时，学生研究自己身边的民族文化，兴趣浓厚、参与积极，符合课程改革的要求。

3.1.3研究性学习——学习理论和学习策略的转变

研究性学习是要在学习过程中以问题为载体，创设一种科学研究的情境和途径，让学生通过自己收集、分析和处理信息来实际感受和体验知识的生产过程，进而了解社会，学会学习，培养分析问题、解决问题的能力和创造能力。这种课程形态的核心是要改变学生的学习方式，强调一种主动探究式的学习，是培养学生创新精神和实践能力、推行素质教育的一种新的尝试和实践。

裕固族专题学习网站的建设和应用，就是要适应这种学习理论和策略的转变，创设丰富的学习课题，积极开展研究性学习。

3.2丰富多彩的课程资源

3.2.1神奇绚烂的人文资源

祁连山最早曾经是中国多个少数民族繁衍生息的乐土，也是明代之前中西方文化交流的交通要道。古代丝绸之路从这里经过，在裕固族东迁前后，曾经有许多民族在这里游牧、耕作，多种宗教在这里交叉、并存，最终造就了以裕固族为主体，藏族、蒙古族等民族共存的局面。游牧、农耕、传统、现代文化在这里的聚合，为这块土地打上了多元文化深深的印记。传统的民风民俗、宗教信仰、文化遗址、民谣传说、民族歌舞等都散发着浓郁的芳香，极具人文价值和教育价值。

3.2.2 丰富多彩的自然资源

肃南裕固族自治县有雪山河流、瀑布幽谷、森林草原等自然景观；有马鹿、雪豹、石羊、蓝马鸡、马熊等200多种野生动物；有松、柏、冬虫夏草等1000多种野生植物，还有金、铁、煤、莹石等27种矿产资源，这些丰富的自然资源都可以成为重要的课程资源，会激发学生热爱家乡，建设家乡的美好情感。

3.2.3 广阔的生产劳动资源

农牧区学校的一个重要功能就是要为生产建设服务，因此生产劳动是最具开发潜力的课程资源。皇城镇是一个以畜牧业生产为主，以现代工业——采矿业、水电业的突出发展和第三产业——运输业、日常生活服务业和草原民族风情旅游业缓慢兴起为辅的正在变迁中的多元文化社区，有畜牧业养殖、畜种改良、草原病虫害防治、治理入侵生物、矿产开采、水能利用、旅游规划等广阔的社会生产资源，这些是实施生计教育最需要开发的课程资源。

3.3 先进的教育理念

学校领导班子意识到：信息技术在学校教育中潜力巨大，要保持学校的示范性和辐射性，必须要抢占教育的先机。经过校领导的认真规划及全体教师的大力支持，我校开始了校园信息化建设工作。

3.4 坚实的物质基础

几年中，学校多方筹集、投入了100多万元信息化建设资金，建立了有2台服务器的校园网络管理中心，1000M光纤主干联接、百兆交换到各个教师办公室、多媒体教室、教室桌面的校园信息网；建立起供学生自主学习、自主探究和100G的腾图资源库，适应学生自主、探究性的学习。目前，学校拥有学生机房2个，大型多功能教室5个、电子备课中心6个，全校共有计算机175台，生机比达到6：1，师机比达到2：1，所有这些都为学校信息化建设奠定了坚实的物质基础。

3.5 雄厚的人才支持

首先以骨干教师超前培训为“点”。选送教师分批参加省、市级的现代远程教育、英特尔未来教育等方面的培训，使学校的骨干教师水平得以迅速提高，成为校本培训的主力军。其次以各学科教师的岗上实践培训为“线”。根据各学科的特点，学校要求教师要把学科与信息技术的应用整合起来，积极开展信息技术在学科教学活动中的应用活动，将所学的理论进行大胆的实践和探索。最后以定期组织教师全员培训为“面”。学校制定了以“五会”为标准的师资培训计划，对全校的教师进行了分层次、不间断的信息技术培训。系统学习了 Windows、Word、Excel、课件大师、PowerPoint、Flash 等常用软件。经过培训，全校有 4 人取得国家计算机二级等级证书，全体教师都能用PowerPoint 等软件制作简单的多媒体课件。在2006年全市多媒体课件比赛中有5位教师分别荣获一、二、三等奖

3.6 完善的管理制度

在规范网络使用方面，我们建立了一支包括学校分管领导、网络管理员在内的管理网络队伍，制定包括办公室计算机管理规则、计算机教室管理制度、网络室管理规则、青少年上网公约等管理规则，为学校教师、学生规范使用计算机及网络，净化网络空间起到积极的作用。

4.课题的研究目标、思路、方法、技术路线、实施步骤和最终成果

4.1 研究目标

本课题主要通过对民族地区义务教育阶段实施课程改革以来情况的分析，以学生的全面发展为出发点，以开发校本课程资源为契机，通过对裕固族民族传统文化的挖掘和整理，以计算机网络为基础，将信息技术和校本课程进行有机的整合，建立一个裕固族乡土知识专题学习网站。在这一网站上，我们将汇集现有裕固族文化的绝大多数内容，以文本、图片、音频、视频等形式展示裕固族的民族文化。一方面可以充实已开发的校本课程资源，丰富学生的学习内容；另一方面，让我们这个民族的新一代人能在基础教育阶段，依据计算机网络广泛地学习和了解本民族丰富的历史和文化遗产，吸收民族文化智慧，传承和弘扬民族优秀的文化；同时在青少年学生当中，能起到不断加强民族团结教育，增强民族自尊心和自豪感，尊重文化的多样性，形成民族认同感，培育民族精神的积极作用。最终把

这一研究成果推向社会，让更多的人了解裕固族文化，增进各民族间的相互了解和交流，为中华民族文化宝库增光添彩，从而呈现出民族文化的多样性。

4.2研究思路

本课题以现有的6本《裕固族乡土教材》为基础，将其转化为电子课本，并进一步搜集资料和整理有关裕固族历史、区域地理、文化、风俗习惯、文学、民间艺术、社会经济等方面的资料，分门别类地建立一个专题学习网页，再建立起与之相应的学习资源库，为民族地区学生能更好地了解民族文化、也为广泛地向社会传播、传承民族文化搭建一个资源共享的平台，与此同时充分利用计算机网络进行校本课程资源的教学实践活动。

4.3研究方法

理论研究法：通过学习国家基础教育和信息技术方面的文件精神和有关民族地区自治条例，为课题研究工作奠定理论基础。

调查分析法：通过广泛调查掌握学生和社会对民族传统文化的需求程度，进一步论证课题研究的必要性和重要性。

文献资料法：通过查阅图书资料、网络和有关裕固族研究成果获取大量的信息，占有资料，建立资源库。

实践总结法：充分利用校本课程资源进行校本课程的教学实践活动，总结有益的经验，并将实践经验上升为理性认识。

4.4技术路线

本课题是基于WWW的远程资源及学习系统，通过互联网对裕固族文化进行访问和学习。该技术模式可分为四大模块：

4.4.1网络电子课本

由《肃南地理》《裕固族文学作品选读》《裕固族历史》《裕固族传统体育与健康》《裕固族民间美术欣赏》《牧区寄宿制学校学生安全教育手册》构成。

4.4.2基于INTERNET的网上检索、查找系统

4.4.3基于虚拟集成学习环境

4.4.4远程信息库

包括裕固族的历史演变、民族传统，生活习俗，民间神话传说、民歌

民谣、民族戏曲、民族工艺、民族服饰、民族体育，以及近年来涌现出的民族作家所创作出的文学作品等信息资源。

4.5 具体步骤

4.5.1 第一阶段（2006年3月—2006年4月）

这一环节主要是确定实施方案和编写《裕固族乡土知识》电子课本。

①向甘肃省教育科学“十一五”规划课题规划领导小组办公室申报课题。

②召开筹备会议，组织课题组。

③确定实验方案。

④编写《裕固族乡土知识》电子课本。以《裕固族乡土知识》纸质版为基础，将其转化为电子图书的形式、通俗简明的图文向学生提供最基本的相关知识，使学生对裕固族文化有个概括的了解。

4.5.2 第二阶段（2006年4月—2006年5月）

这一环节是对课本知识的进一步拓展，为学生的深入学习提供丰富的学习资源。

①建立裕固族乡土知识资源库方案。

②收集裕固族乡土知识资源。

③对资源进行分类检索。

④制作网页。

4.5.3 第三阶段（2006年5月—2006年9月）

这一环节主要是建立和运用网站。

①申请建立网站。

②将网站资源运用于校本课程的教学之中。

③将科研成果推向社会，达到预期目的。

4.5.4 第四阶段（2006年9月—2007年5月）

这一环节主要是对运用情况的分析，完成课题研究。

①对网站运用进一步完善。

②对应用状况进行跟踪调查，分析。

③撰写研究报告。

4.6课题最终成果

4.6.1裕固族乡土知识学习网站

4.6.2建立裕固族乡土知识资源库

4.6.3裕固族乡土知识学习网站的建设与应用研究报告

二、课题的研究与实施

1.统一思想，组建队伍

学校根据中央电化教育馆“十一五”全国教育技术研究规划和甘肃省教育科学“十一五”规划课题规划分别向领导小组办公室申报课题。课题在2006年月被中央电化教育馆确立为“十一五”专项课题，同时也被确立为甘肃省教育科学“十一五”规划课题。这是学校第一个被确立的国家级课题，学校领导高度重视，多次召开筹备会议，确定研发人员。成立了以校长为组长，以裕固族乡土教材的开发人员为骨干，同时把计算机能力较强的教师充实到研发队伍中，形成了一支思想素质高、科研能力强、学科结构合理的精干队伍。

2.突出学习，明确目标

为了保证课题研究工作的顺利进行，组织研发人员进一步学习，首先，重点学习了《中央电化教育馆“十一五”全国教育技术研究规划》和《甘肃省教育科学“十一五”规划》，使研发人员在思想上认识到，信息技术的发展突飞猛进的今天，计算机网络已成为人获得信息的一个主要途径，以信息技术的优势，传承和弘扬民族文化已不失为一条最佳途径，信息技术是现代教师必备的素质之一，是民族地区实践“以信息化带动教育现代化，实现教育跨越式发展”的需要。其次，学习信息技术。课题的指向性非常明确，就是运用信息技术为学生更好地学习裕固族乡土知识提供一个平台，这必将对每位教师的信息技术水平提出更高的要求。为此，对教师进行了网页制作技术的培训。最后，学习了有关的现代教育理论。在学习班的基础上，结合本校、本地的实际，认真地讨论分析，确定了课题研究的方案。其主要包括课题研究的目的意义，课题研究的理论依据，课题研究的目标内容，课题研究的坚持原则，课题研究的方法，课题研究的步骤，课题研究的预期成果形式和课题研究的组织机构等部分。

3.转化电子课本

按照方案要求，课题组成员以《裕固族乡土知识》纸质版为基础，将其转化为电子图书的形式、通俗简明的图文向学生提供最基本的相关知识，使学生对裕固族文化有个概括的了解。

4.收集资料，建立资源库

本阶段工作的主要任务是大量收集各种有效的课程资源，通过初步的分类检索，建设资源库，为网站建设打下坚实的基础。如果说第一阶段所编写电子乡土教材是资源库建设的主要部分，那么本阶段所纳入资源库的资源则是对乡土教材的扩充和延伸。为了实现资源的整合、共建、共享的目的。首先，制定了《资源库建设方案》，其主要包括指导思想、建立资源库的原则、资源开发的主体、课程资源的来源要求及步骤等方面。其次，调动所有的相关人员，发挥每个人的智慧与创造性，在统一规划与指导下参与到资源库建设中来。通过师生的广泛参与，从多方面获取了大量的第一手资料，这些资料包括文字资源：图书、报纸；音像资源：录像、VCD、磁带、照片、各类教育软件；实物资源：手工艺品等。为资源库建设创造了良好的条件。再次，按照便捷性原则，对资源进行了分类。建立资源库是为了应用，建库以后必须有利于教师查询、提取和利用这些资源，所以对收集的资源要合理归类。主要包括：民族概况、民族历史、语言文字、文学艺术方面的资料；交通建筑、肃南地理、肃南风光、裕固儿女方面的资料；民族团结、宗教信仰、风俗礼仪、传统节日、饮食文化方面的资料；收集民族研究、民族教育、民族体育方面的资料；我校校本课程资料和学生活动方面的资料。

5.建立网站

裕固族乡土知识专题学习网站的建设，其目的就是通过网络学习环境，向学生提供大量的专题学习资源和协作学习交流的工具，让学生自己选择和确定研究的问题，自己收集、分析并选择信息资料，应用知识，去解决实际问题。就是以学生主体性的探索、研究、协作来求得问题解决，体验和了解科学探索过程，提高获取信息、分析信息、加工信息的实践能力和培养良好的创新意识与信息素养。首先，课题组成员在学习建构主义、新的课程理论、研究性学习理论的基础上，通过网络途径学习了大量相关专题网站建设的经验，集思广益，充分讨论，制定了《裕固族乡知识专题学习网站建设方案》，明确了这一网站除具有一般的特点外，还应体现网站不仅能够促进我校综合实践课程发展，给全县各校教师提供一个交流、学习的平台，而且在丰富花园式信息化示范校的内涵、最大限度发挥传承民族优秀文化的效益方面发挥着不可替代的作用。其次，申请空间，设计主页。再次，上传资源，调试运行。

6.实践与应用

网站建设，重在应用，为了发挥网站的最大效益，首先，学校依照《义务教育课程设置实验方案》和《甘肃省义务教育课程设置实验方案》的有关规定，结合学校教育教学实际，对课程设置进行适当调整，将“裕固族乡土教材”列入课堂教学中，并通过信息技术进行校本课程的课堂教学。其次，组织学生通过多种实践活动，收集裕固族乡土知识的资料，整理后向校园网上传，丰富和充实专题网站的资源。专题学习网站是教师、学生、社区成员等各方面力量共同建设和共同使用的。再次，通过网站传播裕固族优秀传统文化，让更多社会成员形成了解和学习各民族优秀文化的积极态度。最后，在网络环境下开展裕固族乡土知识的探究性学习。学生在教师指导下，从本地自然、社会和生活中选择并确定专题进行研究，并在研究过程中主动获取知识，应用知识，解决问题。可通过组织学生网上学习，网上交流；指导学生撰写研究报告，交流心得、展示成果。

三、研究的收获与思考

我们在开展课题研究的过程中，收获是多方面的，概括为“五个有利于”即：教育科研有利于提高教育教学质量；有利于促进教师的专业发展和提高科研能力；有利于促进学生的全面发展；有利于推动学校的整体改革；有利于加强学校和社区的联系，逐步实现教育公平。

1.收获

1.1 教师的收获

1.1.1 更新了教师的教育理念

网站的建设与校本课程的开发是互促共生的。校本教材的编写是基础，学习资源库的建设是支撑。校本课程开发和资源库的建设表面上看是以校为本，但隐藏其后的是以学生发展为本。课程是有计划地安排学生学习的过程，教师必须参与其中，而教师们要想参与到课程开发中来，他们必须要做到心中有学生。这就必然要求教师对学生的学习需求、兴趣爱好、情感态度进行科学的研究和评估。教育理念也就由"关注学科"转向"关注学生"。所以参与校本课程开发有利于教师形成"以学生发展为本"的教育理念。

2005年，我校从保护民族文化的角度出发，针对当时学生的知识需求和本地实际情况，结合当时全国基础教育改革的形势，及时做出了"开发校本课程"的决定。开发出了第一套校本课程——《裕固族乡土教材》。"学校以教师为本，教师以学生为本，学生以发展为本"的教学理念就在此时形成。2006年，在《甘肃省肃南裕固族自治县皇城镇经济文化类型与初中地方性校本课程建构》项目中，由于全体教师参与了校本课程的开发，使这一理念得到了全方位的提升。

1.1.2更新了教师的课程观念，转变了教学行为方式，成为了课程资源开发的研究者

在传统的教学中，教学与课程是彼此分离的。教师被排斥于课程之外，成了简单的执行者，机械的照搬者，仅仅是一个"教书匠"的角色。校本课程开发，使教师由教材的"消费者"变成了教材的"生产者"，资料的收集者，也使教师明确了国家课程、地方课程和校本课程三者之间的不同功用和相互之间的关系，初步树立了课程意识。教学理念也由以前的"怎么教"向"教什么"逐步转变。因此，在开发校本课程的过程中，不少老师对课程有了进一步认识，有的教师在参与课程开发后，才意识到什么叫真正的校本课程。

教师教学能力的高低受制于多种因素，其中对学生的了解和对课程的把握是两个最基本的要素。校本课程开发所蕴含的一种理念是"以学生发展为本"，因而必须以充分了解学生为前提，而且由于教师自己参与了课程开发，掌握了课程开发的一般原理与技巧，因此必然会对所教学科的知识性质、知识结构、呈现方式等有一个新的认识和理解，并能从整个课程结构的角度，对所教学科有一个全面的、整体的认识，提高自己驾驭课程

的能力，从而对所教学科作出符合学生实际的安排。从教学角度而言，校本课程更多地关注学生，强调学生学习的自主性，重视学生多元智能的发展，鼓励学生进行批判性思维，同时追求体验性学习。这样教师不再仅仅是知识的传递者，而是成为了学生学习的指导者和促进者。通过校本课程的开发，许多老师在设计和实施综合活动课程的同时，也有意无意地将各种活动方式迁移进学科课程教学之中，使教师的课程设计能力、资源选择与利用能力、课堂教学组织形式与教学实施策略都得到了提高。

1.1.3迫使研究者成为一个独立的思考者

我校在资源开发研究的过程中，突现教师的主体地位，采用整体研究和成员分工协作相结合方式，迫使研究者成为一个独立的思考者。首先对所编教材作出比较准确的定位，力求体现地域性、民族性和发展性，以适应学生、社区的需要。其次，对材料的取舍上，反复筛选，殚精竭力；在网页的谋篇布局上，独具匠心，图文并茂；在活动设计上，力求融知识性与趣味性于一体，给学生以更多的学习和发展的空间。再次，在内容的更新上，要不断地充实和更新网页的内容，方可有生命力。最后，在成果的分享上，研究者手捧墨香四溢的成果，浏览苦心经营的网站，从而体会到成功的快乐和收获的喜悦，找回了人生的自信和价值。可以说研究的开展培养了一批人，也带动了一批人，起到了“墙内开花满园香”的效果。

1.1.4增强了教师的研究意识

校本课程的开发本身就是一个教师参与科研的过程，它要求教师承担起“研究者”的任务，这对于教师研究能力的提高大有裨益。在校本课程开发中，教师不仅要研究学校、学生、自己，还要研究课程制度、课程理论、课程开发方法等；不仅要研究问题的解决，还要研究交往、协调的方法等等。校本课程开发也要求教师对自己的教学实践进行反思，也就是说，要求教师从事行动研究。在行动研究过程中，教师通过对自己教学行为的反思、总结经验教训、研究教学过程，形成适合于自己的教学方式和教学风格，最终提高自身的教学水平和研究能力。

1.1.5使教师原有的知识结构得到重组、更新和发展，成为一个独立的学习者

校本课程开发不仅使我校教师改变了对知识本质的看法，而且对知识

结构的改变、重组，都有了新的认识和提高。教师参与课程开发，首先要具有相应的课程理论知识，因此为了使自己的工作更具成效性，教师就不得不认真学习一些课程理论，阅读大量的资料以完善自己的知识结构，以便用科学的理论指导自己的工作实践。其次要具有相应的综合知识。这就必然引起教师知识结构的重组，以构建一个合理的知识结构。在课程开发过程中，我们要求教师在了解当地的历史和生活、生态畜牧、民间文化、风情旅游等状况的同时，也通过互相听课、互相学习来了解有关理、化、生和政、史、地等学科的综合知识，掌握其他学科中有哪些知识点与自己所编写的内容有关；还让不同学科的教师在一起共同研究有关问题，使不同学科教师之间取长补短，扩大自身的知识面，同时也找到不同学科之间开设综合课程的结合点，为校本课程的开发奠定了基础。

教育的现代化是观念的现代化与教育手段现代化的统一。今天，在现代信息技术条件下，如何因地制宜地开发和利用资源，使课程资源与信息技术有机地整合，不断拓展课程资源的空间，发挥资源的最大效益，更成为关注的焦点。因此，掌握和有效地运用教育技术已成为教师专业化的重要内涵，成为广大教师迫切需要具备和掌握的专业素质和能力。“问渠那得清如许，唯有源头活水来”。教师利用信息技术开发校本课程资源的过程就是一个学习新知识，掌握新技术的过程，促进专业成长的过程。我校在开发校本课程资源，传承民族优秀文化，承担“民族地区义务教育课程改革与裕固族乡土教材建设研究”过程中，每位研究者不但增长了乡土知识，提升了理论素养，而且信息技术水平也有了很大的提高，参与者在熟练地掌握了对文字、图片编辑和处理的基础上，对学习网页制作技术的积极性和参与性也增强了。裕固族乡土知识资源网站的建设，为师生相互的学习、交流，展示才艺，培养能力搭建了平台。

1.2 学生的收获

校本课程的开发，专题学习网站平台的建设，学生是最大的收益者。主要表现在以下几个方面：

1.2.1 有利于学生在网络环境下开展探究性学习

首先图文并茂的信息丰富了研究性学习的资源，提升了学生的研究兴趣。前苏联教育家苏霍姆林斯基说过：“学习兴趣是学生活动的重要动力”。网络中图文并茂的视觉画面，直观感受的形式和美妙悦耳的音乐，在研究性学习过程中能够有效地调控学生的精神境况，使其始终保持兴奋、愉快、渴望的心理状态。激发学习的好奇心和渴求新知的欲望，产生学习动机，在极短的时间内进入角色，调动多种感官，自觉、主动、积极地进行探索，促进对知识的理解和掌握，提高学习效率。其次，丰富的信息资源为研究性学习资源的开发提供了充足的素材。裕固族乡土知识学习网站为学生学习乡土知识提供了极为丰富的信息资源，这些丰富的资源可供学生随时调用、收集、处理。在网络环境下开展学习，一方面能够培养学生利用网络和计算机对信息的获取、加工、评价、处理、分析的能力，另一方面也提高了学生的逻辑能力、价值判断能力与思考能力及解决问题的方法和能力。

1.2.2有助于学生社会化程度的提高

学校教育要贴近时代、贴近社会，可长期以来由于种种原因，学校与社会之间出现了一层厚厚的藩篱，学校被赋予传授知识和使学生具有理想色彩或学究气息的思想感情观念的使命。新课程改革，三级课程体系的建立，能够进一步促进学校与社会的联系，使学生更多地感受社会，了解社会和参与社会。通过网络学生能够更广泛地了解社会，在与社会发生经常性的互动中，社会意识显著提高，社会参与能力不断增强。

1.2.3有助于学生个性和特长的发展

校本课程在网络环境下的教学，强调和鼓励学生的自主学习，注重学生对家乡、祖国、社会责任心的培养，设计的许多活动都需要学生通过合作方式来完成，学生在合作中增强了团队意识，加深了对中华民族多元文化教育的认同感，从而增进了各民族学生之间的团结和友谊。同时，也有利于形成正确的价值观和道德观。网络环境为学生的个性发展提供了空间，为学生获得成功提供了恰当的条件和机会，学生在自主活动，关心、合作、负责和体验成功的过程中形成正确、客观的自我观念、评价标准和合作态度。

1.2.4有助于学生终身学习能力的培养

信息社会和知识经济时代中的人才标准，不再仅仅是拥有丰富的知识和熟练的技能，更重要的是自主获取信息并有效地处理和应用信息的能力，这种能力就是终身学习的能力。自主学习的能力是在能动的学习过程而非静态固定的学习过程中形成的。在网络环境下进行校本课程学习，学生不仅学习和掌握了乡土知识和一些基本的生产技能，更重要的是使学生形成审视问题的整体视野，掌握获取知识的方法，树立终身学习的观念。

1.3 学校的收获

1.3.1 有助于增进学校与社会的联系

在网络环境下，充分开发利用校本课程资源是当今学校课程改革与发展的一项重要任务。来自社会生活的各种素材是课程资源的重要组成部分，为此，增进学校与社会的密切联系是开发和利用源自社会生活的各种素材，也是课程的重要前提。网站的建成可以为学生充分利用社区的自然资源和文化资源开展探究性学习提供有效的素材。如“周围环境的变化对人们生活的影响”“本地人文景观的考察”“社区生活与学校生活的关联”等，都将学校与社区有机地联系在一起。在一些社会实践和社区服务性活动中，通过组织学生考察社会生活的现实状况和参与具体的社区活动，培养学生关注社会、服务社会的意识和能力，并增进学校与社会之间的相互沟通和了解。

1.3.2 有助于学校形成良好的竞争与合作氛围

培养学生竞争与合作的精神是学校教育的一项重要任务。为此，学校需要营造一种良好的竞争与合作的氛围。在课程资源的开发和网站的建设中，在课程的运用中，学生不可能独立完成一项活动和探究一个主题，任务的完成需要学生之间密切合作。他们只有在教师的指导下或经过集体协商，进行任务分工，并将各自取得的成果进行整合，才能最终完成任务。在这种活动中，学生的合作意识和能力将得到充分提升。这种合作意识和能力主要包括集体意识，包容他人的意识和能力，对自己进行恰当定位的能力，善于倾听他人意见并向他人学习的意识和能力，集体协商的意识和能力，向他人提供有益信息并帮助他人的意识和能力等。在网站建设和应用的过程中，教师之间同样也能达成积极的合作与支持。网站学习跨越了传统的分科界限，在网站的实施过程中，原处于不同分科领域的教师必须共同协商课程的实施策略与方式，分配各自的任务并在教师集体的支持和帮助下完成任务。在此期间，教师之间的相互学习、沟通、支持与协作是必不可少的。另外，网站的实施同样要求教师与学生之间建立一种良好的合作关系，因为在许多以探究或以初中学生为主体、为主要学段的网络学习范式中，以往命令式或包办式的实施方式有悖于校本课程的主旨。都是需要指导者、参与者和合作者的角色，师生之间在互动中进行沟通，达成理解。校本课程有助于学校培育良好的合作氛围，并不意味着它排斥或制约了学校形成正当的竞争氛围。事实上，这种课程在需要教师之间、学生之间以及师生之间充分合作的同时，也为他们之间健康的竞争创造了一定的条件。这主要表现为师生在主题活动构设、组织及其结果方面的竞争，在知识储备、技能操作以及信息搜集方面的竞争。

1.3.3有助于科研兴校

课题研究不仅要重成果，更要重过程。通过研究，一是营造了良好的科研氛围；二是培养、发展、带动一批教师成长为教学科研骨干，起到了“墙内开花满园香”的效果。

2.思考

通过对网站建设与应用的调查分析，课题组认为有以下方面的问题值得思考与改进。

2.1拓展资源来源，优化上传资源

要多渠道收集资源，并抱着科学的态度，精选教学目的性强，对学生发展有重要意义的资源进行上传，并且对所选资料要进行处理，缩小容量，以免引起网速过慢。

2.2网站建设与应用是动态提高的过程

要不断提高课题开发人员和网络维护人员的能力水平，促进网站建设。要通过多种途径，调动广大教师积极应用研究成果，促进师生教学行为的转变，逐步形成“研究性学习”的教学模式，以提高网站的应用价值和教师的整体素质。

2.3要以多种方式加强成果宣传

除了网站的本身宣传外，还要通过多种传播媒介，宣传研究成果，提高网站的点击率，促进民族文化的学习大众化。

2007年8月，该课题荣获肃南裕固族自治县基础教育科研优秀成果一等奖。同年9月，荣获张掖市第七届基础教育教学科研优秀成果二等奖。2008年9月，经甘肃省教育科学规划办组织专家评审，该课题通过省级鉴定（证书号：GJGB<2008>JD183）。2011年5月，经全国教育技术研究规划办组织专家评审，该课题通过国家级鉴定，并被评为优秀研究课题（电教馆研鉴[2011]466号）。2006年9月，该课题成果之一，教学软件“裕固族乡土知识专题学习网站”，荣获张掖市中小学多媒体教学软件大赛二等奖。2011年11月，该课题结题论文《裕固族乡土知识专题学习网站建设与应用研究》，荣获“第二届中国移动‘校讯通杯’全国中小学教师信息技术与教育创新论文大赛”甘肃赛区一等奖。同年，荣获“中国移动校讯通杯”全国教师论文大赛评选一等奖。

甘肃省肃南裕固族自治县皇城镇
肃南二中初中地方性校本课程建构研究报告

肃南裕固族自治县第二中学校长安维武为中学一级教师，2006年4月至2008年9月，主持完成了中央民族大学中国少数民族地区基础教育研究中心主任滕星教授主持的国家“985工程”重点建设项目《中国西部少数民族地区经济文化类型与初中地方性校本课程建构》（项目批准号：98502-00300104）的子项目，该子项目《甘肃省肃南裕固族自治县皇城镇经济文化类型与初中地方性校本课程构建》（项目批准号：JYJD-XBKC01），由中央民族大学学科规划与重点项目建设办公室立项。该项目课题组主要成员有张爱国、王延军、宋培明、凯忠军、蔡世宏、余会义、杨爱军、王建霞、韩进学。

一、项目简介

本项目以中央民族大学项目组（以下称为民大项目组）为引领，以肃南二中教师为研发主体，研究从2006年4月起，至2008年9月完成，为期两年半。

本项目工作主要包括四个部分：一是经济文化类型与地方性知识调查；二是地方性校本课程开发与教材编写；三是教材实验与参与式教师培训；四是经验总结与成果的宣传与推广。其中，第一部分由民大项目组完成，我校主要完成后三个部分的工作。

本项目所开发的地方性校本课程内容主要包括：生计教育、环境教育和创新教育。教材名称为《热爱家乡》（供七年级使用）、《保护家乡》（供八年级使用）、《建设家乡》（供九年级使用）。

本项目所开发的地方性校本课程的性质是整合生计教育、环境教育和创新教育建构而成的综合课程（侧重学生动手实践和自主创新能力的培养）。

二、项目目标

1.项目总目标

本课程基于国家基础教育课程改革的基本理念，按照整体推进素质教育的要求和实现学校的可持续发展目标，拟以文化人类学的重要理论——经济文化类型理论为理论基础，以教育人类学的田野调查基础上的参与式行动研究为研究范式，通过地方性校本课程建构，为国家课程和本地教育与社会发展实际找到契合与对应之处，补充国家课程的不足，优化教育资源配置，体现学校办学特色。同时，在行动研究所获经验的基础上，提出并论证与我校所代表地区相似经济文化类型地区的初中地方性校本课程建构的一般范式，为这些地区基础教育新课程改革提供经验支持和现实参考范例。

2.项目具体目标

以“五个有利于”的实现为具体目标：即项目研究有利于推动学校的整体改革，有利于提高教育教学质量，有利于促进学生的全面发展，有利于促进教师专业成长和提高科研能力，有利于社区和学校之间的支持性社会关系的形成，谋求共同发展，逐步实现教育公平。

2.1 有利于推动肃南二中的整体改革

学校要持续发展，就要不断深化教育教学改革。只有通过改革，才能实现发展。学校的改革是一个系统工程，核心是课程改革，要从教育思想到教学内容、教学方法到评价方式彻底进行变革。近年来，学校确立了“学校以教师为本、教师以学生为本、学生以发展为本”的办学理念，树立了“质量立校、人才兴校、科技强校”的发展新思路，提出了创办“甘肃省少数民族牧区高标准寄宿制示范校”的奋斗目标。该项目的研究为学校办出特色、创出品牌、推进改革提供了一次难得的机遇。项目的实施，可以增强学校领导抓项目、促发展的意识，更加主动地加强与社会的沟通，获取更多的资源和社区对教育改革的支持，促进学校的持续发展；可以促进学校对教师评价的改革，给教师“松绑”，把单一的“分数”指标评价变为多元指标的评价；也可以促使学校改革管理制度，使学校管理更加科学化、人本化和精细化，真正做到一切为了学生，为了学生的一切，为了学生的一生。

2.2有利于提高肃南二中的教育教学质量

地方性校本课程的开发，可以克服“大一统”的课程设置和“一刀切”的作法，弥补国家课程的不足，能够更好地实现国家课程的目标，最大程度地将国家课程校本化。校本课程开发给师生留有更大的发展空间，促使教师从教材的使用者转变为教材的开发者、研究者和实施者，由被动者成为主动者。通过全员参与项目研究促进学校浓厚科研氛围的形成和科研水平的整体提高，促使学校文化的提升，形成办学特色，提高教学质量。

2.3有利于促进肃南二中教师专业成长和提高科研能力。

教师是教育改革的主体，是学校发展的中坚力量，教师的素质决定着未来人才的素质。该项目的实施，使学校的发展与教师的发展互为统一，实现真正意义上的可持续发展，有利于学校自觉形成浓厚的科研氛围，使教师不断挖掘自身潜能，体验研究乐趣，克服职业倦怠，提升自己的人生价值。有利于加强骨干队伍的建设，培养出一大批在教育教学中起示范作用的优秀骨干教师和科研中坚力量。有利于促进校本培训，促使教师树立终身学习的观念，增强竞争意识，培养团队合作精神，自觉学习和掌握现代科技手段，从而提高培训的质量，缩短培训的周期，使教师不断更新知识，提高素质。

2.4有利于促进肃南二中学生的全面发展

校本课程的开发实施，有利于培养学生积极主动学习的态度，在学习基础知识与基本技能的同时，学会学习、学会生存、学会做人，形成热爱家乡、建设家乡的正确人生观和价值观。地方性校本课程倡导学生主动参与、合作探究等学习方式，有利于培养学生动手实践、乐于探究的能力和创新精神。多元化的评价方式有利于学生正确认识自己，增强自信心，在不断发展中成长。课程的综合性、内容的多样化则有利于提高学生的综合素质。

2.5有利于皇城镇社区和肃南二中之间的支持性社会关系的形成，谋求共同发展，逐步实现教育公平

校本课程的开发涉及面广，与广大人民群众的利益息息相关，需要向社会和家长宣传校本课程的理念和特点。争取家长及全社会的理解与支持，积极探索建立家长和社区有效参与课程改革的新机制。该项目研究是本着求实求知的目的，在广泛的田野调查的基础上，力求正确认识本地经济文化类型，真实反映人民群众对科学文化和本地对人才需求的现状。是本着共同的事务大家做，让家长和社会各方面人士等社区力量“卷入”课程开发中来，认真听取家长和社区对课程开发的意见，积极利用和挖掘社区内课程开发所需资源，促使本地人民提高自信心，增强自身的“造血”能力，促进本地的教育和社会、人与自然的和谐，用实实在在的行动来切实推动地方性校本课程的构建，使皇城镇的基础教育得以持续发展。

三、研究方法

以参与式行动研究为研究范式，主要采用理论研究法、调查分析法(包括访谈法、问卷法)、文献资料法、经验总结法，通过外来的专家和我校教师的密切合作，形成足够的创造性和行动能力，并充分利用校本课程资源进行校本课程的教学实践活动，总结有益的经验，将实践经验上升为理性认识。在具体研究过程中，以丰富的图书音像资料、网络资源和相关的裕固族研究成果以及学生的生活实际为信息源，占有资料，建立资源库，在编写教材的同时，进行资源库建设。

四、研究过程

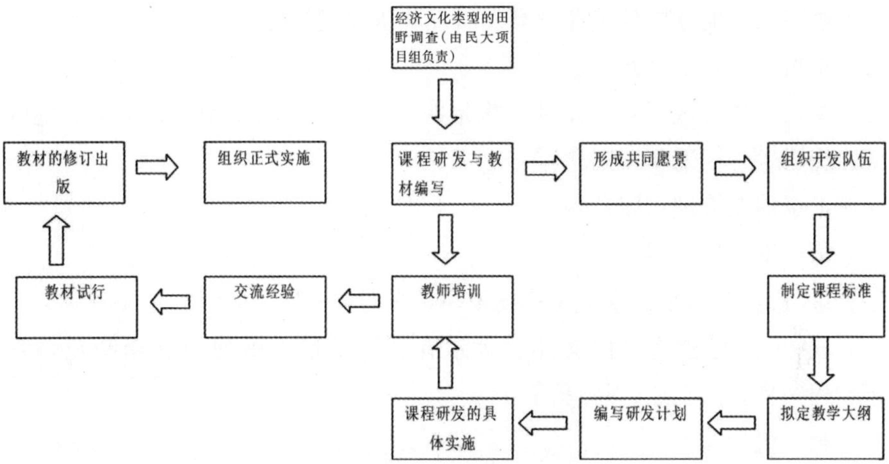

项目研究工作流程图

项目工作主要包括4个阶段，10个流程。

1.第一阶段：形成共同愿景与组建研发队伍阶段（2006年8月22日—9月6日）

1.1中央民大项目组摸清了皇城镇经济文化类型，为进一步选择课程资源，开发校本课程打下了基础

皇城镇经济文化类型为：皇城镇是一个以畜牧业生产为主，以现代工业——采矿业、水电业的突出发展和第三产业——运输业、日常生活服务业和草原民族风情旅游业缓慢兴起为辅的正在变迁中的多元文化社区。

1.2完成了开发地方性校本课程的需求评估

民大项目组在第二次田野调查中，通过访谈、观察、发放调查问卷等方式，对学生的学习需求、当地的社会需求、教师的专业能力、家长以开发校本课程的愿望和建议进行了解后，得知对校本课程需求群体主要有政府官员、文化精英、家长及群众等。

1.3组建了项目研发队伍

学校从开发综合性校本课程的需要出发，结合实际情况，组建了校本课程开发核心组和三个研发小组。按照“不同学科交叉分组”“同学科不同年级交叉分组”“校本课程开发经验交叉分组”“信息技术掌握程度交叉分组”的原则，平均分配教师人力资源，共同参与，发挥最大的工作效益。研发组织结构：

肃南二中地方性校本课程开发研发队伍组成情况

总负责人：安维武

项目组核心成员：安维武、宋培明、王延军、凯忠军、蔡世宏、毛延荣、樊勇生、杨爱军、王建霞

记录档案管理：屈自森

第一组

组 长：凯忠军；副组长：杨爱军、王建霞

成 员：赵建芸、徐文萍、朵永春、秦爱华、章建明、李晓花、赵涛、程国良、张晓燕、阿 勇

第二组

组 长：王延军；副组长：樊勇生、毛彦荣

成 员：孙德鹏、马 媛、韩进学、屈自森、梁志霞、陆海燕、谢宗明、张定凯

第三组

组 长：宋培明；副组长：蔡世宏、余会义

成 员：狄占宏、安冬梅、段雪梅、夏永明、王春梅、蔺志英、郎雪灵、李志军

1.4 全面学习项目资料，提高理论水平

校本课程的开发，是一项系统而复杂的工作，尤其是初次参与的教师，存在着较大的畏难情绪。民大项目组通过下发项目学习材料和为教师提供相关的读书资料，进行教师培训等方法，提高了研究者的理论水平，明确了项目开发的目标理念、工作流程及项目组织工作架构等，为进一步进行项目研究打下坚实的基础。

1.5 扩大项目宣传，营造良好氛围

学校通过“致家长的一封信”和“致学生的一封信”，以及民大项目组的田野调查及发放制作的光盘等途径，扩大项目在学生、家长和社会中的宣传，为项目工作的实施营造了良好的氛围。

2.第二阶段：教材开发阶段（2006年9月8日—2007年7月15日）

2.1思想动员工作持续深入，不断增强校领导和教师参与科研的意识

校本课程开发是一项系统而复杂的工作，由于部分教师是第一次参加校本课程研发，普遍表现出不敢参加、不想参加、不愿参加的畏难情绪。"虽然通过多次的项目培训，打消了部分教师原有的一些顾虑，但仍有一些教师的科研进取心不强，且担心校本课程的研发会对国家课程的教学带来负面影响。"为此，学校坚持了两条原则：一是尊重教师的选择，必须是教师自愿参加；二是尊重教师思想认识的过程规律，即螺旋式上升的过程。通过持续、多样的形式（如会议、培训、讲座、交流等），尽最大可能统一了教师的思想，树立了对参加校本课程开发，提高自身素质，推进课程改革的认识。但根深蒂固的应试教育思想不可能在短时期内根除，它不但制约着新课改推进，也制约着项目工作顺利开展。

2.2以课程专家为引领，以学校教师为主体的参与式研究模式，是提高教师业务素质的有效途径

新课程改革要求教师由"教书匠"转变为"研究者"。但是由于我校地处边远的牧区，教师外出参观、学习新课改实验的机会很少，几乎没有，而课程专家也很少深入到学校进行实际的指导。现行的各级培训也主要以理论宣讲为主，而教师又没有实际的参与或亲眼见证，所以对于理论指导实践有较大的偏差，也对新课改的实际效果产生了怀疑。另外，学校在开展教育科研的过程中，绝大部分教师对教研和课题研究没有了解和认识，研究能力非常缺乏，如果没有专家的引领，会呈现出一种盲目的摸索现状，也有可能出现仅仅是为了"科研而科研"或为了"名利而科研"的现象，导致研究工作和"五个有利于"的愿景相互游离，难以取得实效。"通过近期校本课程的开发工作，我感到教师与专家携手合作，双方为实现试验目标相互合作、相互交流、相互研讨、优势互补、相互推动，这是开发校本课程的上佳选择，是一条可取的途径。因此，校本课程资源的开发不是局限于学校自己内部的资源，而是要挖掘、利用一切可以利用的校内外教育资源，依托教育专家的指导，这样在一定程度上可以避免课程开发的盲目性和随意性，使课程开发走向科学、规范、完善。

2.3按照分组编写，统一整合，专家指导，持续修改，不断完善的思

路，制定出《肃南二中7—9年级地方性校本课程标准》

"课程标准是国家规定中小学课程设置、培养目标、教学内容、时间安排的教育指导性文件，是编写教材、实施教学与教学评价的依据，是国家管理和评价课程的基础。校本课程也一样，构建和开发课程最基本的工作就是撰写课程标准，从总体上来规划和把握整个课程的开发和构建，教材编写、教师教学、时间安排等工作都必须在课程标准的统一安排和部署之下进行，这就避免了课程开发工作的盲目性，去除不必要重复劳动，使整个课程开发在有指导、有规则、有顺序的情况下完成预期目的。"（中央民大项目组《中国西部少数民族地区经济文化类型与初中地方性校本课程构建项目中期报告》）

研发教师在民大项目组的指导下，从对课程标准不了解入手，通过多次培训，学习国家课程标准，撰写校本课程标准这一过程，不但理解了校本课程资源在内容设置上的递进性和逻辑性，以及生计教育、环境教育和创新教育各册教材中的侧重面，为进一步编写校本课程教材打下了坚实的基础，而且增进了对国家课程标准的理解，对知识在认识水平、分析水平、理解水平等不同层面上的教学目标有了更深层次的把握。"……在这样的过程中，我的认识水平不断提高，理解了标准中每一个词的真正含义。修改完校本课程标准，再回过头来看语文教科书，体会每个词所表达的意思就容易多了，有利于提高课堂教学质量。"（《肃南二中教师研发日记》）

同样，国家教材版本多样、不统一的现象使广大农村教师普遍感到困惑。而课程标准是统一教材版本不一问题的最直接、最基本的依据。因而，教师只有正确领会了课标的指导性，才能产生对教材的"新认识"，变"教教材"为"用教材"，完成由教材的"执行者"向教材的"使用者"，课程资源的"开发者"和"创造者"的转变，使教学质量得到提高。

2.4按照具体分工，确定进度，凝聚各方面力量，多渠道获取资料，参与修改，持续完善的思路，开发出"肃南二中7—9年级地方性校本课程教材"——《热爱家乡》《保护家乡》《建设家乡》

校本教材是民族文化和乡土知识传承的重要载体，对促进地方性经济、文化、教育的发展有重要意义。一是教材本身是一种重要的传承和发扬文化的载体，它记载了当地文化、经济、历史、教育、社会发展等各方面的知识，一方面使师生认识到乡土文化不再是“不登大雅之堂”的土文化，而是一种非常丰富的教育资源；另一方面教材对于学生，甚至社会各界人士的学习，地方志的研究等都会起到积极的作用；二是教材编写注重建立在课程可操作性基础上的综合实践活动课的设计，在教学形式及活动设计上力求突出多样性和实践性，有利于促进传统讲授式教学模式的转变，突出学生的主体性。

2.5健全的研究组织，合理的工作机制，是完成研究任务的重要保证

在项目研究中，我们贯彻了“自上而下和自下而上相结合，全局统筹和个体研究相结合”的项目工作原则，组建研发队伍，健全组织机构，形成了相应的工作机制。在组织机构方面，先后形成了学校项目领导小组、核心组及三个研发小组，各组织的功能不同，任务不同。为的是保证工作层层深入，任务层层下达、落实，使研究工作步调统一，稳步推进（自上而下分配任务）。而按照“个人（多人合作）研究→小组集中讨论，提出意见→核心组讨论，提出意见→落实修改意见→提交民大项目组讨论”的工作步骤（自下而上落实任务），确保研究工作达到质的要求。

2.6落实行动研究，建立田野研发日记，提高教师自身研究能力，促进专业素质的发展

随着项目研究工作的开展，教师真正实质性的参与到其中，撰写了大量的课例、论文、日记、教学体会、反思等。这种项目研究田野日记的建立，记录了大量自己参加研究和教育教学工作中的许多点滴和过程，有助于培养从自己课堂、自己身边找问题，发现问题，进行反思的行为，从而提高自身的研究能力。许多研究证明，反思是促进教师专业成长的主要因素。“由于以前没有这方面的经验，所以工作起来非常困难，大多数的问题都是我以前从来没有接触过，甚至没有考虑过的。我在深深地思考……”项目研究使教师对教育教学进行了思考。“课题研究的确让我们很忙碌，但我们是有所收获的。如怎么样去写课程标准，怎么样去写教学建议，甚至怎么样去编写教材。以前我们是从来不去研究这些问题的，但是，现在我们不得不去研究，在研究的过程中，我们学到了以前没有学到的。这样，自然而然地就提高了我们自身的素质。”（《肃南二中教师研发日记》）

长期以来，学校的教研工作进行得单一、呆板，如“宣讲式”“走过场”的学习培训，“老好人”式的评课等，广大教师并未真正参与其中，收效甚微。“参与式”是本项目的最突出特点，在项目研究中教师经常为“使某一问题”达成共识而进行不断讨论、交流，极大地培养了其分析问题、解决问题的能力和参与意识，也已成为学校开展校本教研活动的一种有效手段。

2.7创刊学校教研专刊

创刊学校教研专刊《皇城教育》，搭建交流平台，扩大项目宣传，为推进学校教育科研文化的建构打下基础。《皇城教育》创刊的起因是宣传项目，立足点是宣传教师教研成果，促进教师投身教育科研，落脚点是为肃南二中乃至整个皇城镇的学校构建良好的教育科研文化，推进新课程改革的深入发展。因而，《皇城教育》的办刊目标就是“立足二中，胸怀皇城，面向肃南”，以杂志为平台，提升本地教师参与教学研究的积极性，为新课程改革的推进起到一个引领作用。自《皇城教育》创刊以来，以我校教师为主体，投稿的范围涉及中央民大、全镇“四校”、县教育局及县其他学校，办刊质量稳步上升，基本符合牧区学校教师的需求。

当今学校之间的竞争，从表面上看是质量的竞争，深究却是人才的竞争，而本质上则是文化的竞争。文化是一片土壤，学校一旦形成自己的文化，它的每一个成员就会从这片土壤中吮吸营养，发展成长。学校教研文化作为学校文化的一个重要组成部分，良好的教科研文化的形成，必将有力地促进学校教育教学工作的发展。

2.8增强了学校及教师间的交流

交流可以增进联系，取长补短，加深了解。交流对我们平时的工作，对校本课程的开发，都有一定的促进作用。校本课程的开发，对我们每一位教师来说都是一项陌生的工作，虽然有民大项目组的引领，但是广大教师仍然显得困顿、茫然。因而，交流是解决这一问题最好的方法，对某一个问题的认识、观点，对某一个环节的想法，甚至于一个标点、一个词、一句话，都可以进行交流，通过交流取人之长，弥己之短，达成共识，增进互相之间的了解，提高对问题的认识水平，提高工作效率。学校项目组在校本课程开发的进程中已经意识到了交流的重要性，通过编印教师的研究成果，会议发言交流、小组讨论等形式，沟通大家的思想，形成了交流制度。同时，项目中期交流会的举办，为教师“走出去”学习搭建了平台。不但学习了云南项目实验学校的经验，而且增进了学校间的友谊。

3.第三阶段：教材实施与教师培训阶段，即实验教学阶段（2007年7月16日—2008年1月17日）

3.1广泛动员，深入宣传，组织研发队伍

根深蒂固的传统教育模式和教育评价制度的影响，以及教育教学中急功近利的做法，使得项目研发人员的思想并不稳定，部分教师仍然对学校的整体改革发展及自身专业发展的认识不足，仍然停留在应试教育的层面。因而也对项目的认识不够科学、不够深入，有很大的片面性，甚至对项目研究的实际效果产生了怀疑，在研究行为上也时常会出现“反弹”，对项目研究的顺利推进产生了不良影响。此种情况下，需要学校项目领导小组始终将思想动员工作放在重要位置，通过持续、有效、深入的动员工作，稳定成员的情绪，并在尊重教师意向的基础上，重新组织研发队伍，并通过制定相应的工作规范措施，使其在新一轮的研究中逐步提高对项目工作的认识，逐步转变观念，由被动变为主动，促进项目重新走上正常研究的轨道。

3.2落实“四个保证”，明确“四个要求”，扎实开展实验教学

3.2.1组织与实施

为了使实验教学取得实效，项目领导小组落实了“四个保证”，即落实“教材保证、组织保证、时间保证、实验课时保证”，确保了实验教学的正常开展。

3.2.2要求与目标

要求研发教师在实验教学中做到“四点要求”，即必须做到：认真备课，每一堂课都要制作课件；认真对学生进行随堂调查，了解学生需求；认真做好教学反思，为教材的进一步修改提供依据；选择部分老师的教学进行录像，作为研究成果之一。另外，充分利用所开发的校本课程资源，在音乐、体育、美术等国家课程教学中进行渗透和穿插式教学，实现了对国家课程的补充。

3.3落实行动研究，促进教师教研工作日常化，不断实现自身专业化成长

伴随着实验教学的开展，教师的思想又随之趋于平静，对项目工作的认识也在不断地加深。项目领导小组始终将落实行动研究，提升教师动手能力作为提高教师素质的重要途径，长抓不懈。先后完成了3-4期《课例集》《论文集》《日记汇编》，2期《心得体会》和《教学反思》《研发总结》等教师研发成果，达20多万字，提高了教师的研究能力。

3.4全面调查，广泛征求意见，群策群力，修改教材

一是按照实验教学的“四点要求”，督促研发教师认真进行课后反思，通过课堂体验，掌握第一手修改教材的资料；二是注重学生“学”的体验，落实学生的随堂问卷，广泛征求学生的意见建议，为进一步修改教材提供依据；三是注重“引进来”，充分利用学校开展“家长开放月”的机会，积极与家长进行访谈，征求意见；四是尊重民大项目组的指导建议，使教材修改更趋于科学合理；五是主动“走出去”，深入社区、群众家中进行调查，收集资料，为补充教学资源，甄别教材内容的可靠性等，为确保教材的本土化打下了基础。

最后，通过对各种意见进行综合分析，各小组对教材进行了集中修改，完成了第五轮教材修改工作。假期，项目组还组织人员深入社区，收集了大量的本土资源，替换了部分“外来”资源，以达到教材本土化的要求。

3.5扩大宣传，参与交流，推进研究进程

12月，项目核心组对研究成果进行了整理与总结，准备材料积极参加“甘肃省地方课程暨校本课程交流会”。项目组把这次机会当作扩大项目及学校宣传，推进工作的重要途径，始终保持了高效的工作作风。另外，项目成员通过展板及视频材料的制作，提高了能力，促进了项目影视工作的发展。项目交流会如期于2009年在北京举行。

3.6落实参与式教师培训，丰富校本教研形式

在教师培训方面，项目领导小组坚持和学校整体工作相结合，和日常教研相结合，和专题培训相结合的原则，通过理念渗透、工作要求、教师交流、专题培训等多种形式得到落实。一是利用学校例会和校本培训的机会，对校本课程开发、促进学校发展、推进新课程改革、提升自身素质的重要作用进行强调与渗透，不断转变理念；二是注重教师参与式交流培

训，由3名核心组成员结合研究工作进行了培训；三是民大项目组巴战龙博士进行了题为“我们的成就及我们的思考”的专题讲座，使教师明确了办学理念的转变、学校特色的形成与发展、今后的努力等方面的问题。

3.7总结工作，归纳经验，理清思路，做好阶段衔接

一是鼓励研发教师根据个人参加研究工作的体会，积极对个人的研究工作进行总结，归纳经验，不断提高对项目工作和实现“五个有利于”目标的认识。二是领导小组和核心组积极研究，进一步理清研究工作思路，制定了下一阶段研究工作的实施方案，有始有终，完成项目研究，取得丰硕成果。

4.第四阶段：成果总结与经验交流阶段（2008年2月18日—6月20日）

4.1完成教材定稿

在教材定稿工作中，我们始终坚持“本土性、实践性、适切性、开放性、标准化”原则，对教材中采用的各种资料进行了深入的甄别和筛选，剔除了部分不符合要求的课程资源，从而使整体框架、语言表述、版面设计更加符合教学的要求，基本达到正式出版水平。

4.2总结经验，完成项目研究报告的撰写

项目组对大量的研究资料和成果进行了分类整理，最后归纳为教材、课程标准（含编写大纲）、日记集、论文集、课例集、教学反思集、课堂实录、研究报告、研究资料汇编等9类研究成果，以及项目研究中所收集和制作的图书、图片、实物等资源，以上内容共同建成“校本课程开发资源库”。最后，项目组和研究者个人从不同的角度对项目工作进行了全面的总结，撰写了研究报告。整个项目研究报告包括：研究者个人研究报告（或总结）、项目阶段研究报告、项目总体研究报告。

4.3扩大成果的宣传与推广

通过召开结题大会或参加总项目交流会，努力扩大对项目成果的宣传推广。整个项目研究形成的最终主要成果为校本课程教材《热爱家乡》《保护家乡》《建设家乡》，开发日记的专著或选集，教研论文、课例集等，这些成果力求正式出版并付诸实践。

五、项目工作数量指标(研究成果)的完成情况

1.主要阶段性成果

1.1《肃南二中7-9年级地方性校本课程标准》(试行稿)

1.2《肃南二中7-9年级地方性校本课程编写大纲》(试行稿)

1.3《肃南二中7-9年级地方性校本课程教材》(试行稿)

1.4《肃南二中7-9年级地方性校本课程学习资源库》(资源网站，图书音像)

1.5《肃南二中7-9年级地方性校本课程实施方案》(试行稿)

1.6《肃南二中7-9年级地方性校本课程教学案例》(7、8、9年级各一册)

1.7《肃南二中7-9年级地方性校本课程活动课实录》(共36学时)

1.8《肃南二中7-9年级地方性校本课程教学系列论文集》

1.9《肃南二中7-9年级地方性校本课程开发日记选》

1.10《肃南二中7-9年级地方性课程开发流程档案》

1.11创办学校教研专刊《皇城教育》，至项目结题已印行6期，办刊状况良好，具有推广价值

1.12开发校本课间操——锅庄舞，已在学校正常开展2年，开展状况良好，具有推广价值

1.13项目影视工作志

1.14项目研究报告

2.最终成果

2.1正式出版《肃南二中7-9年级地方性校本课程教材》

2.2正式出版《肃南二中7-9年级地方性校本课程开发日记》专著或选集

2.3正式出版《肃南二中7-9年级地方性校本课程教研论文、课例集》

2.4原“裕固族乡土教材”改编为《裕固家园》后，作为全县学校初中生的校本课程，于2007年12月由甘肃文化出版社正式出版

2.5建成“肃南二中7-9年级地方性校本课程学习资源库”

2.6项目研究报告

3.隐性成果

3.1树立了新的教育理念

通过课程开发，使教师明确了国家课程、地方课程和校本课程三者之间的不同功用和相互之间的关系，初步树立了课程意识，教学理念也由以前的“怎么教”向“教什么”逐步转变。

3.2促进了教师的专业成长

教师课程开发的技能技巧在实践中得到了锻炼，课程设计能力、论文撰写能力、自我反思能力、资源选择与利用能力、课堂教学组织形式与教学实施策略都得到了提高。许多老师在设计和实施综合活动课程的同时，也有意无意地将许多活动方式迁移进学科课程教学之中，并收到了良好的效果。

3.3弥补传统课程的不足

在传统的课程体系中，由国家课程大一统的课程内容与要求只适应了学校与学生的共性，忽略了学校与学生的个性。而实施适当的校本课程恰好可以弥补这种缺陷。因为校本课程可以从自己学校与学生的实际出发，充分利用自己已有的资源，开发自己特有的课程。正是这几种特色保证了学校与学生个性的发挥与发展，弥补了以往课程体系的缺陷与不足。

3.4培养学生的综合素质

综合性的校本课程让学生拥有自己的实践活动，让学生步入现代社会、走进现代生活、走进真正的科学世界，思考真正的社会问题，动用正确的方法和合理的信息手段，解决学生的实际问题，从而给学生综合运用知识的机会和空间，有助于学生实践能力的提高，有助于探究意识和创新精神的培养。

3.5促进学校和社区的联系

通过行动研究和宣传，加大了群众和学校的沟通和联系，他们不但为校本课程开发提供了大量的资源，而且为学校提出了许多意见建议，初步形成了良好的支持关系。

3.6加大宣传，提升了学校的美誉

在项目研究中，通过各种媒体，发送信息，扩大了对学校的宣传。

3.7使学校领导进一步树立了抓项目，促发展的意识，有利于推进学校的整体改革，实现发展

3.8营造了良好的学校科研氛围

六、经验与不足

1.经验

1.1建立课程专家与学校教师联手的研发机制，有利于促进实现“双赢”“互利”，更好地达到目标

一方面，充分发挥项目专家的引领作用，确保了项目研究工作的顺利完成。项目指导组为项目研究构建了整体框架，并通过讲座、培训、交流、信函等方式对项目研究过程进行了指导，确保了研究的科学性与严谨性。另一方面，项目专家通过参与式研究，不断提高自己学术研究的敏感性，设身处地地为地方性校本课程建构出谋划策，为教育与社会的良性互动和共同发展着想，成为当地教育与社会变革的“催化剂”或“协助者”。

1.2重视过程，促成改变

我们将项目研究视为落实学校课程改革的“切入口”，将校本课程构建作为推进新课程改革的一个“过程”，我们注重这一过程的延展性，强调本项目的研究只是这一过程的一个阶段，而不是将其视为“结果”。既重视显性研究成果——校本课程建构，又注重在落实行动研究中隐性作用的发挥，促进研究团体，即学校、教师、学生、社区、群众等思想观念的转变，尤其是教师教育观念的转变和专业素质的提高。通过项目研究过程，为持续有效地推动和实现“五个有利于”目标。

1.3落实行动研究，加大对教师的培养

一是思想动员层层深入，持续不断，贯穿始终，不断增强校领导和教师参与科研的意识。项目领导组通过逐级召开会议，参与式培训，研发体验等多种形式，加强对教师的思想转化工作，大部分教师经历了一个“从抵制到服从，从勉强到积极，从被动到主动”的思想转变过程，参与教学研究的意识有了很大的提高。二是理论学习与参与式培训并重，突出实效性。长期以来，由于教师参加的培训多为被动的理论学习，因而积极性不

高。在项目研究中，始终坚持了研发教师的主体作用，学校为其搭建了广泛交流的平台，积极鼓励教师参与讨论、总结、交流，解决研究过程中的一些实际问题，使其在不断的历练中成长。另外，经济文化类型理论范式在项目研究中的引入，为教师进行校本课程开发建立了范式，开阔了视野。三是分层次培养教师。在骨干的带动下，按照“突出一批，培养一批，带动一批”的教师发展原则，将项目研究和“校本培训、校本教研”相结合，分层次地对研发教师进行培养，及时吸收部分“突出”的教师进入核心组，参与研究工作决策。在校本教研活动中，将不同层次的教师推向“前台”，扩大交流与宣传，提高自信心，使之在参与的过程中得到提高。广大教师经过研究工作的历练，思想认识、专业能力、责任意识、大局意识等得到了不同程度的提高。

1.4 牢抓主干工作，全面推进项目

在整个研究过程中，项目组做到了“三个坚持”和“三个始终”，即坚持思想转化深入持久，坚持理论学习持续不断，坚持研究经验的总结积累，促进教师专业化发展；在校本课程开发中，将资源收集贯穿始终，教材修改贯穿始终，宣传交流贯穿始终。把教材编写和修改、资源库建设、教师培训、教师研发论文、日记、课例、反思的撰写和编选工作作为项目研究的主干，长抓不懈，突出研究的实效。

1.5 为一线教师进行教育科研积累经验

以撰写田野日记为手段，促进教师落实行动研究，记录成长过程，实现专业化发展。实践证明，行动中研究的特征符合一线教师参与研究的实际，效果较好。

1.6 注重宣传作用，营造良好科研氛围

项目组为了宣传研究进程与成果，首先，创刊了校级刊物《皇城教育》，达到了宣传成果、交流信息的作用；其次，通过《中国民族报》《甘肃日报》、肃南电视台等媒体的宣传报道，营造氛围。再次，通过致信家长、开座谈会、家长会等形式以获得社区的认同与支持。

1.7 建立了校本课程开发的一般范式

校本课程是根据国家的教育目的和地方的教育要求，由学校教师对本校的环境因素和学生的实际需求进行分析，针对本校学生进行编制、实施、评价的课程。可见，校本课程是以学校为基地，以学生的发展需求为内容，以教育目的为导向的课程。我们以经济文化类型理论为基础，以参与式行动研究为范式，形成了校本课程建构的10个流程：

1.7.1 田野调查，分析需求，定位目标

全面调查当地社会发展状况、学校综合办学水平及发展目标，摸清当地的经济文化类型，查清校本课程的需求群体，准确定位课程开发目标。

1.7.2 形成共同愿景

通过项目指导组对当地教育现状的分析和教师参与式学习培训，形成了以“五个有利于”思想为主要目标的项目研究共同愿景。

1.7.3 组织开发队伍

通过积极动员，在教师自愿申请的基础上，依据教师的实际，量力而为，各尽所能，明确分工，组织开发队伍。

1.7.4 制定课程标准。按照先培训学习，然后以国家课程标准为参照，通过参与式活动，讨论和制定《校本课程标准》。

1.7.5 拟定教材编写大纲和编写开发计划

按照三年三册的框架，通过参与式活动，讨论和制定《校本课程教材编写大纲》。根据学校开发校本课程的实践情况，在分析研究、讨论的基础上编写《课程开发计划》。

1.7.6 组织实施开发

依据课程标准，通过参与式活动，讨论和制定《校本课程编写方案》和《校本课程资源库建设方案》。在广泛搜集资料和深入开展访谈的基础上，凝聚各方面力量编写《地方性校本课程教材》，分模块建成《校本课程资源库》。

1.7.7 审校教材内容

统编人员在负责审校的基础上，邀请项目指导组和社会各方面人士对教材内容进行审定。

1.7.8 实施教师培训

进行参与式的教师培训，更新传统的教学方法，建立适应校本课程的教学模式。

1.7.9 教材实施（实验教学）

讨论和制定《校本课程实施方案》，组织进行实验教学，发现或提出校本课程教学中存在的问题，进一步修改教材，完善教法。

1.7.10总结经验，推广成果

全面总结课程开发和教材编写及实验工作。并积极搭建平台宣传推广科研成果，正式出版校本课程教材，开始正式实施。

2.不足

2.1教师根深蒂固的应试教育思想，使校本课程的开发与实施困难重重

部分教师对校本课程建构认识极为浅显，甚至带有“功利性”的目的，对研究工作持以“应付了事”的态度，没有投入真心和热情，使项目研究的效果打了折扣。这些教师的思想阻滞了项目研究工作的顺利开展，也在制约着新课改的推进。

2.2教师的科研素质及教材开发能力亟待进一步提高

在校本课程开发中，研发教师的素质表现良莠不齐，严重地影响了校本课程教材的编写质量。整体表现为教师对教育理论知识的缺乏、创新性意识和能力欠缺、资源意识差，面对新教法、综合实践课等表现出明显的“水土不服”现象。因而编写的教材在内容创新及活动鲜活方面存在着一定的问题与不足。甚至有的教师对项目研究的目标、流程、环节显得极为茫然。另外，由于没有形成日常化的研究意识，增加了研究工作的难度。

2.3教师对校本课程理念的认识亟待进一步提高

校本课程的开发要充分重视研究性。这是因为，校本课程更贴近学校、教师、学生的实际。课程不仅是一种结果，也是一种意识，更是一种过程。只有具备研究性的课程，才更有利于学生的发展。而我们的许多教师还把校本课程开发视为“只是编写一本教材”，把校本课程看成是物化的、静止的文本状态，而不是把校本课程视为更加鲜活的、发展的、创新的活动形态。这就限制了教师对校本课程资源的充分开发和利用，因为校本课程教材是最基本的课程资源，但不是唯一的课程资源。只有有目的、有针对性、有研究性的开发和利用校本课程资源，才能促进教育教学改革，提高教育教学质量，实现对国家课程的补充。因为校本课程是教师和学生共同开发与创造的，其实施过程是促进学生认知能力、实践能力提升的学习活动过程。只有饱含研究性意义的校本课程，才有利于学生各种能力的开发。

七、几点思考

1.以校本课程开发实践进一步推进教育的革新

在西部少数民族地区现行教育体制最大的弊端就是束缚，实质是考试指挥棒的束缚。它束缚着校长，束缚着教师，束缚着学生，并错误地引导着社会对教育价值的判断。其根源在于学校教师、教育行政部门、家长等是把升学率当作显性的、易见成效的、唯一的“成绩”，而不是把孩子的全面发展素质提高作为自己长远的根本“政绩”。教育问题的原因可能千头万绪，但是僵化的官本位的教育管理体制，才是初始的死结，只有解开这个结，其他问题才会迎刃而解，才能获得教育的最后解放。

诚然，仅仅消极等待教育评价的变革，并非唯一有效的途径，这还有赖于各校的具体教育工作者主动地在有限的创新空间内有所作为，去推动教育“上层建筑”的改革。因此，我们需要的现实做法是：以积极主动的创新精神去开展素质教育的探索，以切实可行的实践去促成教育体制的革新，迎接教育的真正解放。我们一方面要对现有教育体制的弊端深感忧虑，对教育改革的紧迫性有充分的认识和强烈的愿望；另一方面也要充分估计到新旧教育体制转轨的复杂性和艰巨性。它不需要行政的举措，更需要校长、教师、家长、社会观念的转变。真正实现从“应试教育”向“素质教育”的转轨。

我们要充分利用校本课程开发所积累的经验和取得的成果，从教育观念的转轨入手，积极总结经验，致力于转化成果，从外围向核心延伸，持续构建多样化课程，持续开发利用课程资源，进一步实现对国家课程的有益补充，促进教学改革，提高教学质量，突出学校办学特色，推动教育改革进一步发展。

2.理论工作者与实践工作者联手，是创建教育可持续发展的关键

理论工作者与实践工作者之间的广泛交流，密切合作，能有效地推进教育的可持续发展。理论工作者只有把自己的最新研究成果，广泛而有价值的教育信息及时地传播给学校教师，并且能积极“沉下去”，深入学校，参与决策研讨，深入班级，开展课题研究，与教师寻求共同的“话语”，

（即如何推进课程改革，提高教育教学质量）才能掌握大量的第一手资料，使其成果尽快地转化为教师的教学行为，付诸实践。而学校教师也要积极采取行动研究治校方略，吸收教育理念精华和教育信息，在实践中反思，在反思中提炼，在提炼中形成特色。理论一旦被实践工作者所采用，它将会产生巨大的能量。这种理论与实践的交融，课程专家与一线教师的握手，是推动教育可持续发展的巨大力量。

3.注重教师反思式的研究，构建符合中小学教师最基本的研究模式

研究型教师是时代的需要，是教师专业发展的必然趋势。但是，教师的研究不应也不能向专业研究者的研究看齐。首先，中小学教师每天要面对大量的教学工作，工作负担重，缺乏必要的研究时间。其次，中小学教师的研究从本质上来说是为解决自己所面临的问题而展开的研究，是从自身内部发展起来并为改变自身所面对的独特情景而进行的研究。如果它仍追求专业研究者那样严格的发现、一般的结论的研究理想的话，它将得不到真正的尊重，既解决不了实际所面临的问题，也无法形成个性的理论，并且有可能会招致种种批评。第三，一般的中小学教师，尤其是农村中小学教师的学术水平较低，难以进行深入的学术研究。如果缺乏专家的引领，研究成果的学术价值令人怀疑。

怎样的教师才是一个研究型的教师？这或许也是困扰教师发展和角色转变的一个突出问题。实践表明，能够对自身的教育教学行为进行系统化反思，应该说就具备了研究型教师的基本素质，在一定意义上，这个教师也已从单一的教学实践者转变为教学的研究者了。正是从这样的认识出发，我们认为，教师既要将持续不断的反思作为一种研究方式，但同样重要的是，还要把它作为自己的生活方式。也就是说，当今教师所开展的研究不再是对教学职业的补充，而本身应是教师职业生活的方式，它本身应该体现出教师作为人、作为实践者所拥有的本性。

在这种生活方式中，教师体会到自己的责任，体会到自己存在的价值和意义；在这种生活方式中，教师凭借自己的力量，把自己和自己服务的对象紧紧地联系在一起，并与服务对象共同构成了自己的生活世界；在这种生活方式中，教师必须发展自己的理性，成为自己的主人。要达到这些目的，教师就不能仅重复别人的经验，而应该通过理性创造自己的世界，只有在这种创造出来的世界中，才会感到内心真正的平安。也许正是在这种生活方式中，教师的研究才体现出了其本质意义。

4.校本课程开发的目标、意义及支持条件是影响校本课程开发及实施的重要因素，值得探索与思考

4.1校本课程要对国家课程形成有益补充

校本课程开发应当有明确的目的性，根据本校的特征与需求，确立开发内容，以有效地弥补国家课程资源的不足，达到国家课程在本校无法达到的目标，办出学校特色。

4.2校本课程开发要有利于推进教学改革

校本课程在内容上要突出综合性、实践性、趣味特征，有利于学生全面发展；在教学形式上要突破课堂教学的限制，注重学生的实践体验，以多种形式达到教学目标；在教学方式上要使校本课程教学成为教师实施新教法的沃土，鼓励教师充分运用开放式的教学方式，增强教学活力，推动教学改革。

4.3校本课程开发需要大量资金的支持

在义务教育阶段，学校开发的校本教材要免费发放给学生，需要大量的资金，而学校很难独立支付。所以，获得社会各方面的支持显得异常重要。

目前，校本课程开发在我校虽然取得了一定的实效，但在开发的深度、广度、效度等方面还不太成熟，因而，还需要不断积累经验，探索更为有效的途径，使校本课程渗透和扩大到国家课程之中，既实现乡土教育目标，又对国家课程起到促进作用。

2008年9月，该课题经中央民族大学语言文化教育与边疆史地研究创新基地、中国少数民族地区基础教育研究中心鉴定，取得了最终成果，正式出版校本教材和论文集各一部。其中《多元文化乡土教材——甘肃省肃南裕固族自治县第二中学校本教材》（中国和平出版社，2009），2013年10月荣获张掖市委、市政府第三届社会科学优秀成果一等奖。2015年9月荣获肃南裕固族自治县教育科研及教学优秀成果奖。

人口较少民族教育特色研究
——以裕固族为例研究报告

肃南裕固族自治县第一中学校长安维武为中学高级教师，2011年7月至2014年6月主持完成了全国教育科学“十二五”规划2011年度教育部重点课题《人口较少民族教育特色研究——以裕固族为例》(课题批准号：DMA110313)，课题组主要成员有屈军、郝晓明、蔡世宏、张宗林、王肃云、郎爱军、贾镇南、樊旭平、顾永杰。

一、简介部分

1.标题

“人口较少民族教育特色研究——以裕固族为例”研究报告

2.摘要

裕固族人口仅有万余人，现代学校教育历史只有70多年，教育发展却取得了前所未有的成就，奥秘何在？本文以历史唯物主义、多元文化教育和区域教育特色理论为基础，以裕固族现代学校教育的产生为起点，以社会发展进程为脉络，总结裕固族聚居区学校教育的历史发展状况，并揭示裕固族教育发展的一般规律和教育特色。一是由地方自主到国家主导的民族教育政策，引领裕固族教育发展步入快车道；二是由完善结构到优先发展，建成惠及全民的裕固族“普惠型”基础教育体系；三是由裕固族文化校本课程到构建多元文化教育的多样化课程，彰显民族教育特色；四是由专业合格到专业发展，裕固族聚居区学校教师队伍建设成效显著；五是由改善办学条件到优化管理效能，学校内涵发展和现代化教育初显端倪。在系统总结裕固族聚居区学校教育发展历史及现状的基础上，分析裕固族聚居区学校教育发展的制约因素，并对未来发展提出前瞻性建议。一是准确定位裕固族教育发展目标；二是积极构建教育质量和学生学业成就评价标准；三是全面实践民族文化课程建设和学校教育文化传承；四是不断推进民族教育立法；五是积极探索25年免费教育。

二、主体部分

1.研究问题

本文从研究目的、研究意义、研究假设、核心概念4个方面来阐明课题所研究的主要问题。

1.1 研究目的

裕固族主要聚居在甘肃省张掖市肃南裕固族自治县（下文简称“肃南”或“自治县”）和酒泉市肃州区黄泥堡裕固族乡境内。1939年，裕固族学校教育才完全从社会中分化而成为独立的教育形态。1958年，掀起办学高潮，实现了“村村有小学”。1975年，“马背小学”被树立为全国典型，再掀办学高潮，学生可以就近接受教育。1993年，裕固族实现“普初”目标。1997年，提前实现了“全民族”普及九年义务教育目标，走在了全国少数民族的前列。2006年，肃南中小学生享受到“两免一补”（即免学杂费、课本费，补助寄宿生生活费），2009年，县域内实现了从幼儿教育到高中阶段教育“三免两补”（指免学杂费、课本费、寄宿费，补助寄宿生生活费、交通费）的15年免费教育，并实施贫困大学生救助和优秀大学生奖励政策。2012年，这一政策惠及到研究生。据2010年全国人口普查统计，全国人口只有14378人的裕固族，每万人中有小学生3516人、初中生2619人、高中生1244人、大学专科生825人、大学本科生517人、研究生35人，比2000年分别增加了小学生109人、初中生185人、高中生590人、大学专科生499人、大学本科生413人、研究生29人[1]，人口受教育程度大幅提升，裕固族教育迈向了提高和均衡发展阶段，为公民创造了相对均等的教育条件。但作为一个以农牧业为基础的少数民族自治县，由于地理、经济、社会发展等条件所限，存在教育经费的保障机制还不尽完善，学前教育和高中阶段教育普及水平不高，教师队伍整体的专业化水平不高，教学质量与人民群众的总体期盼还有差距，学校文化建设特色不够突出等主要问题。为此，本课题的理想和追求是，力求全面摸清裕固族教育的历史发展脉络，总结裕固族教育的发展经验和主要特色，探索教育向更高层次发展的途径，从而实现对教育实践的引导和不断完善。一是为实现“四个转变”提供经验，即进一步加快调整学校布局，从数量型调整向结构型调整转变；进一步加快深化教育改革，从管理型改革向教学型改革转变；进一步加快教师队伍建设，从经验型教师向科研型教师转变；进一步加快推进学校内涵发展，从跨越型发展向内涵型发展转变。二是推动学校开发与利用课程资源，建设多样化的课程体系，积极传承优秀民族文化，促进办学特色的形成。三是研究国家教育政策，在为政府和教育行政部门科学规划教育改革和发展提供可靠依据的同时，促使政府全面承担义务教育的责任，推动县域内民族教育立法进程。四是为其他人口较少民族提供可以借鉴的经验支持和发展范式。

1.2研究意义

中国社会现代化，从根本上说是人的现代化，必须以人的全面发展为目的。自中国共产党第十四次代表大会提出“建设人力资源强国”目标以来，国家将实现“两基”作为基础教育发展的重要工程，分步推进。通过15年左右的努力，全国各地基本上普及了九年义务教育，人民群众的需求从“有学上”全面转向了“上好学”。提高教育质量，办人民满意的教育，使广大群众子女享受优质教育成为时代的呼声。应时出台的《国家中长期教育改革和发展规划纲要（2010—2020年）》，为深化新课程改革，促进义务教育均衡发展，实现教育现代化注入了新的活力。自《纲要》实施以来，教育发展从追求规模数量转向提高质量效益，学校发展从普遍打造硬实力、追求外延发展转向追求软实力、实现内涵发展，教育目标从单一的学科教学转向追求全面的素质教育。中国基础教育目前进入到现代化发展的重要时期，进入到全面提高教育质量、全面实施素质教育的新阶段。

新中国成立以来，中国的人口较少民族在政治上得到翻身解放，经济社会持续发展进步，人民生活得到明显改善。但由于人口较少民族主要聚居在西部偏远山区、边境一线，社会发展程度和生产力水平低下，经济和社会发展面临诸多困难。为实现共同团结奋斗、共同繁荣发展，2005年，国务院批准实施《扶持人口较少民族发展规划（2005—2010年）》，对全国总人口在10万以下的22个民族聚居的640个行政村给予重点扶持。规划实施6年来，人口较少民族聚居区社会事业稳步推进，发展能力逐步增强。特别是教育事业有了长足发展，尤其以赫哲族、裕固族为代表的人口较少民族的教育事业更是有了跨越式的发展，呈现出了较为显著的教育特色。但我们不能忽视的一个现实是，人口较少民族总体上较低的社会化发育程度和各人口较少民族之间较大的差异性，严重制约着这些民族教育事业的快速发展。“十二五”时期，国家再次实施《扶持人口较少民族发展规划（2011—2015年）》，并将扶持范围扩大到全国总人口在30万人以下的28个民族，包括2119个行政村、71个民族乡、16个自治县和2个自治州，目的只有一个，就是加快人口较少民族发展的步伐，实现共同繁荣。[2]

教育发展是社会发展的有机组成部分。加快人口较少民族的教育发展步伐，是事关百姓切身利益，提高民生保障和改善人民生活水平，维护民族团结，构建社会主义和谐社会的重要举措。当前，全面推进素质教育，促进基础教育均衡发展，突出学校发展内涵和办学特色，不断满足群众对公平优质教育的需求，是人口较少民族基础教育发展将面临的新的历史机遇和挑战，这也是促发我们致力于本课题研究的强烈愿望。因此，对教育超前发展的人口较少民族教育特色进行深度研究，构建符合实际的民族教育框架及教育特色问题，是一个带有战略性、前瞻性的重要议题。如果有科学的研究成果作为指导，人口较少民族教育的发展就有可能不走或少走弯路，教育发展期待有优秀的裕固族教育研究成果引导和完善这一过程。

1.3研究假设

本课题力求以裕固族现代学校教育的产生为起点，以社会发展进程为脉络，通过对裕固族聚居区教育史料的调查和分析，在揭示裕固族教育发展规律的基础上，总结过去的特色、挖掘现在的特色、畅想和设计未来的特色。在系统研究裕固族聚居区学校教育发展历史及现状的基础上，主要侧重于4个方面的内容：一是裕固族文化如何融入国家基础教育课程体系，发挥学校教育的文化传承功能；二是裕固族聚居区学前、小学、初中和高中阶段教育的衔接和基础教育体系的完整性问题；三是以民族团结教育为核心，以学校、家庭、社会三结合为特色的和谐校园文化建设；四是从寄宿制学校的发展模式、课程设置、教学方法、教师队伍建设的办学特色中，研究裕固族聚居区的教育特色。

1.4核心概念

1.4.1少数民族与人口较少民族

传统的马克思主义观点认为，民族是指具有共同语言、共同地域、共同经济生活以及表现于共同文化和共同心理素质的人们的共同体。中国是一个多民族国家，有56个民族，除汉族外其他55个民族统称为“少数民族”。其中，2005年起，国家按1990年第四次全国人口普查统计数据，把22个人口在10万人以内的少数民族统称人口较少民族。2011年，国家按2010年第六次全国人口普查数据，把全国总人口在30万人以下的28个民族统称人口较少民族，占56个民族总数的一半。

1.4.2区域教育特色与办学特色

中国教育学会会长顾明远教授在2009年首届京师教育论坛上第一次提出区域教育特色的概念，他认为“区域教育特色是指某一区域教育在长期发展的积累和形成中形成的获得优秀的、相对稳定的特点和风格。区域教育特色不是自发形成的，要认真研究精心规划，需要以科学发展观为指导，研究本地区的文化历史传统，自然和社会环境，人口的构成，经济发展结构和水平，教育发展的原有水平等多种影响教育发展的因素，根据本地区社会经济发展的规划进行设计。”因此，规划好人口较少民族聚居区教育特色更有利于促进人口较少民族教育事业又好又快发展。

天津市教育科学研究院林宏伟在《办学特色略论》[3]中提出，“办学特色还没有一个统一的概念，但可表述为一所学校在主要管理者（校长）领导下，在长期的教育实践过程中形成的独特、优质、稳定的教育风格。这包括三个方面：独特性、优质性和稳定性，独特性即一所学校最突出、最典型，有别于其他学校的教育风格；优质性是指学校使办学各要素及整体运行结构处于优化状态并实现教育质量优质；稳定性是指在形成办学特色后，其所形成的特色保持相对的稳定性。”《人民教育》杂志总编、国家督学傅国亮先生原创性提出了“每一所学校都是潜在的特色学校”的观点。我们认为，特色学校是一种有办学特色的学校，它们突破了整齐划一的模式，有鲜明的“个性”，引人瞩目。“实际上，每个学校都有自己的‘个性’，蕴含着某种潜在的优势。如能再积极创造条件，挖掘并充分发挥自身潜在的优势，努力促使自己的‘个性’得到发展，就可以逐步形成自己的办学特色。”[4]

特色是一个事物或一种事物显著区别于其他事物的风格和形式，是由事物赖以产生和发展的特定的具体环境因素所决定的，是其所属事物独有的。区域教育特色和办学特色相同之处是均具有独特性、优质性、典型性、稳定性，均注重策划、实践和创新；不同之处是定义的层次不同，区域教育特色定位于某一个区域，一般处于比学校更大的范围，而办学特色主要以学校为对象。

1.4.3肃南教育和裕固族聚居区教育

肃南裕固族自治县和酒泉市肃州区黄泥堡裕固族乡是裕固族聚居区，其中裕固族主要聚居在肃南裕固族自治县。肃南基础教育是指肃南裕固族自治县范围的各级各类基础教育阶段学校教育。裕固族聚居区教育主要指在聚居区内裕固族为受教育对象的各级各类教育，包括肃南裕固族自治县的教育和酒泉市肃州区黄泥堡裕固族乡的基础教育。本文所指教育，主要为学校教育，而学校教育，主要为基础教育。

1.4.4肃南教育和裕固族教育

肃南是以裕固族为主体的民族，汉族、藏族、蒙古族、土族、回族、满族、东乡族、保安族等15个民族共同聚居的多民族县份。其社会的发展，是包括裕固族在内的全县各民族的共同发展。因此，裕固族的发展离不开肃南裕固族自治县的发展。反过来，肃南裕固族自治县是全国唯一的裕固族自治县，是裕固族世代居住的地方，其政治、文化、经济、民风民俗等各个方面均深深地烙有裕固族发展的印记。裕固族以其悠久的历史、丰富的文化和独特的民族风情，使得肃南裕固族自治县更加耀眼，更加美好，更具有特色。

据此而论，裕固族教育应有狭义和广义之分。狭义的裕固族教育仅指肃南裕固族自治县的教育，并是以民族为对象表述的教育；而广义的裕固族教育即为整个裕固族地区的教育，包括肃南裕固族自治县和酒泉市肃州区黄泥堡裕固族乡的教育。但肃南裕固族自治县是裕固族聚居人口最多，同时行使裕固族民族自治权利的县份，最能代表裕固族教育。如果将裕固族教育和肃南教育分割开来，是不符合现实的。因此，裕固族教育和肃南教育是分别以民族和县域为对象的不同表述，但实质基本相同。因而，裕固族教育研究的最主要对象即为肃南教育。

2.研究背景和文献综述：理论基础——相关研究成果

裕固族教育研究是裕固族研究的重要组成部分。产生于20世纪中期的裕固族教育研究，相对于裕固族的“历史研究、语言研究和民俗文化研究三个方面”，它的“研究成果较少，研究水平较低”，又因其自2004年以来在学术研究和实践探索方面取得了不小的进展，正在提高的研究水平和良好的发展势头，表明了它是一个“新兴的学术领域”。[5]学术界真正对裕固族教育进行比较系统的研究是20世纪80年代中期，研究成果主要为学术专著、期刊论文和学位论文。[6]我们作为裕固族教育工作者，深感近年来裕固族教育研究的快速兴起和累累硕果，主要得益于两个方面：一是裕固族传统文化得到政府的重视，裕固族研究欣欣向荣，加之以钟进文、巴战龙为代表的一批裕固族本土学者的大力开拓和有力促动，使裕固族教育逐步被国内学者所关注；二是在全国第八次基础教育课程改革中，裕固族地区中小学教师纷纷加入到裕固族教育的研究之中，尤其在实践层面取得了较大突破。

2.1理论基础

作为一项研究，必然要以相关的理论为依据。本项研究作为一项教育发展研究，在社会科研研究的范围内，选择了历史唯物主义、多元文化教育和区域教育特色理论为研究的理论基础。

2.1.1历史唯物主义及其运用

历史唯物主义认为，社会历史的发展有其自身固有的客观规律。而社会发展的历史是人民群众实践活动的历史，人民群众是历史的创造者，但人民群众创造历史的活动和作用总是受到一定历史阶段的经济、政治和思想文化条件的制约。在教育的历史研究中，以历史唯物主义的历史观和方法论为理论基础，通过对教育现象发生、发展和演变的历史事实加以收集和系统分析，从而揭示其发展的一般规律。

2.1.2多元文化教育、多元文化整合教育理论及运用

多元文化教育是20世纪中后期兴起于西方国家，并迅速普及到全球的一种学校教育改革运动思潮。美国著名的多元文化教育学者詹姆斯·A·班克斯（James. A. Banks）认为："多元文化教育是一场精心设计的社会改革运动，其目的是改变教育的环境，以便让那些来自于不同的种族、民族、性别与阶层的学生在学校获得平等受教育的权利。"[7]"具体包括三个方面的含义，首先是一种思想或观念，不管学生属于什么群体（如性别、民族、种族、文化、社会阶层、宗教等），应该在学校里体验到教育平等的思想；其次是一场教育改革运动，它规划并引起学校的改革，以保证少数民族学生取得成功的平等机会；再次，也是一个持续的教育过程，说明它努力去实现的理想目标——例如教育平等和废除所有形式的歧视。"[8]高斯将多元文化教育再定义为："它使所有'不同'孩子的潜能得到充分发展。这些'不同'基于种族、民族、性别及阶层（还有残疾和性倾向）的差异。"[9]所以，帮助人们从其他文化的视角审视和理解本族群的文化，给学生提供民族和文化的选择权，减轻和消除有些族群所受到的歧视当为多元文化教育的主旨。在教育方法上，多元文化教育致力于创设一定的环境和手段，因材施教，使所有学生得到平等的教育机会，并得到充分的发展；在内容上，将民族英雄、节日及其风俗习惯、民族历史、文学作品介绍给学生，使学生形成民族与文化多样性的态度与价值观。

早在1988年，中国最著名的民族学家费孝通先生从民族起源角度提出了"多元一体格局理论"，为中国多元文化教育研究奠定基础。在此基础上，中国知名人类学家滕星教授首先提出了"多元文化整合教育理论"，亦称"多元一体化教育理论"。[10]该理论指出："一个多民族国家的教育，在担负人类共同文化成果传递功能的同时，不仅要担负传递本国大主体民族优秀传统文化的功能，而且同时也会担负起传递本国各少数民族优秀传统文化的功能。"[11]西北少数民族教育研究专家王鉴认为"真正的多元文化教育是没有等级的，它承认并尊重世界范围的所有文化。"[12]为此，我们从多元文化的视角认识民族教育的三大任务：其一，使学生学好包括民族语

言文学在内的本民族文化，增强对本民族文化的自豪感；其二，使学生学好其他民族文化特别是主流文化，让学生了解主流文化，融入到主流文化中；其三，强调对各族学生特别是对广大的汉族学生进行多元文化教育，尤其提倡汉族学生学习少数民族文化，尊重少数民族文化，培养学生尊重和保护文化多样性的价值观。

2.1.3区域教育特色理论及其应用

著名教育学家顾明远指出：区域教育特色要以先进的教育理念为灵魂，以创新的教育实践为基础，以合理的教育制度为保障，以卓越的教育成果为标志。而先进的教育理念，从基层传统和改革创新而来。我国有悠久的历史文化传统，各地区有各地的文化传统，继承和发扬本地区优秀的文化传统，是建立先进教育理念的基础。同时在传统基础上改革创新，根据教育发展的普遍规律，按照党的教育方针，不断创新教育经验，才能形成区域教育特色。故区域教育特色，不是靠规划形成的，而是在合理制度保证下，在长期的实践累积中形成的。[12]方铭琳的《区域教育和学校发展的特色策划：理论概述、实务操作、案例经典》以教育策划的特征、原理、方法和程序等基本理论和大量的教育策划实践案例为指导，对区域教育特色发展和学校特色发展的策划进行了研究，可为研究和规划人口较少民族聚居区教育特色提供具有可行性和操作性的指导。[13]

2.2 相关研究成果

本文以研究进程为序，对历年来的主要研究成果作简要综述。

2.2.1 对1949年之前裕固族教育产生与发展研究

裕固族教育研究始于20世纪40年代的边政调查。1942年4月，由中华民国蒙藏委员会调查室编写的《祁连山北麓调查报告——边疆调查报告之六》较为详细地描述了当时居住在祁连山北麓的“藏民”①的族源、居住环境、生产方式、宗教习俗及周边族群等情况，是新中国成立前关于裕固族社会情况的一份重要调查报告。第五章介绍的“祁连四校”创设过程与其概况可谓是对裕固族教育的最初调查，对后来裕固族学校教育的产生与发展方面的研究具有重要的参考价值。马铃梆的《顾嘉堪布传——祁连山

① 指当时官方对居住在祁连山北麓的藏族、裕固族的统称。

藏民教育创办者》尤其较为详细地记述了祁连山北麓地区民族人士七世顾嘉堪布（1897—1944）的生平事迹和他创办教育（主要是裕固族现代教育）的历程。丁虎生的《顾嘉堪布和他的民族教育思想》主要分析了七世顾嘉堪布由一个宗教职业者转变为民族教育先驱所经历的认识过程及其教育思想。马金铃的《肃南裕固族学校教育产生述略》分析裕固族地区学校教育产生的社会、宗教背景及由来，并一针见血地指出裕固族早期的学校教育对后来教育的发展有着重要意义。此文是第一篇以教育理论为基础研究裕固族学校教育起源的珍贵文献，对后来的研究产生了重要的影响。

2.2.2 对1949—1999年间裕固族教育的研究

张如珍的《裕固族教育史》是理解和把握裕固族教育发展历程较好的背景资料，详细记述了从裕固族的形成、历史演变直至解放后40多年来的裕固族教育，主要叙述了裕固族的新生及教育制度的建立、党的民族教育方针政策的实行，普通教育、成人教育、义务教育、学校教育发展的历史经验，指出制约裕固族教育发展的三个主要因素是地区的差异性、居住的分散性和经济的落后性。

江波和钟福国的《"学生房"：裕固族民族教育中的一种文化现象的研究》主要介绍和分析了分散居住在肃南明花地区的裕固族牧民为了解决子女上学问题，每家每户在学校附近盖起一座座小房子，俗称"学生房"。并认为"学生房"在民族教育的发展过程中为培养下一代有知识的人起过巨大的作用，之后仍将会发挥更大的作用。

申文耀的《重视教育使裕固族人口素质迅速提高》是关于肃南明花地区学校教育状况的调查报告，着重分析了当地裕固族人重视教育和人口素质迅速提高之间的良性关系。

江波的《如何对待少数民族文化与社会发展——甘肃西部裕固族的村落的人类学考察》通过作者对裕固族地区莲花乡黄土坡村的多次考察，从牧农经济、人口迁移、宗教发展、生活习俗、文化教育、生态环境6个方面阐述了裕固族在当前市场经济条件下的发展变化情况，并指出："少数民族教育面临的最大问题是人才外流和民族文化的传承。"

阎富江的《飞速发展的裕固族教育》总结了1994年以前肃南教育发展成果，指出肃南全县已基本形成了具有本民族特色的学前教育、初等教育、中等教育、职业教育、成人教育的教育体系。

何永忠的《结合少数民族牧区实际发展基础教育的新模式——甘肃肃南裕固族自治县“全民”“普九”工作调研报告》，姚元寿和祁玉山的《关于推进肃南基础教育管理体制改革与发展的思考》主要总结了1997年以后肃南基础教育发展的成效和办学模式，并提出了发展思路。

2.2.3 对2000—2012年间裕固族教育的研究

2005年国家《扶持人口较少民族发展规划（2005—2010年）》和辖有人口较少民族聚居地区的省、自治区扶持人口较少民族发展政策实施以来，人口较少民族教育事业取得了巨大成就。在裕固族教育研究方面，巴战龙的《成就与问题：中国裕固族教育研究六十年》描述和分析了1944年至2003年60年间裕固族教育研究取得的成就和存在的问题。他认为“2004年至今，裕固族教育研究的面貌已经发生了很大的变化，可以说已经实现了质的飞跃。”巴战龙在《近五年裕固族教育研究进展述评——以报纸期刊文献为例》和《近五年裕固族教育研究进展述评——以研究生论文为例》分别以“期刊报纸”和“研究生学位论文”为例，对2004—2008年的裕固族教育研究作了述评，认为裕固族教育研究主要集中在学校教育功能和校本课程开发两个研究主题上。以巴战龙为代表的裕固族教育研究者已经对裕固族学校教育的功能及学校与社区的关系作了历时性和共时性的较为深入的考察和分析，对裕固族基础教育学校课程多样化以回应社区文化的多样性都持肯定性态度。

巴战龙的硕士论文《社区发展与裕固族学校教育的文化选择——人口较少民族乡村学校教育的民族志研究》阐述了裕固族的乡村社区——原明花区的学校教育在全球化和中国现代化时代大背景中，1949—1997年经历了从“边缘”到“中心”的人文历程，1997年之后开始了一个相对贫困化的社区发展历程。并结合明花地区发展面临生态环境恶化及生物多样性减少、经济社会问题增多及传统文化消亡等诸多困境，认为裕固族学校教育应在广阔的社会文化背景中进行文化选择，应该回应裕固族地区发展的现实需要。而明花地区的义务阶段教育应是一种建立在基本的文化教育（以国家课程为主要载体）的基础之上融合生计教育、环境教育和创新教育的综合性教育。此前的研究还有《文化多样性·裕固族·文化研究》，巴战龙的这些研究为以后裕固族聚居区学校的校本课程开发奠定了理论基础和基本思路。

2004年以来，裕固族聚居区学校积极投入到校本课程开发和裕固族语言教学的研究与实践中，为裕固族教育研究开辟了广阔的空间，催生了一批重要的实践研究成果。金清苗通过对“裕固族乡土教材”开发的研究，结合班克斯的多元文化课程理论提出了实施建议；赵淑岩用教育人类学观点描述和分析了多元文化乡土教材开发对老师行为和认识带来的变化，并以此构建了自由多元的牧区教育理论。段兆兵、陶静通过调查发现，肃南中小学校本课程开发的方式主要采用国家课程的校本化实践方式，并指出了存在的问题。巴战龙通过田野调查，细致描述了裕固族地区学校开展的“三次裕固语教学”和“两次校本课程开发”情况，指出在当前“唯分数主义”倾向明显的学校教育中，“实事求是地稳步前进”是解决裕固族文化融入国家基础教育课程体系的基本策略和思想指南。

另外，裕固族地区的中小学教师也逐渐成为裕固族教育的研究者和实践者。在民族文化课程开发方面，安维武、蔡世宏的《开发民族文化课程，促进学生全面发展——以肃南校本课程为例》《学校教育传承裕固族传统文化的实践探索和有效途径研究》《裕固族乡土知识专题学习网站建设与应用研究报告》3篇论文是对肃南中小学校民族文化校本课程和民族文化教学活动的经验总结，具有一定的实践意义。此外，安维武、蔡世宏、王延军、高学平等对裕固族传统体育校本课程的开发与教学进行了研究，王毅对裕固族音乐校本课程教学进行了研究，索蕊、李少英对幼儿裕固族语言教学情况进行了研究。

在学校教育教学及管理方面，王建霞、韩进学的《结合牧区资源，提高学生素质》就如何挖掘牧区资源，培养学生的创新及实践能力提出了一些做法。王晓玲认为教师要精心预设有弹性的课堂教学内容，为学生资源生成创造空间。巴玉环指出牧区的家长非常重视幼儿英语教育，但在教育方法上存在“小学化”误区。郭怀德、郎爱军分别认为少数民族学生学好汉语是加快少数民族各类人才培养的要求，在语文教学中要加强“说”“写”训练。巴玉环和安文军提出信息技术与课程整合是改变传统教学方式的一种重要途径。马建成的《浅谈牧区中职学校语文教学中的德育渗透》阐述了在中职学校语文教学中实施德育的必要性和如何在语文学科渗透德育的有效途径。

在学校管理方面，安维武的《对牧区寄宿制学校管理的思考》分析了裕固族聚居区学校在寄宿生管理中存在交通安全保障难、低龄化严重、亲情关爱缺失、生活老师不足等问题，并提出了改善办学条件、规范管理环节、培育校园文化、实施惠民政策、确保校园安全等可行性建议。计建平的《寄宿生课余闲暇时间的有效管理》认为牧区寄宿制学校要对住校生课余闲暇时间段进行有效的管理。

在基础教育及学校建设方面，祁玉山的《改革开放三十年肃南教育事业发展的成就与发展》是一篇较为重要的资料性文献。该文系统总结了1978—2009年间肃南教育事业发展的成效和存在的问题，同时提出了以“1234”工程为重点的发展思路。安维武、蔡世宏的《甘肃省肃南裕固族自治县基础教育一体化均衡发展的经验研究》依据翟博的基础教育均衡发展“四阶段”理论，认为肃南基础教育正处于初级教育均衡阶段向高级教育均衡阶段迈进的过程，并针对存在的突出问题提出了从经费保障、调整布局、深化改革、队伍建设、文化建设等方面实现转变的可能对策。安维武的《高中课改助推民族教育内涵发展》以肃南一中为例，总结了高中新课程实验工作，提出制定与新课程相适应的教育质量评价体系，根据实际适当减少选修的内容或降低难度，适当对一些学科内容进行调整，改革学生综合评价机制等具体的建议。屈军的《构建民族地区和谐校园的几点思考》认为构建民族地区和谐校园要以民族团结为核心，而设置的民族文化课程、开展民族团结活动、创建民族特色校园文化、加强民族团结教育基地建设是有效的途径和方法。张廷文、黄秀丽的《少数民族地区创建特色学校的几点思考》认为要充分利用好当地的教育教学资源，形成“全面加特色，合格加特长”的办学特色，并提出了创新办学理念、创新管理制度、弘扬民族文化、形成特色活动等具体做法。

上述研究表明，21世纪以来裕固族教育研究主要集中在民族文化资源开发与实践、学校教育教学与管理等主题方面。“这既与新课程改革以来全国基础教育改革和发展的主旋律有关，也与裕固族地区经济社会和文化教育发展的迫切需求有关。”[14]尤其随着裕固族聚居区中小学教师纷纷投入教育研究，壮大了裕固族教育研究队伍，在实践层面推动了裕固族研究的发展。但中小学教师在教育研究中，其观念、理论、学术规范、研究深度等诸多方面还存在着较大的问题。为此，安维武对2010—2012年裕固族聚居区教师论文进行了述评，并尖锐地指出：在研究主题上，大多研究缺失了对民族文化、生活地域、民族性格等现实条件的具体分析，研究结论都是普遍适用的，针对性和有用性较小；在研究内容上，多以经验总结为主，缺乏科学探究，尤其对具体问题的分析，大多研究浅尝辄止，知其然而不知其所以然；在学术规范上，行文格式不规范，表述不准确，缺乏参考文献和引证来源，并且不能准确表述内容的文章比比皆是；在研究观念上，大多数教师是出于评优晋职的目的，并没对裕固族教育研究形成自觉和精进的研究意识和态度。最后，他提出了由“应然”式研究向“实然”式研究转变、由零星的研究向系统的研究转变、由数量的增加向质量的提高转变的可能对策，以求促进裕固族教育研究的良好发展。[15]

3.研究程序

本项目研究以教育历史研究和经验研究的方法，对裕固族主要聚居区——甘肃省肃南裕固族自治县和酒泉市黄泥堡裕固族乡的基础教育发展进行了探究。下面主要从研究设计、研究对象、研究方法、技术路线四个方面来阐明课题的研究程序。

3.1研究设计

3.1.1研究原则

坚持全面性原则。力求完整综述肃南裕固族自治县自建县以来学校教育的历史变化，并重点从学校发展、教师队伍、课程设置、教学观念及方法、学校文化及学生活动等方面总结裕固族教育的发展状况和主要特色。

坚持前瞻性原则。率先提出关于人口较少民族教育特色的基本观点。并以教育历史研究的方法，将“过去、现在和将来联系起来思考”[16]，以总结过去和认识现在为基础，规划未来为目标。

坚持现实性原则。要了解现实就必须了解历史。为充分总结教育发展经验及教训，我们坚持将影响教育发展的各类社会现象，如社会发展、教育政策、民族文化等社会要素联系起来，提出教育在现实社会条件下发展的重大问题，以促进国家优先发展人口较少民族教育措施的酝酿制定和贯彻落实。

3.1.2研究设计

以裕固族现代学校教育的产生为起点，以社会发展进程为脉络，通过对裕固族聚居区教育史料的调查和分析，在揭示裕固族教育发展规律的基础上，总结过去的特色、挖掘现在的特色、畅想和设计未来的特色。具体分为七个步骤：第一个步骤，系统研究裕固族聚居区现代教育产生以来70多年的发展历程，厘清裕固族教育的历史发展轨迹；第二个步骤，主要研究裕固族学校教育的发展特色；第三个步骤，主要研究裕固族聚居区教师队伍建设的特色；第四个步骤，主要研究裕固族聚居区学校课程建设特色；第五个步骤，主要研究裕固族聚居区学校教学特色；第六个步骤，主要研究裕固族聚居区学校文化建设特色；第七个步骤，在前述研究的基础上，总结裕固族教育特色，分析裕固族聚居区学校教育发展的制约因素，并对未来发展提出前瞻性措施。

3.2研究对象

在研究对象上，主要包括裕固族聚居区——甘肃省张掖市肃南裕固族自治县和酒泉市肃州区黄泥堡裕固族乡的政府和民众对发展基础教育的措施，以及辖区内所有的中小学、幼儿园、职教中心。研究对象主要分为四个层次：一是国家发展教育，尤其对少数民族和人口较少民族的方针政策；二是省市县发展教育的政策和措施；三是学校的办学行为和发展状况；四是教师和学生的现实状况。

3.3研究方法

在研究方法上，主要采用了文献研究法、调查研究法、经验总结法、政策研究法等。

3.3.1文献研究法

文献资料是历史研究的基本依据。因为“历史本身是历史的，各个时代只能按照它自己的经验去理解，新的经验会导致新的历史见解，又可以阐述新的问题，可以重新审查新老论据，可以从大量似乎无用的资料中挑选出颇有意义的章实来”。[17]出于从资料的真实性和价值意义考虑，依次对以下两类资料进行了主要研究。一是将肃南裕固族自治县成立至2012年58年的教育工作总结作为第一手资料，梳理出裕固族教育发展的历史脉络，形成系统性。教育工作总结作为一种政府公文，虽然在成型过程中渗入了行政意志及撰写人员的主观因素和实际水平，但对教育现状及主要工作的反映，仍保持了大量的原始信息。二是以裕固族研究的主要成果为二手资料，以形成对裕固族系列研究成果的筛选和整合。同时，使第一、二手资料之间也形成必要的补充与鉴别。值得一提的是，对两手材料的划分并不是绝对的，主要以具体研究的问题来加以确定。

3.3.2 调查研究法

在本课题中，如果说文献研究主要以历史为重点，那么调查研究则以现状为重点；如果说文献研究以县域教育为研究对象，则调查研究以学校为研究对象。两种不同研究方法的交叉，更有利于我们全面了解裕固族教育发展的历史和现状。我们针对裕固族聚居区学校相对较少的现状，对境内全部学校进行了调查研究，以全面了解裕固族教育发展现状和存在的问题，同时再一次对文献资料形成补充与验证，努力提高对文献研究的效度。

3.3.3 经验总结法

经验是指在实践活动中取得的知识或技能。由于这种知识或技能往往是凭借个人或团体的特定条件与机遇而获得的，带有偶然性和特殊性的一面，因此，它需要研究者做一番总结、验证、提炼工作。裕固族自现代学校产生以来，在历史发展的长河中产生和积累了许多宝贵的办学经验，我们在把握先进性、科学性、代表性和普遍性的前提下，力求通过现象与本质、必然与偶然比对和研究，总结具有裕固族教育特色的办学经验。

3.3.4 政策研究法

政策是国家政治组织为了实现自己所代表的阶级、阶层的利益与意志，以权威形式标准化地规定在一定的历史时期内，应该达到的奋斗目标、遵循的行动原则、完成的明确任务、实行的工作方式、采取的一般步骤和具体措施。政策在推行上具有自上而下的强制力和权威性。中国作为一个高度集权化的国家，在一定时期内实施的重要政策，可对全国及地区，乃至行业带来举足轻重的作用。作为人口较少民族的裕固族，其社会的发展，离不开国家民族政策、教育政策的指导与扶持。可以说，研究国家的民族政策及教育政策，可以明确民族教育在某一时期发展的社会背景、目标、措施及实现程度。

3.4技术路线

本课题主要采用由局部到整体，由历史到现代，由过程到结论的步骤而展开研究。

3.4.1前期研究与申请立项阶段（2011年2月—2011年7月）

对裕固族聚居区基础教育发展现状进行初步研究，设计课题论证，撰写可行性分析报告，申请立项。

3.4.2课题立项与开题阶段（2011年8月—2011年11月）

收集整理政策性资料，拟定调查提纲，编制调查问题，参加开题培训，撰写开题报告，公开召开开题报告会，进一步完善课题设计。

3.4.3研究实施阶段（2011年11月—2013年10月）

全面开展田野调查研究，掌握第一手资料、数据，分阶段完成调查报告、研究论文和著作的撰写任务。

——2011年11月—2011年12月：开展当前裕固族主要聚居区——肃南裕固族自治县基础教育一体化均衡发展专题研究。

——2011年12月—2012年3月：研究裕固族聚居区学校教育发展现状，对聚居区内所有学校进行调查研究。

——2012年3月—2012年10月：依据多元文化教育理论，开展裕固族聚居区民族文化教育及多元化课程建设专题研究。

——2012年10月—2013年10月：对裕固族聚居区现代教育的历史发展进行系统研究。同时，对裕固族聚居区教师开展裕固族教育研究的情况进行梳理和反思，以求改进裕固族教育本土研究的方法，为本课题研究在方法选择上打下基础。

3.4.4结题阶段（2013年10月—2014年3月）

整理各类研究资料，撰写课题研究总报告，提交成果，申请结题。

4.研究发现或结论

我国现代意义上的少数民族教育出现于清末，起初少数民族教育基本上是针对各少数民族上层的子弟。辛亥革命之后，北洋政府、中华民国政府虽然对少数民族教育采取了一些措施，但始终未能建立较完善的少数民族教育体制。20世纪30年代之后，少数民族教育事业及管理才有所发展。

新中国成立后，我国少数民族教育有了良好的发展条件，使我国少数民族教育得到了较快的发展。尤其是各民族平等的民族政策和“民族区域自治制度”的确立，为民族教育的发展创造了良好的政治条件。肃南裕固族自治县和黄泥堡裕固族乡的先后成立（1954年），形成了以裕固族为主体的社会经济文化“共同体”，使民族教育成为肃南社会事业的重要部分，裕固族教育快速发展并呈现出教育特色。

4.1 裕固族教育特色

4.1.1 由地方自主到国家主导的民族教育政策，引领裕固族教育发展步入快车道

我国的民族政策与少数民族教育政策的制定坚持了马克思主义的民族观，从社会主义制度的政治理想，我国各民族交往、融合的历史以及现实条件出发，探索出了有中国特色的民族理论与政策体系。其基本内涵是：民族是一个历史范畴，有它自身形成、发展到消亡的客观规律。民族和阶级是两个不同的历史现象，民族问题与阶级问题是两种性质不同的问题。民族问题从来就不是孤立存在的，它是社会发展总问题的一部分。民族问题只有在社会总问题解决进程中，才能得到解决。各民族不论大小，都一律平等。反对民族歧视和民族压迫，是解决民族问题的根本原则。在国家坚持民族平等的基本准则下，民族地区安定团结，各族人民和睦相处，共同致力于社会事业的发展进步。

教育作为民族地区社会事业的重要组成部分，第一次全国民族教育大会对少数民族教育问题做出了具体规定，指出少数民族教育“必须采取民族形式，照顾民族特点，才能很好的和各民族实际情况结合起来”，同时指出“少数民族教育必须是新民主主义内容，即民族的、科学的、大众的教育，并且采取适合于各民族人民发展和进步的民族形式”[18]。社会主义社会为少数民族文化与教育的发展提供了法律与制度上的保障，同时把少数民族教育的民族性和现代化紧密地结合起来，促进少数民族文化与教育发展的政策是实现国家理想与宪法目标的必然途径。改革开放后，为促进少数民族教育发展，建设社会主义和谐社会，实现教育公平，国家采取了诸多重大举措，实施了特殊的倾斜政策，大力支持民族地区的教育发展，启动了一系列重大教育发展项目。如在内地开办西藏班、新疆班，实施国

家贫困地区义务教育工程、西部农村中小学现代远程教育工程等等，极大地促进了民族地区教育事业的快速发展，使我国少数民族教育进入了一个新的发展时期。由此可见，以各民族完全平等为基础的政策方针和“国家主导、自上而下、法律保障、差别待遇”的多元一体教育模式，是我国少数民族教育发展的基本保障。[18]自治县成立后，作为裕固族主要聚居地的肃南和黄泥堡地区，在国家相关政策的支持下，开始积极发展教育事业，裕固族教育从此走上了发展的快车道。

4.1.2 由完善结构到优先发展，建成惠及全民的裕固族“普惠型”基础教育体系

包括学前教育、义务教育、高中阶段教育在内的完整的基础教育体系的确立和教育结构的完善，是裕固族地区的政府和民众几十年来发展民族教育的卓越成果，是办学条件改善和学校布局调整、寄宿制学校建设和学校功能提升、免补政策实施和城乡教育均衡发展的具体体现，是裕固族学校教育发展的历史见证。

建成惠及全民的完整的基础教育体系。新中国成立前夕，只有3000多人口的裕固族，积弱积贫、文盲充斥，处于灭族的边缘。不成体系的4所初级小学，仅有几十名学生，昭示着其文化教育的落后现状。20世纪50年代，肃南结合社会主义教育和扫盲运动，坚持两条腿走路，公办与民办并举的措施，推动民族教育快速发展，全县小学教育的发展尤为迅速。1958年掀起的教育“大跃进”，在各乡、村都建立了小学或教学点。另外，牧民送子女入学，自己进识字班学文化的积极性前所未有。60年代，各区中心小学的教育功能不断完善，已有足够的条件附设初中班，从而推动了初中教育的发展，使县辖6个区都有了初中教育。70年代，除在县城建成完全中学外，各区的初中和个别乡的中心小学也戴上了“高中帽子”，村、队、社形成了“全覆盖”，群众足不出户可以接受到教育。虽然造成了管理混乱、师资短缺的现象，但在客观上却为高中教育补充了教师，使高中教育得到了发展。改革开放后，全县教育开始有步骤地“改革、充实、调整、提高”，在“四为主”方针的指导下，逐步撤并教学点或办学效益低的小学，集中教育资源，加强寄宿制学校建设。通过30年的努力，学校数量由1978年的107所下降至2008年的15所，全县各乡镇均建起了以“楼

房”为主要标志的九年一贯制寄宿学校，现代化校园建设初现曙光，学校教育在数量、规模、质量方面达到统一。90年代，结合国家教育体制改革和农村综合教育体制改革的推进，开始实施三教统筹战略，基础教育、职业教育、成人教育，幼儿教育协调发展。2010年，学校布局和教育结构逐步合理，形成了县城有完全中小学、职教中心、幼儿园，乡镇有九年制寄宿学校（附幼儿园），片（由几个村组成）有小学的教育格局，“一乡一校”（寄宿制）的农牧村学校布局基本形成。教育资源的使用也从分散转向了集中，使城乡学校的办学规模、教育功能和教学质量均有了显著的提升，各类教育向着均衡化、效益化方向发展，彻底转变了以前学校布点多、规模小、质量差、效益低，学生“进得来，学不好，留不住”的现状。

建成惠及全民的“免补”教育体系。历史上，自治县就有助学的优良传统。20世纪80年代中期，全县基础教育实施“分级办学，分级管理”的体制。在“人民教育人民办，办好教育为人民”的口号下，各区乡村通过乡村集资、勤工俭学、教育费附加征收等多种筹资渠道，增加教育投入，在一定程度上缓解了学校校舍紧缺、课桌凳紧缺、费用紧缺的状况。部分率先致富的群众和企业开始关注家乡教育，捐资助学。曾涌现了像皇城区北滩乡一样的“尊师重教先进集体”和祁丰区运输专业户马生喜一样的致富不忘办教育的群众。1993年，自治县成立了“教育助学会”，积极筹措教育经费，为民族教育的发展做了贡献。2006年，全县落实了“两免一补”的国家助学政策，2007年开始提高补助标准，扩大补助范围。2009年形成了从幼儿园到高中“三免两补”的助学体系，同时对贫困大学生和优秀大学生实施补助和奖励政策。2010年，“三免两补”政策被21世纪教育研究院列为教育改革提名奖。2012年基本上形成了基础教育15年的免费政策和高等教育10年的补助及奖励政策，走在了全国的前列，也为实施25年免费教育作好了铺垫。

自治县“免补”教育政策的实施，和当前城市学校幼儿园入园难、入园贵的现象形成了鲜明的对比。这一系列的教育政策，不但可帮助贫困学生顺利完成学业，而且体现了自治县政府和民众优先发展教育的信心和决心，更为深远的意义则是对裕固族学校教育的创办者——顾嘉堪布“因时因地，培植教育之根基”的传承、创新与发扬，是极为可贵的。

4.1.3由裕固族文化校本课程到构建多元文化教育的多样化课程，彰显民族教育特色

21世纪初，国家“三级课程”管理体制为裕固族地区学校校本课程开发研究提供了制度保障。2011年国家《扶持人口较少民族发展规划(2011—2015)》又进一步确立了人口较少民族学校开发校本课程的合法性，进一步促进了校本课程的发展。在学校教育的实践中，校本课程开发对学校发展的“五个有利于”效应，一度成为推动学校教育改革和校本教研的“着力点”。同时，使日趋消亡的裕固族文化，以及藏族、蒙古族及乡土文化初步融入了国家基础教育课程体系，打破了学校国家课程单一的现状，形成了“国家课程+地方课程+校本课程”的多样化课程结构，为学校教育教学开辟了广阔的空间。在教育教学实践中，各学校通过第二课堂教学、兴趣小组、节庆文艺表演、文化作品展示、民族传统体育竞赛、民族语言口语竞赛、科技创新及知识竞赛、民族语言教学等多种途径，普遍开展乡土知识教育、民族文化艺术教育、民族传统体育教育、民族语言教学、环境教育、科普教育、民族团结教育，在促进学生全面发展的同时，使学生受到了必要的民族文化和乡土知识的教育，增加了对不同民族文化的了解，培养了热爱民族和热爱家乡的淳朴感情。值得指出的是，在各校自下而上的校本课程教学实践中，创造了诸多亮点。如肃南职教中心依托丰富的民族文化资源优势，培育出了民族艺术这样的省级骨干专业；肃南二中经过“多元文化校本课程”开发的历练，在全国性的“中国·校本课程开发与乡土知识传承交流会”上展示了优秀的成果，并将民族文化校本课程开发的经验延伸到了国家课程的“校本化实施”中，率先进行“提高课堂教学实效性”的实践探索，教学理念紧跟教育改革的发展潮流；肃南幼儿园在努力开发《裕固族语言系列教材（幼儿）》的基础上，创造性地开展“裕固、汉”语言教学活动，推动了全县民族语言教学的发展；肃南一中坚持每年举办一届“裕固语口语竞赛展示活动”，以其新颖、活泼的形式，深受学生欢迎，为拓展和创新“民族语言教学”模式积累了成功经验；祁丰学校坚持不懈开展的科技创新活动；明花学校丰富的乡村少年宫活动，均展示了校本课程实施的不同亮点，成为学校办学特色和素质教育的重要

组成部分。

随着学校对多元文化教育理念的认识和实践不断深入，民族文化和乡土文化的元素也越来越多地融入到校园物质文化建设之中。各学校将民族文化、地域文化、旅游文化、中华传统文化有机融合，依据民族和地域特点打造独具特色的校园文化。例如，藏族乡所在学校在校园文化建设上突出了藏文化特色，裕固族聚居的乡镇学校注重裕固族历史在校园文化中的展现，县城学校则注重体现校园文化的民族性、思想性、知识性和艺术性。自治县民族文化的多样性，为学校多样性特色文化建设提供了可能。

另外，学校教育对增强民族凝聚力起着重大作用。20世纪90年代以来，世界民族、宗教问题表现空前尖锐、复杂和突出。对中国而言，民族关系能够经受各种考验的基础在于学校教育，这与学校高度重视民族团结教育分不开。自治县作为一个15个民族的多民族居住区域，维护民族团结、保持社会稳定是各族人民的共同责任，也是民族教育工作的历史使命。学校通过多元文化教育活动，使各民族学生增强了对本民族和其他民族文化的了解与沟通，增强了对不同民族文化的认同感。总之，优秀的民族文化和乡土文化及其活动，是建设“以民族团结为核心”的校园文化和校园文化特色的要素之一。

4.1.4 由专业合格到专业发展，裕固族聚居区学校教师队伍建设成效显著

教师队伍建设是学校教育发展的根本。没有高质量的教师队伍，教学质量就无从谈起。20世纪50至60年代，自治县教师极度缺乏，素质偏低，初中毕业生甚至小学毕业生当教师并不稀奇。为此，自治县创立初级师范班，后又成立红专学校，努力培养师资力量。面对教师整体素质低的状况，在教师职后教育直指教材内容，“教什么学什么；缺什么补什么”，过好教材关。70年代，在“将学校办到农牧民家门口”的过程中，充任了大量的民办教师和代课教师，以解决师资短缺问题，满足教学的需要。这种情况和当时全国的农村办学极为相似，因此在中国教育史上出现了“民办教师”这一特殊的群体。民办教师的出现，一方面展现了群众办学的热情，另一方面也显示了在整个人口素质低下的情况下快速发展教育的无奈选择。80—90年代，自治县面对民办教师比例过大，大部分教师不具备国

家规定学历标准的现实，切实加强了教师队伍建设，通过推荐优秀教师进修，参加函授、电大和自学考试等多种途径，努力提高教师的学历水平。同时对学历不达标的教师依次进行《教材教法考试合格证书》和《专业合格证书》考试，教师的学历合格率不断提高。1995年随着国家《教师资格条例》开始实施，自治县严格按照国家规定的学历标准补充教师。至2012年，高中、初中、小学教师的合格率均达到了100%。

21世纪，自治县教师队伍得到进一步发展，教师的后备资源充足，在教师补充上，实行“凡进必考”，在本科和大专生中选择优秀毕业生进入教师队伍。同时，实施优惠政策，从西北师范大学、河西学院等高等师范院校择优招考高中教师，以加快高中教师队伍建设。新时期，教师数量、教师学历已不再是影响教师队伍建设的主要问题，推进继续教育，促进教师专业化发展，由“经验型”向“教研型”转变成为提升师资水平的时代要求。随着课程改革的深入和校本教研制度的确立，广大教师纷纷投入到课题研究、听课评课、专题讨论、撰写论文、反思教学、评优竞赛等教研活动之中，通过专家引领、同伴互助、自我反思，不断实现着专业化发展。当前，各学校已形成了融国家、地方、校本多级互动于一体，集培训、科研、课改、教育教学等多途径、多层次、全方位的培训模式。如自治县为了加强教师培训，按每位教师至少每5年轮训1次落实国家、省、市、县各级培训，尤其省级培训项目“中欧甘肃基础教育项目”“中英甘肃基础教育项目”及当前开展的“国培计划”，对教师适应基础教育课程改革，促进教学方法转型起到了支撑作用。各学校也能结合实际，积极开展校本培训，取得了明显的成效。如肃南一中的“2733”名师工程和肃南二中的“三培三带”教师培养模式等，都是经得起实践检验的有效措施。2012年，全县培养了“省、市、县三级骨干教师65名，市县拔尖人才12名，县级名师11名，陇原名师1名。”[20]值得一提的是，甘肃省为了加快教师队伍建设步伐，于2011年启动了“陇原名师”工程，当年全省共评出了31名，其中肃南一中教师屈军入选，也是甘肃省3个人口较少民族县中唯一折桂者。

为了使教职工岗位管理适应时代发展和教师队伍建设的要求，肃南从2008年起，加快教师岗位改革，将教师队伍岗位分为管理岗、教学岗和服务岗三种类型，实行聘任上岗、末位轮岗的新机制，更加强化了教师队伍的专业化途径。

4.1.5由改善办学条件到优化管理效能，学校内涵发展和现代化教育初显端倪

学校教育功能的提升，不但体现在教育投入增大和办学条件改善上，而且体现在管理体制优化和校园文化形成上，这些因素从内外两方面制约着学校功能的发挥。

加大投入，改善办学条件。在裕固族教育的历史上，办学条件一直是制约教育发展的“瓶颈”。就实而论，1997年在教育欠账较大的情况下达到了“两基”目标，但却背上了沉重的“债务”包袱，后来又因农村税费改革而取消了农牧民教育费附加，曾一度造成学校经费紧张、教师工资拖欠、办学条件无力改善的状况。但这一情况在2005年国家实施《人口较少民族发展扶持规划（2000—2005）》后得到了改变。随着“以县为主”教育管理体制确立和不断完善、全县经济的回升和发展、国家对西部农村教育和人口较少民族发展支持力度的加大，自治县建立和加强了基础教育资金保障体系。2007年自治县国家财政性教育经费拨付2968.3万元，占全县国民生产总值的4.23%，超过了国家不低于4%的基线，并保持了逐年增长。[21]此后几年，自治县均将教育工作列入“倾斜人力、物力、财力”重点支持的“三倾”工作之首，县政府于2007年至2012年连续6年将改善办学条件列入“为民办十大实事”，大力扶持教育发展。各乡镇相继建起具备“教学信息化、教学楼房化、寄宿公寓化、灶具标准化”的高标准寄宿制学校，办学条件从根本上得以改善。同时，学校的办学规模扩大，具备开展教学、图书、实验、寄宿、活动等各个方面教育的条件，为教育功能的全面发挥打下了基础。全县基础教育进入了高级均衡发展阶段。

推进改革，提升管理效能。学校管理是优化资源配置，保障教育教学秩序，推动学校发展的又一动力。20世纪60年代初，裕固族聚居区学校在国家实施第二套全国通用教材之际，尝试实施以“改变教学方法，加强教师岗位职责”为主要目的教育教学管理改革，转变了此前在学校工作中“劳动重于教学”的现象，确立了教学“重中之重”的地位。1993年，又较大规模地发起了“四制”改革，主要形成了以教学质量提升为主要目

标，对教师实施奖罚和评优的制度，对提高教学质量起到了很大的促进作用。2002年以来，启动了“全国第八次基础教育改革”，以改变传统的讲授式教学方法，实施“启发式、合作式、探究式”教学方法为主要内容，但“这次改革是一次由课程改革所牵动的整个基础教育体系的全面变革，有着深厚的时代背景与动因。”[22]为了适应知识化、信息化和全球化对人才的需求，这次改革关注人的生命价值，以学生的全面发展和创新能力培养为核心展开。不但有国家课程的改变与校本课程的开发，有现代化教育技术对传统教学手段的革新，有教师对传统教学方法的扬弃和高效课堂教学的探索，有校本教研制度的确立和对教师专业发展的促动，还有学校管理体制创新与改革，是历次改革中规模最大，持续时间最长，效果最为显见的一次改革。2008年，各学校展开了以精细化管理、突出教师业绩为主要内容的“五制”改革，在教育教学、班级管理、学生安全、学生食宿、教师培训、晋级评优等各个方面制定了完善的管理考核制度，实行校内绩效工资制，彻底打破了“吃大锅饭”的现状，形成岗位有职责，事事有人管，工作有考核的良好机制，提高了管理效能，寄宿制学校管理迈上了一个新台阶。如肃南一中实施的《教职工教育教学事故认定与处理办法》尽可能详尽地列出了学校对各项工作的管理及处理措施，是精细化管理的典范。肃南一中的年级组和学科组共同负责的双线管理制，肃南二中构建的“二线三层”管理体系，祁丰学校开展的“全员德育导师制”都成为学校推进精细化管理的有效措施。

随着基础建设的升级和学校管理理念的创新与实践，构建了符合时代发展、符合教育要求的学校文化。各学校以其明确的办学目标、办学宗旨、办学理念，昭示出办学的目标和水准；鲜明的校训、校风、教风、学风，引导着师生的追求，激励着师生的思想，训诫着师生的行为；不同特色的校徽、校歌、校服、校刊、校园网站，体现出不同学校独特的风貌；以国家课程和校本课程共建为核心的课程文化，以精细化管理为核心的制度文化，以和谐校园建设为核心的师生活动文化，均展现了现代办学理念与民族优秀传统文化交融的校园文化特质，体现了独特的办学特色。

目前，裕固族地区具有从学前教育到高中阶段教育完整的基础教育体系，并通过向西北师大附属中学、张掖中学、金昌一中等上一级学校选送优秀初中毕业生，培养高素质的少数民族后备人才；通过“普惠型”教育提高全民文化素质，为裕固族地区培养合格的劳动者和建设者；通过校本课程的实施，传承民族优秀文化和乡土知识，凸现了民族地区学校教育的“三大”功能，成为推动裕固族地区建设和发展的重要动力源。

5.分析和讨论

人口较少民族的人口数量很少，有的只有寥寥数千人或者几万人，是少数民族中的少数民族。在当前社会发展潮流中存在着一些困难，教育也不例外。

5.1现代教育起步晚，文化积淀薄弱

发展教育是培养人的重要手段，是一种重要的社会现象。人类靠教育来传递先辈的经验，培养一代又一代的新人，从而推动社会的发展和进步。从这个意义上说，教育与社会密切相关，自有群体的人类之后，就有了教育，它顺应人类社会的需要而产生、发展。从教育形式上看，民族教育大致可分为无特定组织的家庭教育和社会教育，有特定场所和组织的学校教育（也包括“寺院教育”）两大类。无特定组织的教育是一种自然教育，是在家庭或社会中无意识进行的，不经过一定的组织形式。而有特定组织的教育则是通过聘请专职教师和设立专门场所，系统地、有目的地来实现的，是一种有意识的教育活动。这种教育活动是人类发展到一定阶段，意识到教育在促进社会进步方面的作用、体会到教育的价值后才产生的，是人类进步的表现。

非组织教育的内容主要是适应生产、生活以及社会活动所需要的知识和技能。和有组织的教育相比，它是一种自然的、低层次的教育方式，对一个民族社会生产及文化的传递内容较少，层次较低，人们简单的社会经验得不到有效的研究和提升。相比较而言，有组织的教育主要指学校教育，对人类社会文化的研究具有传承与创新的强大功能，是社会文明的基础。1939年前，裕固族地区除“寺院教育”外还没有形成规范意义上的学校教育，所以“口手相授”的社会和家庭教育是延续其文化的主要方式，除个别社会中、上阶层子弟外，大部分低层的牧民没有接受过现代教育。例如，和裕固族同年“普九”的朝鲜族于1906年成立了第一所学校（瑞甸义塾），1912年建立第一所朝鲜族中学，1913年成立师范学校。[23]比裕固族整整早了30—50年。我们知道，社会进步是在前面的基础上不断发展提高的，如果一个社会文化基础薄弱，将会从人的思想意识、行为方式、生产生活等多个方面影响到学校教育的发展。可见，裕固族现代教育的发展没有“先天优势”，这种薄弱的文化基础也无形中制约着当地现代化的进程和学校教育的内涵提升。

5.2教育投入不足，基础教育均衡发展在较低水平徘徊

教育均衡是指在教育机构和教育群体之间平等地分配教育资源和份额，达到教育需求与教育供给的相对均衡，并最终落实在人们对教育资源的分配和使用上。本质是追求教育平等，实现教育公平。翟博认为，教育均衡发展是一个历史范畴。从教育发展看，教育平等、教育公平，特别是基础教育均衡的实现，可分为四个阶段。第一个阶段：低水平均衡阶段，也就是普及义务教育阶段。这个阶段主要是以追求教育机会的均等为目的，让每一个适龄儿童都能享有受教育的权利和均等的受教育机会。第二个阶段：初级均衡阶段，推进教育体制改革创新，追求教育过程和教育条件的均等。这个阶段主要以追求教育资源合理配置为目的，确保教育资源在区域间、城乡间、学校间、群体间的优化配置，以确保受教育群体和个体的权利平等、机会均等，具体体现为公民就学平等和受教育条件的均等。第三个阶段：高级均衡阶段。深化学校教育改革，加强学校教育内部建设，追求教育质量的均等。这个阶段主要以追求学校教育发展均衡为目的，即以人的培养和发展为目标。充分尊重学生的差异和个性，让每个学生充分发挥自己的特长和学习潜能。第四个阶段：高水平均衡阶段。这个阶段是基础教育均衡的理想阶段，其重要的标志是：国家经济社会高速发展，已经进入了现代化的理想阶段，人民生活水平大大提高，教育资源丰富，区域之间、城乡之间、学校之间和不同受教育群体之间的差别极大缩小，教育资源在社会和学校得到了合理优化的配置，每一个学生都能接受相对均等的教育，最大限度地发挥自己的特长和学习潜能。[24]

在较高水平普及义务教育，基本实现基础教育普及后，均衡发展应成为肃南裕固族自治县教育根本性的价值追求和发展战略选择。当前，肃南裕固族自治县使100%的学校具备了教学信息化、办公自动化，90%以上的学校具备了住宿公寓化、教室楼房化、校园花园式，城乡学校办学条件

大幅提升并基本达到均衡。在保障学生入学方面，实施从幼儿园到高中15年免费教育和优秀大学生（考入重点本科院校）奖励以及贫困大学生救助的基础上，推行研究生（硕士3年，博士3年）奖励政策，使助学政策涵盖到了25年，从政策上为各学段学生创造了相对公平、均等的机会。基础教育发展进入了高级均衡阶段。今后的发展任务就是要进一步提高基础教育的整体水平，要为所有学生提供平等而高质量的教育条件，努力促进基础教育向高水平均衡阶段发展。

为了了解各学校发展的真实情况，我们分2次进行了调研，发现当前影响全县基础教育均衡发展的主要因素如下：各学校的办学条件有待进一步改善，尤其是乡村小学。全县有13所学校，还有3所学校采用煤炉供暖，存在着安全隐患。部分乡镇学校甚至没有200米田径场，学生体育活动面积小，影响到阳光体育运动的开展。在教学仪器方面，个别乡镇学校的电教设备和实验仪器老化，创新实验仪器缺乏，村小学电子白板配备少，还没有达到班班拥有的程度。职业中学的机电专业没有实习设备，民族艺术专业没有实习的舞台，如果租用县影剧院舞台，一次就得交纳租金3000元，长此以往，学校无法承担。还有，如东滩小学只有几十名学生，每年学校公用经费还不足3万元，甚至连正常的开支都不够，何谈改善办学条件。由上可以看出，全县学校的办学条件虽然得到根本性改善，但并不十分完善，主要原因还是教育投入不足所限。而加大教育投入是建设一流教育的基本保障。目前发达国家公共教育投入占GDP的百分比大多超过5%，许多发展中国家超过4%。虽然自治县教育投入达到了国民生产总值的4%，但这仅仅实现了国家要求的最基本目标，距建设一流教育的要求还很遥远。因此，进一步加强教育投入，努力改善办学条件是促进教育均衡发展的基本保障。

教育均衡发展是一个“平衡—不平衡—平衡”不断地螺旋式上升的循环发展的动态过程，是整体办学条件和水平提升的过程。肃南的教育公平虽然有了很大改善，但是，随着广大农牧民群众对基础教育的期望值越来越高，对优质教育资源的需求越来越大，区域差别、城乡差别、校际差别使基础教育发展又会呈现出新的不平衡状态。从社会学的角度看，教育是社会发展的平衡器、稳定器，是社会进行再分配的一个调节手段，通过给社会弱势人群以教育保障，使之接受教育向上层流动，从一定程度上增进社会公平度，进而促进社会稳定。因此，政府只有加大教育投入，努力办好每一所学校，通过实现教育公平才能最终实现社会公平。

5.3教师流动任职困难，城乡学校教师配备不均衡

教师队伍是影响全县基础教育均衡发展的另一重要因素。虽然全县教师队伍人数充裕，师生比为1∶8左右，但我们在调研中全部乡镇学校校长都提出了优秀教师和部分专业教师缺乏，均表示师资问题是影响教育均衡发展的最大因素。据分析，教师队伍建设主要存在以下问题：1.结构性缺乏。当前，4所乡村小学大都没有音乐、体育、美术和幼儿专业老师；2.村小学和距县城较远的九年制乡镇学校，优秀教师严重缺乏；3.县城小学和幼儿园教师的整体年龄偏大；4.校长队伍的整体年龄偏大；5.居于一线教学岗位的中青年教师职称聘任困难；6.职业中学专业教师缺乏，“双师型”教师培养成效甚微。在分布上，整体出现了优秀教师向县城或距县城附近学校集中的现象，县城学校教师年龄偏大，基层学校年龄偏小的现象，十分不协调，导致了有些学校教师偏多，有些学校教师偏少，尤其是优秀教师。例如，城区学校的有些高级教师退居教辅工勤岗位，而有些基层学校的某些学科由实习生充任。城乡学校间老中青教师结构不合理，优秀老师断层。对此，我们根据自治县的实际情况，分析了主要原因。一是教师队伍结构性缺乏的问题，主要由于以老年教师为主体的非一线教师所占比例较大，占据了编制。这部分教师有相当部分是由民办教师转正而来，后来通过在职教育提高了学历，但知识老化，已不能承担教学任务，故退居教辅甚至工勤岗位。由于编制限额，除主要学科外，其他学科教师招聘有限。这部分教师同时也占据了中级以上职称限额，导致教学岗位教师中高级职称聘任困难。二是教师分布不平衡的问题，主要由于流通不畅所致。自治县特殊的地理环境是潜在因素，最远的乡镇距县城320千米，距中心城市张掖市220千米，但大部分教师的家在县城或市区。这些地方学校的教师总是想方设法要调动至县城学校或城市较近的学校任教；而身居县城或城市周边学校的教师也极不愿意下调。在选拔机制下，优秀教师最终都调离了最边远的学校，故造成了边远学校优秀教师的缺乏，甚至学科教师的缺失，同时也造成了城区教师年龄偏大的现象。为了促进城乡教

师的均衡，自治县也在职称或待遇方面给予了补贴，但边远学校的教师队伍整体还是很不稳定。而校长队伍也由于上述原因交流任职困难，在同一所学校任职4年以下的仅占30.8%，年龄在46岁以上的却高达83.7%，任职年限在11年以上的占30.8%，虽然高级职称占到75%，但由于整体年龄偏大，任职年限长，他们干事创业的激情和信心并不高（见附录1）。许多校长表示，校长在同一所学校任职年限为5年左右为宜，并且年龄在40-45岁为宜。保持校长和教师队伍的流动任职，调整校长岗位，选择有管理经验的中年教师充任校长教师队伍，是促进学校发展的一项重要措施。三是技能教学是职业中学教师应有的专业素质，但当前肃南职中的许多教师都是从普通中小学教师转岗而来，缺乏相关的专业技能。正如我们在调研时职中的校长所说：学校有乐器，但没人会用。俗话说："人过30不学艺"，如果对这些教师进行技能培训，效果可想而知。所以，对于知识和技能并重的"双师型"教师队伍建设，任重道远。

另外，由于寄宿制学校建设及精细化管理的推进，增加了学生服务及管理人员需求。当前的现状是虽然教师队伍人数多，但服务岗位人员却很紧张，尤其是厨师。各学校雇佣的长期临时工由于工资低而很难长期雇佣，服务队伍经常出现不稳定的现状。如肃南二中，在早晨全校600多名学生吃早餐时，全校每天要抽调多名教师帮忙才能完成，如此现状，长此以往必不可能。因此，当前政府对学校的岗位设置要充分考虑到寄宿制学校发展的实际，真正按照"因事设岗，因岗择人"的标准来进行，并通过增加服务人员，主要是厨师，以保障学生饮食，来提高服务水平。

5.4 学校承担的责任过大，影响学校的健康发展

学校是专门的教育机构。其中心工作是教育教学，其基本目标是培养社会合格的建设者和创新人才。2000年劳凯声教授在《重新界定学校的功能》一文中，以学校教育的育人功能与筛选功能的分析为切入口，深刻地指出了"人们有理由为自己的下一代担忧：学校教育能否使他们得到全面和谐的发展？他们的个性特征能否得到充分的重视？在这些问题背后，学校的功能及其价值存在正受到从来没有过的挑战。"[25]

学校教育作为一种社会机构，必须承担着相应的社会功能。不过，随着社会的发展，学校应有功能的发挥受到来自校园内外种种因素的阻抗，

负担越来越重。主要表现在：一是安全责任不明，学生的安全责任唯学校教育是从，这不但增加了学校管理的难度，而且造成了对社会教育和家庭教育的削弱。如某校学生在家里闹了矛盾后，回到学校而出走，最后把一切的责任都推给了学校和教师。再如寄宿制学校的学生回家安全问题，要求学生杜绝乘坐“三无”车辆，但查车的责任也全在学校，交通管理部门极少配合，也不尽过问，其职责和责任去了哪里？总之，学生在校内的安全由学校负责，责无旁贷，但学生出了校门，安全责任谁负？值得深思。当前学校除了教书育人的功能外，还增加了安全管理的功能。老师既是教书的，又是服务生，还是交通警察，这种现状急待改变。二是当前学校应对的各种检查验收或政治学教活动次数太多，每次检查验收，学校均要准备大量的材料，甚至有些规模小的学校每次在应对上级检查时都要全校出动，教师参与接待，学生参加劳动及清扫卫生，耽误了正常的教育教学活动。这些，在历史上是有过教训的，如大跃进时期频繁的政治教育和劳动，排斥了教学工作的中心位置，给教育发展带来了极其严重的影响，这些还历历在目。因此，学校如果让其他事务冲淡了教学这个中心的话，那么势必会造成教育教学质量的下降。

尤其在肃南，由于发展了寄宿制学校，家长把孩子送到学校的同时，也把家庭教育的责任推给了学校，导致了家庭教育极其薄弱。甚至有些家长认为，教育孩子就是学校和教师的事，对孩子的学习生活情况极少过问。例如：自治县的大部分学校原则上要求学生在3年级才可以住校，但是有些家长却在1年级就把孩子送到学校寄宿，把孩子的生活和学习均交给了学校，解放了自己。随着学生寄宿的低龄化，亲情教育缺失，留守儿童的教育和管理问题也日趋突出。同时，社会教育几乎为零，社区没有专门的社会教育机构，全县几乎没有学生校外教育活动组织。虽然大部分学校都聘请了法制安全副校长或辅导员，但一般每学期只开展1～3次的安全法治讲座或其他宣传活动，此为唯一的社会教育，只能望梅止渴。在此情形下，学校要对自身的教育功能做出适当的选择是艰难而痛苦的，尤其是要放弃一些必须放弃的社会功能时更意味着加倍的艰辛与痛苦。

人们往往对于教育寄予无限的期望，正是这种以良好的期望为依据去指挥、评价具体的教育活动，不断加重了学校的负担，无限夸大了学校教育的社会功能，其结果不但无助于学校教育功能的发挥，反而成为学校正常发挥其社会功能的阻力。历史上，在西方人力资本理论的鼓吹下，20世纪60年代出现的乐观主义教育观，过分夸大了教育对经济发展的作用，就是教育万能论的表现。当时的发达国家和部分发展中国家都普遍认为，工业化、经济发展、现代化乃至不平等的所有社会问题，都能通过学校的扩充和入学率的上升而得到解决。但事实上60年代后半期以来，不断出现了学生运动、反战风潮、学历膨胀和生态危机等诸多问题，这种教育功能观也随之开始破灭。在今天，学校教育承担的社会功能越来越多，而学校教育必须承担的最为基本的社会功能却往往得不到正常的发挥，产生的负作用尤其严重。因此，在社会的发展中，对于社会的种种需求，学校教育不可能有求必应，即便应了也未必有“应”必灵。学校教育应该有所为，也应该有所不为。学校如果背负的责任过大，必将影响到健康的发展。

5.5素质教育水平低，教学质量还不能满足群众对优质教育的需要

优质的教育教学质量是所有学校教育的追求，但教育教学质量的提高是一个综合行为的结果。当前，影响自治县教育教学质量的主要因素有以下几个方面：一是学生人数少，相互间缺乏竞争力。在学校布局调整后，学校的办学规模虽然得到了扩大，但近年由于人口总数下降，以及一些学生到教学水平更高的周边地区上学等因素的影响，学生的人数下降。义务阶段教育，除规模较大的城区学校和肃南二中外，其他学校的学生人数均不足300人，每个年级只有一个教学班，并且个别班级的人数在20人以下，造成了学生视野狭窄，缺乏竞争的不良现象。近年来，初中毕业生稳定在300-350人左右，但前60名左右的学生被张掖中学和金昌一中等甘肃省重点中学提前录取。这本来是国家扶持少数民族的一项优惠政策，但在以考入重点大学为标准衡量教学质量的当前，客观上却对当地的高中教育带来了一定的影响，导致了肃南一中考入重点本科院校的上线率低的现实，对学校造成了不良的影响。二是素质教育推进缓慢。就像甘肃省临夏回族自治州教育局局长王建军在“甘肃民族地区教育研讨会”上所指：“虽然临夏州随甘肃省通过了国家‘两基’国检，但那是一种低层次的发展，就好像一个赤膊的农民，外面穿上了华丽的西装，不能改变贫穷落后的本质。”因此，就自治县教育而言，虽然办学条件较好，管理措施较好，

但这只是一种外在的跨越发展，而深层次的内涵发展还远远不够，主要是课程改革推进的速度相较于发达地区还很缓慢。主要表现在教学评价体制上仍以“分数”为主，学生个性化发展受到压抑；教师教学方式仍热衷于课堂讲授，对研究性学习和综合实践活动课的认识不足，教学组织能力也欠佳。一个现实的例子是：在张掖中学上学的肃南学生一般都有这样一种感受，就是城市学生的特长加分多，而他们除了民族政策外，特长加分几乎没有。对此可作如下解释：自治县学校的学生没有一个参加或通过全国艺术、体育、科技等项目的等级考试，并且学校也不尽重视，甚至还没有认识到这一问题。因此，和全国大部分地方一样，教学评价体制和教学方式仍然是阻碍新一轮课程改革的主要因素。当前，各学校都在探索高效课堂教学，通过兴趣小组等第二课堂的形式全面发展学生特长，但还没有取得实实在在的效果。

另外，高中学生严重的“重文轻理”的偏科现象，职业教育生源稀少，毕业生层次不高致使就业困难，幼儿园教育小学化倾向等诸多问题，都将会影响到教学质量的提高和办学效益的扩大。

5.6裕固族传统文化教育步履维艰

在全球化和现代化的路途中，文化交流加快，作为人口较少民族的裕固族，其文化在强势文化的包围和冲击下，形成一个个文化孤岛，其延续状况极不乐观。学校也存在民族教育课程资源短缺，民族文化课程得不到落实等困境。以“裕固、汉”语言教学为例，由于裕固族分东部和西部两种语言，加之文字失传，其教材编写的难度非常大，而全省高等师范院校在裕固族教育研究方面也非常薄弱，不能有效地指导裕固族语言教材的编写工作。至今，除县幼儿园自主开发了《裕固族语言系列教材（幼儿）》，其他学段均没有教材。这种状况对裕固族语言的保护与传承极为不利。同时由于当前教学评价体制的影响，裕固族文化教育面临着一定的困难，而民族课程资源也将日益成为阻碍民族教育发展的制约因素。有研究指出：“有文字的民族，特别是文字历史悠久的民族，容易实施双语教育，有可能借助文字编写教材，系统传授本族文化。而没有文字的民族母语在双语教育中的作用主要是辅助第二语言教学，其功能不如前者。”[26]在师资方面，能承担裕固语教学的合格教师极度缺少，裕固语教学专职教师编制的确立、适合的培训等问题，都是影响裕固语教学的重要问题，不容忽视。

裕固族教育和其他人口较少民族教育一样，在教育发展中既有共性的，也有个性的，但都是教育历史发展中遇到的必然因素，这并不影响教育超前发展的卓越性。今后，只要措施得力，思路对头，一定会得到解决。

6.建议

一是针对自身研究的缺陷，提出需要改进的事项；二是根据研究结论获得的启示。

6.1对研究的反思

作为一项教育发展研究，本研究旨在阐发裕固族教育发生、发展和变化过程的基础上，以探讨人口较少民族教育在社会发展中体现出的经验与特色。下面主要就研究方法、过程及研究者角色等对研究结果的影响做出必要的说明与反思。

6.1.1反思研究方法

教育历史研究和文献研究是我们采用的基本研究方法。研究教育的历史发展过程，必然要以详实的历史资料为依据。故对教育发展历史阐发的全面、深浅之程度，得益于对文献资料的采集与研究程度。为了阐明文献资料对本研究结论的影响，有必要对文献资料的研究情况加以叙述。裕固族教育自现代学校产生以来，迄今只有70余年的历史，从前文的研究成果综述可见，有影响的研究成果较少，尤其事关学校教育发展的研究成果更少。所以，我们选择了以第一手研究资料为主、以调查取证为辅的方法收集资料。主要收集了自1954年自治县成立至2012年间，共58年的自治县教育行政部门的工作总结，还涉及到自治县县志，省、市教育志，以求获得标准的数据与事件。通过对相关事件的梳理，来厘清教育发展的印迹。汉文帝时的政论家贾谊指出：那些说天下已经平安大治的人“非愚则谀”，真实的情况却是“可为痛哭者一，可为流涕者二，可为长大息者六，若其它背理而伤道者，难遍以疏举”（《汉书·贾谊传》）。汉景帝时，天下号为富强，但是晁错却在上书中为农民算账，得出的结论是：农夫终年辛劳，却入不敷出，生活在困苦之中。由此可知，政府的文件及材料，对成绩的表述往往扩大化，有过之，但对教育发展中存在的问题及教训表述的有所不足。所以，为了解当前教育发展状况，我们又辅以调查研究，对全县中小学生、教师进行问卷调查，对全部校长进行访谈，力求和政府教育文件达到“三角互证”目的，以获取较为全面的基础性资料，提高研究效度。

作为一项以教育历史法为主的研究，对资料的收集非常重要。但作为边远地区中学的课题组，常会受到资料匮乏的制约。一是由于学术渊源浅薄，当地贮存的裕固族教育研究史料稀缺，尤其要获取最古老或最新的资料，难度极大；二是从网络获取资料成本很高，和大学相比，中学由于没有校内公用的数字资源库，不但数字资料缺乏，而且下载资料付费较高；三是作为一个县份，档案馆、博物馆、教育行政部门、学校等对史料缺乏规范保管，致使部分资料流失，有些想找出来也非常困难。同时，我们对资料的处理能力也制约了资料的收集与使用水平。如在研究方法上，为了说明问题，常常是纵向对比多且充分，而横向对比不足。

6.1.2反思研究过程

在研究过程上，主要把握了三点：一是把握“原始察终”的历史发展思路，在文献调查的基础上，以“大事记”为文本梳理出裕固族教育发展脉络；二是把握核心概念，主要针对“裕固族教育”与“裕固族聚居区教育”，“区域教育特色”与“办学特色”，“人口较少民族”与“少数民族”三组概念进行了界定；三是把握“以史为镜，可知兴潜”、社会发展进步是经验的积累、经验出特色等观点，立足于从“总结过去，了解现在，展望未来”三个方面阐发研究结果。值得反思的是，过分强调对研究对象历史变迁的梳理及某些规律的把握，过分注重了历时性研究，而忽略了共时性研究。因为本研究虽然以教育历史研究为主要方法，但并不完全是对教育发展时间的研究，而主要是对教育经验的研究，即如何总结出“特色”的问题。故本研究在此方面做得不足，有一定缺陷。

6.1.3反思研究者的角色

“当局者迷，旁观者清”“不识庐山真面目，只缘身在此山中”均可表明研究者角色对研究问题的影响。同时，“研究者中立”的态度是研究者开展研究的最基本立场。我们身为裕固族聚居区学校的教师和管理者，由于身在其境，自然对裕固族教育在某一阶段的发展有亲身经历的体验，但却始终不能做到“跳出教育看教育”，也难保持“观点中立”，难免有“夸大其词”“自吹自擂”“主观向上”之嫌。由于角色局限，对学校教育发展与社会发展的关系等重大问题理解得不是很深刻，更不能对社会发展的实际状况深入真实地认识。如1958年开始的教育“大跃进”，虽然在客观上促进了裕固族教育的大发展，但当时学生家庭的生活状况如何？学生能完全入学的动力是什么？学校教育的效果如何？学生全部寄宿，学校办学条件如何？学生管理如何？学生伙食如何？均不得而知。虽然我们的研究主旨是通过具体的事件，来反映教育发展的状况，但却因对曾经的学生，当前社会的主人，学生的家长这一亲历者群体的了解不足，使问题表述又回到了中观甚至宏观的结论上来了，也就是人们常说的“宏大叙事”。总之，教师参与教育研究，利弊并存。利在于因为曾经经历了或正在经历着，而对研究问题有着较为丰富的体验，对当前的教育现象有着基本的辨别标准；弊在于不能将教育放到社会发展的潮流中，甚至世界发展的潮流中理解和认识它，也难以做到保持价值中立。

发展裕固族教育和研究裕固族教育应是当地教育工作者不可推卸的责任，但如果要完成这项工作，必须要付以真情和热情，才能真正爆发出动力。正如德国社会学家韦伯所言：“无论什么事情，如果不能怀着热情去做，那么对于人来说，都是不值得去做的事情”[27]。所以，我们反思研究之主要目的在于警醒和改进。

6.2根据研究结论获得的启示

教育特色不是名校的专利，不论任何地区和学校，都有历史的办学传统，都有发展的经济积淀，也都有自身的教育特色。教育特色需要总结和提炼，需要挖掘和发扬。在前文所述经验和问题的基础上，要对裕固族聚居区教育今后的发展提出一些可能性的对策。

6.2.1准确定位裕固族教育发展目标

党的十六大以来，党中央、国务院立足国家现代化长远发展战略目标，围绕科教兴国、人才强国和可持续发展三大战略，从提升国家核心竞争力、人力资源规模质量的高度，陆续研究制定了国家科技、教育、人才三个中长期发展规划纲要，创新型国家、人力资源强国和人才强国三大目标紧密联系、互为支撑、形成一体，构建成了未来中国走和平发展道路、实现可持续发展的三大支柱。《国家中长期教育改革与发展规划纲要（2010—2020年）》（后简称《纲要》）提出的战略目标是："到2020年，基本实现教育现代化，基本形成学习型社会，进入人力资源强国行列。"就教育自身而言，基本实现教育现代化是基础，基本形成学习型社会是关键，进入人力资源强国是目标。通过未来10年的努力，率先实现教育现代化，为国家现代化奠定人才和人力资源基础。2011年，自治县国内生产总值达到19.35亿，人均生产总值达到52582元，[28]进入了"高收入"发展地区。经济的高速发展为县域内提前实现教育基本现代化打下了基础。从《纲要》确定的目标中，我们可以解读出如下信息，此当为定位地方教育目标的主要依据。

加大教育投入是建设一流教育的基本保障。目前发达国家公共教育投入占GDP的百分比大多超过5%，许多发展中国家超过4%，而我国在今年刚达到4%，不但低于发达国家的水平，同时也低于发展中国家的水平。我们要认真贯彻《纲要》提出的目标和任务，把增加教育投入，确保教育优先发展真正落到实处，提高国家财政性教育经费支出占国内生产总值比例，2012年达到4%，要健全以政府投入为主、多渠道筹集教育经费的体制，大幅度增加教育总体投入。

推进教育公平是建设一流教育的重要基础。世界各国及国际组织都把促进公平作为教育发展的基本原则，致力于缩小不同国家、不同地区以及不同群体之间在教育上的差距，扩大教育公平。《纲要》提出：把促进公平作为我们国家基本教育政策，基本要求是保障公民依法享有受教育的权利，关键是机会公平，重点是促进高等教育均衡发展和扶持困难群体，根本措施是合理配置教育资源，向农村地区、边远贫困地区和民族地区倾斜，加快缩小教育差距。教育公平的主要责任在政府，而全社会要共同促进教育公平。

实施素质教育是建设一流教育的根本措施。《纲要》提出：要坚持文化知识学习与思想道德修养的统一、理论学习与社会实践的统一、全面发展与个性发展的统一。我们要贯彻育人为本的方针，既要使教育教学为经济社会发展服务，同时又要遵循人才培养的规律，符合学生个性成长的需要。按照《纲要》的要求，提高学生综合素质，把学生培养成既有科学文化知识，同时又有社会责任感的、德智体美全面发展的社会主义建设者和接班人。

提高教育质量是建设一流教育的关键所在。世界各国及国际组织都把提高质量作为关注的重点，联合国教科文组织认为教育质量是基本保障，提出有质量的教育的口号。提高教育质量同样是我国教育发展的关注重点，《纲要》提出：把提高质量作为教育改革发展的核心任务，建立以提高教育质量为导向的管理制度和工作机制，把教育资源配置和学校工作重点集中到强化教学环节、提高教育质量上来，制定教育质量国家标准，建立教育质量保障体系。同时，还提出要加强教师队伍建设，提高教师整体素质。教育大计，教师为本。教师是知识的传播者和创造者，是学生健康成长的指导者和引路人。有好的教师才有好的教育。为此，要从师德建设、业务水平、地位待遇、管理制度等几方面入手加强教师队伍建设，努力造就一支师德高尚、业务精湛、结构合理、充满活力的高素质专业化教师队伍。

培养创新人才是建设一流教育的根本要求。我们要加大教育创新力度，一方面，以体制创新作为教育改革的内在动力，在办学体制、管理体制、质量评价和考试招生、教学方法、手段等方面进行大胆探索和试验，构建中国特色社会主义现代教育体系。另一方面，以创新人才的培养作为建设一流教育的根本诉求，通过体制创新营造有利于拔尖创新人才脱颖而出的社会氛围及制度环境，使我们的教育体系更富活力和竞争力，能够培养出大批符合时代与社会发展要求的创新人才。

综上所述，“十二五”期间，自治县教育的发展要全面落实《纲要》和《国务院扶持人口较少民族发展规划纲要（2011—2015年）》，以大幅度提高财政性教育投入，实现教育内涵发展，实现25年免费教育，实现教育基本现代化为总体目标，高水平普及九年义务教育、高水平普及学前三年教育、高水平普及高中阶段教育；建设高标准寄宿制学校、建设高素质教师、建设高质量教育。以大幅度提高全民受教育程度，大幅度提高人民群众满意度，树立全国人口较少民族教育发展的一面旗帜。

6.2.2 积极构建教育质量和学生学业成就评价标准

21世纪以来，教育进入了以提高质量为中心目标的时代，制定教育质量标准，可以为教育教学发展的目标明确导向。基于标准提高教育质量、形成教育质量评估、广泛开展教育质量监测，可促进民族教育的健康发展。

建立教育质量和学生学业成就评价标准的意义：20世纪70年代以来，基于标准推动教育质量提高已经成为国际教育发展的一个重要趋势。这一趋势在欧美主要发达国家的多项教育改革中得到充分体现。特别是21世纪以来，世界教育进入了以提高质量为中心目标的时代，制定教育质量国家标准成为许多国家教育改革与发展的主要内容。教育发达国家已普遍制定教育质量国家标准。基于标准的教育改革已成为当今国际组织和许多国家重要的改革策略之一。近年来，联合国教科文组织与ISO国际标准化组织等制定了很多教育标准，并鼓励各国开发可以测量符合国际定义、标准、目的或目标的高质量教育的指标体系。如欧盟制定的《欧盟学校教育质量报告——16项质量指标》是监控其成员国学校教育发展状况的重要依据；英美各自强化了结果导向的教育质量标准体系；印度则继续完善了过程与结果并重的质量保障国家标准体系。

有利于逐步建立基于标准的学业成就监测系统。对基础教育阶段学生的学业成就实施质量标准监测，越来越受到一些国家和国际组织的重视。教育质量监控是指教育管理机构或研究组织通过对关键年龄段学生学习的主要课程在一定时间间隔内进行的抽样测试，及时发现可能存在的质量问题，以便教育决策部门调节教育政策、控制教育行为，从而稳定与提高教育质量的过程。

有利于构建基于教育质量标准的绩效拨款制度。政府按照质量标准或绩效进行拨款，成为经常性经费拨款制度的组成部分，是近年来发达国家保障教育质量标准的一种新动向。绩效拨款是以评定学校教育质量、办学水平和组织管理的有效性和效率为依据而进行的拨款方式，办学水平或质量高的学校可以得到较多的政府拨款。构建绩效拨款制度所具有的导向、激励作用在某种意义上必将超过经费本身的影响力，对提高教育质量起到积极的作用。

“标准”评价教学质量的基本类型：标准是对重复性事物和概念所作的统一规定。它以科学、技术和实践经验的综合成果为基础，经有关方面协商并达成一致，由主管机构批准，以特定形式发布，作为共同遵守的准则和依据。学生的学业评价标准，首先要明确学生应该知道什么和能够做什么，其次要明确学生掌握的程度和如何展示他们的掌握程度。具体如下：

成就——标准导向。从教育投入、教育过程、教育产出三个方面来评价教育质量。2004年9月，联合国教科文组织第47届国际教育大会提出，用这种体系框架，即从投入、过程和输出（结果）三方面来评估教育质量，这是一个非常有效能的模式，尤其是用来为结果进行等级评估（通常是对学习成就的测量）。

教育质量标准比较体系。就是以发达国家或发达地区既定的教育质量评价标准体系为指标体系，对裕固族地区的教育情况和学生学业进行比对，最后得到结果的一种方法。例如，经济合作与发展组织的国际学生评价项目（PISA）和国际教育成就评价协会的科学素养监测报告（TIMSS）主要监测学生的学业成就；联合国教科文组织的全民教育质量框架和经济合作与发展组织的教育发展指标体系，是对教育质量进行的一种比较全面的监测。其中，经济合作与发展组织的教育发展指标体系，是从教育背景、教育投入、教育过程和教育产出4个维度展开统计和描述的，并且在每个维度上，都是既重视数量的统计又重视质量的指标，在教育产出上尤其重视质量指标。

以结果为导向的教育质量标准。目前，各个国家对本国的教育质量有不同的评价与监测方式。总体来说，发达国家由于教育发展比较均衡，教育条件已经不是影响教育质量的主要问题。因此，教育质量以结果导向为主，注重考核所培养的人的质量是否符合国家社会经济发展的需要，是否具有适应社会的知识、能力、价值观，学校教育是否为学生的顺利升学和就业做好准备。同时，各国都非常重视教师在教育质量中的重要作用，在监测学生学业成就的同时对教师进行评价，提高教师教学的质量。

过程与结果并重的教育质量标准框架。欧盟的教育质量监测指标是过程与结果并重的框架。欧盟的教育质量监测包括16项指标，涉及4个领域。具体而言，学习成就包括数学、阅读、科学成绩、外语学习、学会学习、公民教育等6项指标，教育完成和衔接包括辍学率、高中教育完成率和高等教育参与率3项指标，教育监测包括学校教育评价和父母参与2项指标，教育资源和结构包括生均教育支出、每台计算机拥有学生人数、学前教育参与率及教师教育和培训4项指标。

“标准”提高教育质量的基本认识：教育质量的标准涵盖教育投入、过程和结果，从教育机会到教育质量，公平成为质量理解的底线标准。以结果为导向、以可应用为目标、以可测量为原则、以提高质量为宗旨等，构成了我们对以标准提高教育质量的基本认识。

新课改学业评价的价值观。要牢固树立评价是为了促进学生的全面、和谐、可持续与差异性发展的价值观。一是放眼未来社会生活，追求全面素质结构。在一个复杂社会中有效地生活，需要有一个完整、全面、系统的素质结构。而正确的评价对这种理想素质的形成不仅会有极强的导向作用，更会有强大的激励作用。二是不求优异的学分，但有自豪的特质。所谓和谐发展，主要指学生自身各个方面的和谐发展，全面发展不等于平均发展。正确的评价应让每个学生充分利用各种因素，挖掘自身的潜能，形成有个人特色的兴趣、爱好和特长。一个和谐发展的学生可能学习成绩不一定十分优异，但他（她）总有某些值得引以为骄傲和自豪的特质，这些特质最终将成为事业成功的基础，并在其热爱的领域取得更大的成绩。三是具备持续学习、分析解决实际问题的能力。促进学生的可持续发展，就是要把学生素质的长远发展与近期发展结合起来，重点是促进其长远发展，即通过评价，使学生形成良好的学业情感、积极的心态、浓厚的学习兴趣，以及为其具备持续学习的能力、分析解决实际问题的能力奠定良好的基础。四是重视个性化的阶段发展目标与发展过程的差异。学生发展的差异性首先表现为发展基础及发展目标的差异性。不仅允许而且鼓励学生根据发展基础和兴趣确定个性化发展目标，并以此为依据确立评价目标，鼓励学生在原有的基础上不断提高，不断进步；其次，评价应充分尊重学生发展过程的差异性，设计个性化的阶段性评价标准，允许学生提前或落后一步达到某一客观标准。对于提前达到客观标准的学生，为他们设计更高的评价标准，以形成更强的能力；对于成就水平暂时较低的学生则应用激励性评价方法，调动他们学习的积极性，使其尽早达到客观标准。

用系统论解决学业成就评价。当前对教育质量和学生学业成就评价多侧重于局部，缺乏一个系统的解决方案，特别是一个有较强理论指导的可操作性方案，同时，正因为教育质量和学生学业成就评价改革是一个复杂的系统工程，所以，我们必须用系统论的思想研究、设计，解决此难题，制定具有针对性和可操作性的学业成就评价改革的系统解决方案。一是要根据《国家基础教育课程改革纲要（试行稿）》并参照各学科课程标准制定具体的评价标准，以解决目前颁布的课程标准中只有评价建议，而无详细、具体的评价标准的问题。研制一套实用性、多样化学生学业成就评价工具是广大一线教师的愿望。对教师而言，学生知识与技能掌握水平的评价工具比较容易开发，我们重点加强了难度大、客观性强、评价学生知识与技能应用水平和一般能力等的纸笔测验工具，忽视了评价学生问题解决能力、交际能力等情境测验工具以及学生学业情感外显行为观察表等定性评价工具的开发和研制。大量科学的评价工具的开发与应用，实现评价内容改革与形式改革的统一。二是构建学业成就评价策略体系。在对学生学业成就形成起主导作用的课堂教学过程中激励学生学业成就发展，研究在哪些环境下（如，教师讲授环境、师生交往环境、生生交往环境、独立学习环境）哪些语言能激励不同学段（年龄）、哪一层次（好、一般、暂时较差）学生学业成就的发展。用学生无时不在接受的评语对促进学生学业成就发展提供支持，研究构建由作业评语、考试试卷评语、学科综合评语等组成的评语体系，探讨对学生的知识、技能水平及能力发展、学业情感等方面的表现用评语方式予以评价，达到激励学生进步，帮助学生认识不足，提高学习兴趣，树立学习自信心的目的，重点研究评语的内容构成及效果。

6.2.3 全面实践民族文化课程建设和学校教育文化传承

有研究表明，少数民族文化的学校传承，不仅是一种长期被忽视的民族民间文化资源进入主流教育的过程和一种民族古老生命记忆的延续，同时也是一个对民族生存精神和生存智慧及活态文化存在的再认识过程，一个更具人性发现和理性精神的民族文化整合过程。随着社会发展，学校教育尤其是民族地区的学校教育应肩负起少数民族文化在现代社会中保存、传承和创新的历史使命。

2011年，本课题组开展的学生对裕固族语言掌握情况和教师学生对裕固族语言教学态度的调查。结果如下：

在裕固族学生对裕固族语言的掌握方面，学生会说裕固语的占16%，会说一些的占20%，不会说的占64%，说明绝大多数学生对裕固语掌握不好，民族语言正走向消亡。在学生和教师对开展裕固语教学的态度方面，81%的教师支持学校为民族学生传授裕固族语言，78%的学生希望学校能教授裕固语。大部分裕固族学生有了解和学习传统文化的需求，广大裕固族群众对本民族的传统文化有着浓厚的情感和强烈认同感，希望通过学校教育使本民族文化在下一代得到学习和延续。因此，自治县各学校应从以下方面加强民族文化教育：一是建设完整的裕固族文化基础教育课程体系。课程在学校教育中发挥着核心导向作用。国家《扶持人口较少民族发展规划（2011—2015年）》指出：开设人口较少民族校本课程。为了形成多样性的课程结构，推进学校教育对裕固族传统文化的传承，全县各学校应依据教育目标，充分挖掘民族传统文化中优秀的教育因子，对裕固族优秀的物质文化和非物质文化进行不断的整理、研究和分类，分学段、分层次建设从学前到高中阶段较为完整的“裕固族文化基础教育课程体系”，形成可行的实施办法和科学的评价机制，使教育目标和民族文化传承紧密结合，以达到文化传承和文化育人的双重目的。二是深入推进裕固语、藏语语言教学。各学校要充分拓展第二课堂、第三课堂，积极开展民族语言教学，将民族文化教育不断推向深入。三是结合学校特色创建活动，增加校园文化建设中的民族元素。加强具有民族文化元素的校园文化物化建设；加强民族文化活动在校园中的开展，不断发展和培育民族文化特色教育教学项目，并不断提升，达到人无我有，人有我精，突出民族文化教育特色。

6.2.4 不断推进民族教育立法

民族自治地方少数民族教育立法，是解决民族教育的各种矛盾和突出问题的重要途径之一。通过立法，对与民族教育发展有关的一些问题诸如民族教育经费投入、寄宿制学校建设、教育结构的调整、人才的培养、招生招考、助学惠民政策的实施、民族文化的传承以及教育发展规划等从法律上做出详细的规定，把各项工作纳入法律轨道，克服长期以来以政策代替法律，以“人治”代替“法治”的现状，实行依法治教，从而保障民族教育事业持续健康稳定地发展。

民族教育立法的必要性：一是民族自治地方少数民族教育立法是依法治教的客观要求。1999年3月15日，第九届全国人民代表大会第二次会议通过的宪法修正案明确规定："中华人民共和国实行依法治国，建设社会主义法制国家。"将"依法治国"作为宪法的最高准则和治国方略。依法治国方略的提出，国家管理法治化，民族自治地方少数民族教育管理必须法治化，实行依法治教。在现代社会，教育是国家的事业，即便是私立机构所办的教育也必须受国家的控制，在国家对教育管理主要运用法律或法律许可的范围内进行，这和传统的教育管理是大不相同的。我国传统教育管理主要依靠党和政府的政策或纪律，而党和政府的纪律由于其易变性和临时性，缺乏法律上的强制性和稳定性，所以也就带来了教育管理上的随意性。这实际上还是人治。现在国家提出依法治国的方略，那么教育的各个方面、各个领域要坚决实行法治化管理。除《宪法》《教育法》《义务教育法》《民族自治条例》等全国性的法规外，《甘肃省肃南裕固族自治县自治条例（2010年修订本）》是自治县民族教育的主要法规，这也是一部地方性综合性的法规。我们知道，全国性的法规中非专项性法规涉及少数民族教育内容简单，对民族教育有少量的条款和不系统的规定。少数民族地方教育因受人口、地理环境、历史文化、经济发展等因素的影响而表现出独有的特征，有自己特殊的教育规律。如果以仅有的这些条款做简单的规定的话，则不能很好地发展民族教育。如果针对民族教育进行地方性的专项立法，把少数民族教育的各个方面全部纳入法律轨道，更能保障民族教育良好地发展。《甘肃省肃南裕固族自治县自治条例（2010年修订本）》仅有第46条、第47条是教育的专项条款，在许多方面缺乏规定。如对民族教育经费、师资、高层次人才培养和特殊专门人才的培养、引进人才的待遇、教师权益的保障、民族教育科学研究、地方教材的开发与使用等缺乏具体明确的规定。

二是民族教育起点低，发展民族教育的观念淡薄。许多人还未意识到发展民族教育的重要意义和深远影响。尤其是一些少数民族群众，还没有意识到民族教育与民族经济的关系："教促富、富促教"。如有的民族地区群众能为修建寺庙而踊跃出钱出力，而为教育捐助却非常吝啬。教育水平低成为导致民族地区贫困的主要原因之一。经济的落后直接影响到教育的发展，而教育的落后又导致民族地区思想观念落后、人才严重缺乏、先进科技难以推广等等，严重制约着经济发展和社会进步。因此，要从根本上改变民族地区落后状况，必须优先发展民族教育；要发展民族教育，必须有特殊的政策，通过立法来保障其健康发展。若制定了民族教育法，就可依法治教、依法治校，情况就会大不相同。

三是民族教育跨越发展需要强有力的法律保障。目前，我国已经出台的教育法规有《教育法》《义务教育法》《教师法》《未成年人保护法》《职业教育法》，属全国性的法规，是对全国教育进行统筹规划，原则性强。这就决定了它不可能对民族教育这一专门领域的诸多问题做出详细的规定，从而导致了民族教育在发展过程中在很多具体问题上都无法可依，只好照搬普通教育的办学模式。而《甘肃省肃南裕固族自治县自治条例（2010年修订本）》涉及全县各个方面的自治法规，对有些涉及教育发展的大事及规划、重要的教育成果等也不可能面面俱到地做出详细的规定。例如，《甘肃省肃南裕固族自治县自治条例（2010年修订本）》第47条规定："自治县重视对教育的投入，保障在校学生平均教育经费及公用经费逐年增长，不断改善办学条件。"但具体怎样投入，投入多少并没有做出详细的规定。甚至自治县曾在"2009—2010年财政预算内教育经费资金缺额1350万元，虽于2011年7月全部补足补齐"，但说明全县的教育经费保障机制还不尽完善。加强地方教育立法，既有利于规范政府执行国家教育政策的行为，又可将地方的成功经验以地方立法的形式加以确认、推广和规范。

民族教育立法已具备的基础：自治县地方教育立法具备了良好的支持氛围。一是在法律的层面上，在国家依法治国的方略下，随着自治县"一五"至"六五"普法的实施，县内各族人民的法制意识大为增强。这为民族教育地方立法打下了良好的基础。二是社会发展层面上，县委县政府十分重视教育的发展，"优先发展、重点扶持"的民族教育政策已被广大人民所接受，这对民族教育立法的顺利进行提供了十分有利的条件。三是在群众的层面，办人民满意的优质教育已深入人心。加快教育发展，提高教育质量，使子女接受优质的教育已成为广大农牧民群众的期盼。而加强地方教育立法，将会更加推动教育发展，逐步使办人民满意的教育成为现实。《甘肃省肃南裕固族自治县自治条例（2010年修订本）》第11条规定："自治县人民代表大会可以根据自治县的政治、经济、社会和文化发展实际，制定自治条例和单行条例。"因此，制定自治县教育单行条例有法可依。

随着20世纪80年代中后期以来我国地方立法权的全面确立，民族自治地方从当地少数民族和民族地区的实际出发，积极探索，制定了一批少数民族教育专项条例。如《内蒙古自治区莫力达瓦达斡尔族自治旗民族教育条例》《内蒙古自治区鄂温克族自治旗民族教育条例》《内蒙古自治区鄂伦春族自治旗民族教育条例》《辽宁省喀剌沁左翼蒙古族自治县民族教育条例》等。这些地方性民族教育法规的出台，丰富和完善了我国教育法规的内容，有力地推进了当地民族教育的改革与发展的步伐，为进一步加强和完善自治地方少数民族教育立法奠定了一定的基础，也为我们制订民族教育法提供了许多可贵的经验。

对民族教育立法的建议：一是立足于民族教育的健康发展，以与时俱进的精神，加快教育立法进程，根据《甘肃省肃南裕固族自治县自治条例（2010年修订本）》第11条："自治县人民代表大会可以根据自治县的政治、经济、社会和文化发展实际，制定自治条例和单行条例。"之规定，制订《肃南裕固族自治县民族教育条例》，把民族教育的各个方面全部纳入法律轨道，使民族教育法更加具体、明确、完善和可行，更能保障民族教育良好地发展。

二是民族教育事业需要加大投入，教育立法中应该对县级政府的财政教育经费投入有明确的规定。特别是要明确规定教育经费的投入至少应占当地财政收入的百分比，以及实施25年免费教育等专项政策。

三是以标准化学校建设为基础，优先保障学校发展，对涉及到的建筑、土地等要明确保障解决的措施。

无论是从民族教育的角度，还是从法律本身的角度来看，加快民族教育立法，健全法治已势在必行。它是振兴民族教育，促进民族合作与经济发展的有效途径。只有通过立法，才能把肃南民族教育的各项工作纳入法律轨道，使其有法可依，从而克服长期以来以政策代替法律，以"人治"

代替“法治”的现象，并保证民族教育事业顺利、稳定、迅速地发展；也只有通过立法，才能使现行的民族教育法律法规得到进一步的完善，也才能有切实可行的民族教育专门法来指导我们的民族教育工作实践。

6.2.5 积极探索25年免费教育

《国家中长期教育改革和发展规划纲要（2010—2020年）》指出：“形成惠及全民的公平教育。坚持教育的公益性和普惠性，保障公民依法享有接受良好教育的机会。建成覆盖城乡的基本公共教育服务体系，逐步实现基本公共教育服务均等化，缩小区域差距。努力办好每一所学校，教好每一个学生，不让一个学生因家庭经济困难而失学。”就肃南而言，实施“25年免费教育”就是要在学前教育到高中阶段15年免费教育的基础上，对肃南籍学生接受大学4年和研究生6年的高等教育补助学费，完全实现从学前教育到高等教育的全免费政策，由此可以形成一个县域内完整的国民教育体系25年免费教育体制。这对大幅度提高全民受教育程度，提升全民素质都具有非常重要的现实意义。

“石排模式”经验：广东东莞石排镇因为实施“从幼儿园到博士长达25年的免费教育”而被称为“中国最牛教育强镇”。2010年开始，拥有石排镇户籍的全日制大专生、本科生、硕士生、博士生每年可分别领到4000元、6000元、8000元、10000元的教育补贴，这使得石排的免费教育从国家规定的9年一下延长到25年。截至2010年3月的统计数据，符合条件的石排户籍在读幼儿园的人数为1108人，共发补助323.4万元；在读高中的人数为1132人，共发补助399.6万元；在读大专的人数为492人，将发补助196.8万元；在读本科的人数为659人，将发补助395.4万元，总计1315.2万元。石排镇有4.2万户居民，每年可支配的财政收入也就4亿元左右，用于免费教育的投资在1300万元左右。无论从镇辖人口还是经济收入，在实施免费教育上，“石排模式”和肃南裕固族自治县有着相似之处，也就是说，“石排模式”可为裕固族自治县实施25年免费教育起到借鉴作用。

对自治县实施25年免费教育的分析：2010年，自治县从幼儿园至高中（职高）学生4118人，共发放补助资金424万元，人均1029.6元。完成大学生生源地信用助学贷款145人，合计80.4万元；奖励考入重点院校大学生11人，合计7.4万元；救助贫困大学生24人，合计9.4万元，共计97.2万元，人均5400元。总投入521.2万元。我们对肃南实施高等教育补助的经费可作出如下预算（最大值）：当前，自治县每年参加高考的学生大约在300人左右，预设今后每年的本专科录取率为100%（专科和高职按本科计），本科生考研（硕士）录取率10%，硕士考博士录取率30%的比率进行计算，每年应考取大专（高职）和本科生300人左右，全年共有在读大专和高职生（大学1—4年级）1200人左右；在本科毕业生中（约300名），每年应考取硕士研究生30人左右，全年共有在读硕士生（硕士1—3年级）90人左右；在硕士毕业生中（约30人），每年考取博士研究生9人左右，全年应有在读博士生（博士1—3年级）27人左右。如果为本科生人均每年4000元（预科生第1年除外），硕士研究生每年5000元，博士研究生每年6000元的补助，则每年共需投入资金约541.2万元左右。如果通过整合当前的大学生生源地信用助学贷款、考入重点院校大学奖励和贫困大学生救助资金（每年按100万元计算），需要再追加资金441.2万元左右。如果在现有实施的幼儿园至高中“三免二补”的基础上，落实25年教育免费政策，每年共需投入资金865.2万元左右。2011年，自治县国内生产总值19.35亿元，如果按照教育投入占国民生产总值的4%计算，则全县年最低投入教育的经费达到7740万元，据此，如果拿出865.2万元实施25年免费教育，仅占教育投入经费的11.18%。值得指出的是，“十二五”期间，全县学校基础设施建设趋于完善，大规模的建设工程逐步减少。因此，以教育投入11～12%的教育经费用于学生助学政策，完全有实现的可能。另外，随着独生子女时代的到来，以后学生总数将不会超过现在。因此，如果按现在的标准，当前计算的投入值将会是今后的最大值。

石排镇能普及25年免费教育，源于当地经济足够发达，每年的可支配财政收入达5亿元左右。政府的钱全部取之于民，也理所应当要用之于民。当政府财政达到一定程度，超出了政府履行职能所需的范围时，还富于民就成为人性化政府的首要考虑和理性选择。英国经济学家詹姆斯·米德的“向社会分红”理论提出，社会分红不仅可以增加消费，而且有利于增强百姓的幸福指数，是执政观念的巨大进步。事实上，当前“向社会分红”理论逐渐被广泛运用。2008年，新加坡政府公布了“政府盈余全民分享计划”，给国民发了一个相当于43亿人民币的大“红包”。中国香港特区政府紧随其后，因为巨额财政盈余决定退税400亿港元，退税率高达75%。石排镇实施25年免费教育的意义在于，它为我们提供了一个政府“还富于民”的标本。自治县随着财政实力的增强，实施范围更大的教育惠民政策的时机已经成熟。在这种情况下，不妨学学石排镇的做法，通过提供“免费教育”等免费公共产品，让人民从经济发展和财政增收中得到实惠，实现“共建共享”的目标。

纵观短暂的裕固族教育史，裕固族教育发展每20年左右都会遇到一个办学和发展的高潮。1939年“祁连四校”的成立，开启了裕固族现代教育的历程。20年后全县掀起了第一次办学的热潮。1958年在“两条腿走路”的方针下，公办与民办的幼儿园、托儿所、小学、职业学校像雨后春笋般屈出不穷，遍及草原，学生纷纷入学，牧民群众热衷于识字读报，曾一度出现了“草原处处读书忙”的景象。又一个20年左右，全县掀起了第二次办学高潮。1975年在红石窝“马背小学”被树立为全国典型的感召下，一所所随着畜群流动的“小学”和一个个骑马巡回于帐篷授课的教师，应当是裕固族普及教育史上光辉的一页。改革开放后，裕固族教育进入了改革、调整与恢复时期，提高教学质量，实现初等教育成为发展的重任。又一个20年后，裕固族教育迎来了第三次发展高潮，县委、县政府贯彻国家的教育政策，优先发展教育，于1997年实现了全民“普九”的伟大目标，裕固族成为继赫哲族之后与朝鲜族同年“普九”的民族，在裕固族教育发展史上具有里程碑意义。进入21世纪，自治县在国家教育政策和项目的支持下，落实了“以县为主”办学体制，确立了教育经费的保障机制，并不断加大教育投入，加快现代标准化学校建设，使城乡学校的办学条件基本达到均衡，有效地提升了全县基础教育水平和能力，裕固族教育迈上了追求均衡和效益发展的新阶段。

今后，进一步深化教学改革，全面推进素质教育，努力提高教育质量，通过特色办学，促进学校内涵发展，以不断满足农牧民群众子女享受优质教育的需求，是裕固族教育根本性的价值追求和发展战略选择。不难预测，又一个20年就在“十二五”期间，我们每一个教育工作者应该满怀豪情地迎接已经或即将到来的第四次裕固族教育发展的大高潮，这必将是一次脱胎换骨、高度均衡发展和特色化发展的时期，必将使现代化学校建设进一步提速、教学改革进一步深化、优质教育资源进一步扩大、教育评价进一步科学、学生素质更加全面。

三、主要成果

1.安维武，蔡世宏.裕固族聚居区学校教育特色研究[M].民族出版社.2014年。

2.安维武，蔡世宏.甘肃省肃南裕固族自治县基础教育一体化均衡发展的经验研究[J].河西学院学报.2012（4），17-22页。

3.安维武，蔡世宏.开发民族文化课程，促进学生全面发展——以甘肃省肃南裕固族自治县民族文化课程为例[J].中国民族教育.2012（6），29-30页。

4.安维武，蔡世宏.学校教育传承裕固族传统文化的实践探索和有效途径研究[J].西北民族大学学报（哲学社会科学版）.2012（5），81-87页。

5.安维武.反思裕固族教育研究——以近三年肃南裕固族自治县学校教师论文为例[J].河西学院学报.2013（1），14-19页。

参考文献

[1]参见全国第六次人口普查和全国第五次人口普查各民族受教育程度数据表.

[2]国家民委、国家发展改革委、财政部、中国人民银行、国务院扶贫办.扶持人口较少民族发展规划(2005-2010年)[S].民委发〔2005〕70号;扶持人口较少民族发展规划(2011-2015年)[S].民委发〔2011〕70号.

[3]林宏伟.办学特色略论[J].天津市教科院学报.2004(12),46-47.

[4]王宗敏."一校一品"群星璀璨——学校办学应有自己的特色[J].天津教育.1987(4),8-9.

[5]铁穆尔.裕固族教育研究:一个新兴的学术领域——访裕固族青年学者巴战龙[J].皇城教育.2007(1),44-9.

[6]杨宝琰,杨雅琴.裕固族研究述评[J].当代教育与文化.2012(3),24-27.

[7]万明钢,白亮.西方多元文化教育与我国少数民族教育之比较[J].民族研究.2008(6),32-41.

[8]黄宗植.西方多元文化教育理论及其实践对我国少数民族教育的启示[J].民族教育研究.2004(6),80-84.

[9]哈经雄，滕星.民族教育学通论[M].北京.教育科学出版社.2001；滕星.多元文化教育：全球多元文化教育的政策与实践[M].北京.民族出版社.2010.

[10]戴留喜，鲍晓艳.多元文化整合教育理论对民族教育的启示[J].内蒙古农业大学学报(社会科学版).2007(2)，193-195.

[11]王鉴.论中华民族多元文化教育[J].青海民族研究(社会科学版).2002(2)，:52-56.

[12]顾明远.基础教育最大的挑战是教育公平——区域教育现代化暨全国教育局长峰会开幕辞[EB/OL]. http://cd.qq.com/.2009-12-19.

[13]方铭琳.区域教育和学校发展的特色策划：理论概述、实务操作、案例经典[M].北京.北京师范大学出版社.2011.

[14]巴战龙.近五年裕固族教育研究进展述评——以报纸期刊文献为例[J].当代教育与文化.2009(5)，5-10.

[15]安维武.反思裕固族教育研究——以近三年肃南裕固族自治县学校教师论文为例[J].河西学院学报.2013(1)，14-19.

[16]巴战龙.论裕固族教育研究的性质与定位——基于教育人类学的视角[J].民族教育研究.2013(2)，135.

[17]裴娣娜.教育科学研究方法导论[M].合肥.安徽教育出版社.1995，301.

[18]中央教育科学研究所.中华人民共和国教育大事记[M].北京.教育科学出版社.1983，47.

[19]万明钢，白亮.西方多元文化教育与我国少数民族教育之比较[J].民族研究.2008(6)，32-41.

[20]甘肃省教育网[EB/OL]. http://www.gsedu.cn.2013-11-20.肃南县教育工作呈现十大亮点.

[21]祁玉山.改革开放三十年肃南县教育事业发展的成就与发展[J].寻路.2008(1)，4-6.

[22]侯晓明.我国基础教育课程改革的回顾与前瞻[J].湖南师范大学教育科学学报.2010(7)，74.

[23]戴庆厦，董艳.中国少数民族双语教育的历史沿革(上)[M].民族教育研究.1996(4:50-57).

[24]翟博.教育均衡论——中国基础教育均衡发展实证分析[M].北京.人民教育出版社.2008.

[25]劳凯声.重新界定学校的功能[J].教育研究.2000(8)，3-5.

[26]戴庆厦，董艳.中国少数民族双语教育的历史沿革(上)[J].民族教育研究.1996(4)，50-57.

[27](德)马克斯·韦伯.学术与政治：韦伯的两篇演说[M].转引自巴战龙.学校教育·地方知识·现代性——一项家乡人类学的研究[M].北京.民族出版社.2010，323.

[28]肃南裕固族自治县统计局.2011年肃南经济社会发展概览(内部资料)[S].2012-02.

附录

附录1：

肃南裕固族自治县学校校长任职情况

总数及百分比	年龄			职称			本校任职年限			任职年限		
	35-40	41-45	46-50	初级	中级	高级	0-4	5-10	11年以上	0-4	5-10	11年以上
13	0	2	11	0	3	10	4	7	2	2	7	4
百分比	0	15.4	84.6	0	23.1	76.9	30.8	53.8	15.4	15.4	53.8	30.8

附录2：

附录2-1

裕固族聚居区小学生问卷调查表（四—六年级用）

学校：　　年级：　　性别：　　民族：　　是否住校生：

亲爱的同学们，我们开展这次问卷调查的目的是为了完成一项课题研究，调查内容只作统计之用。因此，请你们认真阅读，如实作答。谢谢你们的合作。

1.你最喜欢的学科是_____（请填写），喜欢这门学科的主要原因是？（可以多选）（　　）

A.老师好　　B.感兴趣　　C.升学

2.你上课举手回答问题次数多不多？（　　）

A.多　　B.不多　　C.从来没有

3.你能按时完成老师布置的作业吗？（　　）

A.能　　B.有时不能　　C.经常不能

4.你在家一般做多长时间的作业？（　　）

A.0.5小时左右　　B.1个小时左右

C.1.5个小时左右　　　　D.2个小时以上

5.父母经常给你讲作业题吗？(　　)

A.经常　　B.有时　　C.不讲

6.你一般在课外活动时间干什么？(　　)

A.学习　　B.自由活动　　C.在老师组织下活动

7.你们学校有兴趣小组的活动吗？(　　)

A.有　　B.没有

如果有兴趣小组活动，具体是（　　）(可以多选)

A.体育　　B.歌舞　　C.文学　　D.民族语言

E.其他

8.如果你是寄宿生，老师多长时间检查一次宿舍？(　　)

A.每天检查一次　　　　B.两天左右检查一次

C.一周左右检查一次

你认为学校的伙食好不好？(　　)

A.好　　B.一般　　C.不好

9.你会说裕固语吗？(　　)

A.会说　　B.会说一些　　C.不会

10.你希望学校教裕固语吗？(　　)

A.希望　　B.不希望

11.你所在的学校有校本课程教学吗？(　　)

A.有　　B.没有

12.问卷至此结束，你最想对老师或爸爸妈妈说什么？请写在下面空白处：

附录2-2

裕固族聚居区中学生问卷调查表

学校：　　年级：　性别：　民族：　是否住校生：

亲爱的同学们，我们开展这次问卷调查的目的是为了完成一项课题研究，调查内容只作统计之用。因此，请你们认真阅读，如实作答。谢谢你们的合作。

1.你上学的主要目的是？（　　）

A.上大学　　B.学知识　　C.不太清楚

2.你最喜欢的学科是______（请填写），喜欢这门学科的主要原因是？（　　）（可以多选）

A.老师好　　B.感兴趣　　C.升学

3.你在上新课前都要提前预习吗？（　　）

A.经常预习　　B.有时预习　　C.不预习

4.你认为教师在课堂上讲课占用的时间？（　　）

A.太多　　B.合适　　C.太少

5.你一般在什么时间时完成老师布置的作业？（　　）

A.当堂课上完成　　B.当天自习时间完成

C.当天完不成

6.你的家长是怎样帮助你学习的？（　　）

A.讲解作业　　B.督促完成作业

C.请家教　　D.购买辅导书

E.一般不过问学习

7.在学校，你一般在课间或课余时间干什么？（　　）

A.学习　　B.自由活动

C.老师找我辅导　　D.我找老师问题

8.你们学校有兴趣小组的活动吗？（　　）

A.有　　B.没有

9.如果你是寄宿生，那么你多长时间回一次家？(　　)

A.一周或两周　　B.一个月　　C.一个月以上

10.老师每天都检查宿舍吗？(　　)

A.每天检查一次　B.两天检查一次　C.每周检查一次

11.你认为学校的伙食如何？(　　)

A.好　　B.一般　　C.不好

12.你会说裕固语吗？(　　)

A.会说　　B.会说一些　　C.不会

13.你希望学校教裕固语吗？(　　)

A.希望　　B.不希望

14.你所在的学校有校本课程教学吗？(　　)

A.有　　B.没有

15.问卷至此结束，你最希望学校或老师改变什么，希望爸爸妈妈怎样做？

附录2-3

裕固族聚居区职业中学学生问卷调查表

学校：　　年级：　　性别：　　民族：　　是否住校生：

亲爱的同学们，我们开展这次问卷调查的目的是为了完成一项课题研究，调查内容只作统计之用。因此，请你们认真阅读，如实作答。谢谢你们的合作。

1.你上学的主要目的是？(　　)

A.升高职　　B.学一门技术就业　　C.不太清楚

2.你所学的专业课是_____（请填写），你选择这个专业是因为？(　　)

A.学校统一分班　B.个人兴趣　　C.具有特长

3.你能按时完成各学科的作业吗？(　　)

A.经常能完成　B.个别完不成　　C.经常完不成

4.你有缺课或上课迟到的现象吗？(　　)

A.经常有　　B.从来没有　　C.偶尔有

5.如果你是寄宿生，那么你多长时间回一次家？(　　)

A.一周或两周　B.一个月　　C.一个月以上

6.老师每天都检查宿舍吗？(　　)

A.每天检查一次　B.两天检查一次　C.每周检查一次

7.你认为学校的伙食如何？(　　)

A.好　　B.一般　　C.不好

8.你会说裕固语吗？(　　)

A.会说　　B.会说一些　　C.不会

9.你希望学校教裕固语吗？(　　)

A.希望　　B.不希望

10.你认为你的专业教师水平如何？(　　)

A.高　　B.一般　　C.不清楚

11.你认为依你所学的专业在毕业后找工作容易吗？(　　)

A.容易　　　　B.不容易　　　　C.不清楚

12.就业率就是已就业的学生占全部毕业生的比例。据你了解，你校的就业率大概在？（　　）

A.80%以上　　　B.60%~80%　　　C.50%以下

13.你认为最容易就业的专业是：____；最不容易就业的专业是：____（请填写）；为了提高就业率，你认为学校有必要再增加新专业吗？

（　　）

A.有必要　　　　B.没有必要

14.问卷至此结束，你最希望学校或老师改变什么，希望爸爸妈妈怎样做？

附录2-4

裕固族聚居区中小学教师问卷调查表

尊敬的老师：您好！本次调查目的在于了解裕固族聚居区中小学教师工作情况，调查结果将作为统计分析之用，请您如实作答。谢谢您对本次调查的支持！

1.您的基本情况：性别： 民族： 出生年月：

2.您的教龄：( )

A.1～10年 B.11～20年 C.21～30年 D.30年以上

3.您的最高学历：( )

A.中专 B.专科 C.本科 D.硕士或以上

4.您的职称：( )

A.高级 B.中级 C.初级 D.无职称

5.您任教的科目：( )（请填写）语文、数学、英语、物理、化学…

6.您担任班主任的年限：( )

A.无 B.1～5年 C.6～10年 D.10年以上

7.您在学校实际从事岗位工作的性质是（ ）

A.教学岗 B.教辅岗 C.工勤岗 D.管理岗

E.其他

8.如果是教学岗，您的周教学工作量为（ ）

A.20节以上 B.18～20节 C.14～18节 D.10～14节

E.10节以下

9.你所参加的培训对你的专业发展帮助大吗？( )

A.大 B.不太大 C.没帮助

10.曾经获得的荣誉级别（ ）

A.无 B.校级 C.县级 D.市级

E.省级或以上

11.您曾经参加科研项目级别（ ）

A.无 B.校级 C.县级 D.市级

E.省级或以上

12.您觉得您所在学校教师工作竞争大吗？（　　）

A.很大　　B.不太大　　C.不大

13.您觉得您的压力主要来自：（　　）（多选）

A.学生成绩　　B.领导　　C.教材变革　　D.升学压力

E.学校考核　　F.评优晋级　　G.工作调动　　H.生活状况

14.过去一年的教学生活，您认为最满意的是：（　　）（多选）

A.学生成绩好　　B.学生欢迎　　C.获得嘉奖　　D.发表论文

E.专业获奖　　F.其他

15.您对您工作的稳定性是否有过忧虑？（　　）

A.经常有　　B.偶尔有　　C.从来没有

16.学生家长过多依赖学校和老师，您是否感到压力很大？（　　）

A.是　　B.否　　C.无所谓

17.学校的教育教学改革是否令您充满干劲？（　　）

A.是　　B.否　　C.无所谓

18.您对学校的各项制度是否很认同？（　　）

A.是　　B.否　　C.无所谓

19.学校的激励机制是否肯定您的工作成绩，使您有成就感？（　　）

A.是　　B.否　　C.无所谓

20.您对学校的发展前景如何评价？（　　）

A.好　　B.一般　　C.不清楚

21.假如学校要为民族学生传授裕固族语言，您的态度？（　　）

A.支持　　B.不支持　　C.无所谓

22.问卷至此结束，您对学校发展和管理，对教师培训和待遇等有什么建议？请写在下面：

附录2-5

裕固族聚居区幼儿教师问卷调查表

调查学校：　　　时间：

尊敬的老师：您好！本次调查目的在于了解裕固族聚居区幼儿教师师资的情况，希望您能提供一些相关的信息。谢谢您对本次调查的支持！

您的基本情况：性别：　　　民族：　　　出生年月：

1.您的学历（　　）

A.幼师　　　　B.大专　　　　C.本科以上

2.您是以哪一专业为主？（　　）

A.小学教育　　　B.幼教　　　　C.其他

3.您在幼儿园的教龄有多长？（　　）

A.3年以下　　　B.4~10年　　　C.10年以上

您刚参加工作时的职务是？（　　）

A.幼儿教师　　　B.小学教师　　　C.中学教师　　　D.其他

您所教的班级是？（　　）

A.幼儿大班　　　B.幼儿中班　　　C.幼儿小班

4.您参加过职前培训吗？（　　）

A.没有　　　　B.有

培训形式是？（　　）

A.脱产培训　　　B.半脱产培训　　C.业余培训

培训时间是？（　　）

A.1年以上　　　B.3~6个月　　　C.10天以下

5.您所在幼儿园是否提供在职培训？（　　）

A.经常有　　　B.偶尔有　　　C.没有

6.您的教学经验主要来自（　　）

A.自己摸索　　　B.自学　　　　C.同行观摩　　　D.专家指导

7.您的教学目标是什么样的？（　　）

A.依赖于教案　　B.根据自己的能力、孩子的特长与兴趣组织教学

C.幼儿园规定

8.您认为幼儿教师最需要提高的方面是?(　　)(可多选)

A.专业知识　　B.保育方法　　C.责任心　　D.爱心

E.教育学心理学

9.您所在的幼儿园开展过科研课题研究吗?(　　)

A.有　　B.没有

10.您所在的幼儿园有“民族语言”教学吗?(　　)

A.有　　B.没有

11.假如学校要为民族学生传授裕固族语言，您的态度?(　　)

A.支持　　B.不支持　　C.无所谓

12.问卷至此结束，您对肃南县发展学前教育有什么建议?请写在背面：

附录2-6

裕固族聚居区中小学学生家长问卷调查表

调查乡镇：　　　　调查时间：

尊敬的家长：您好！孩子的进步，与您平时的教育息息相关。为了解家庭教育情况，改进教育工作，请您如实回答下面的问题，为我们提供真实的依据。

您的基本情况：性别：　　民族：　　出生年月：

您孩子所在的年级：

1.您的年龄：(　　)

A.30岁以下　　B.30~40岁　　C.40~50岁　　D.50岁以上

2.您受教育程度：(　　)

A.小学毕业　　B.初中毕业　　C.高中或中专毕业D.大学毕业

3.您的孩子在读：(　　)

A.幼儿园　　B.小学　　C.初中　　D.高中或职中

4.您一年在孩子身上所花的教育费用大概是多少？_______（请填写）。

5.您的家庭一年收入大概有多少？_______（请填写）。

6.您认为下面哪些行为对孩子的影响比较大？(　　)

A.抽烟　　B.喝酒　　C.赌博　　D.迷信

7.您在假期会给孩子请家教辅导吗？(　　)

A.会　　B.不会

如果要请家教辅导，主要辅导的学科是？(　　)

A.语文数学　　B.英语　　C.音乐　　D.舞蹈

E.绘画　　F.其他

8.在您的家里主要承担教育孩子工作的是（　　）

A.父亲　　B.母亲　　C.父母　　D.爷爷奶奶或其他

9.孩子成绩不理想或不听话，您会采用什么手段教育他？(　　)

A.责骂　　B.打罚　　C.谈心　　D.找老师

10.作为孩子的父母，您会经常陪孩子做功课吗？（　　）

A.经常　　　　　　B.有时

11.您每天和孩子在一起的时间为？（　　）

A.1小时以内　　　　　　　　B.1小时以上

C.每天和孩子在一起　　　　　D.有时做不到

12.问卷至此结束，您对孩子成长和学校管理有什么具体要求？请写在下面：

附录2-7

裕固族聚居区中小学校校长访谈提纲

1.办学条件情况

这几年，学校的发展很快，请你谈谈学校办学条件的改善情况？

今后，还需再建设的项目或增添的教学设备主要有哪些？

2.学校管理情况

（1）在改善办学条件的同时，我们也加强了学校管理，请你谈谈学校主要的管理措施有哪些？

（2）学校有没有实行绩效工资？是如何分配的？

（3）你认为学校在管理上还存在哪些不足和需要改进的地方？

3.教学质量情况

（1）教学管理对教学质量的提高很重要。请你具体谈一下学校的教学管理办法？

（2）各学科都有专业教师吗？音体美等课程是否正常开展？

（3）你对课程改革有什么看法？

4.教师队伍建设情况

（1）学校对教师队伍建设采取了哪些措施？

（2）骨干教师的作用发挥得如何？

（3）你对教师队伍建设还有什么想法？

5.校本教研及教科研情况

（1）学校现在有课题吗？完成情况如何？

（2）学校开设校本课程了吗？有没有民族文化方面的？

（3）你对学校或教师开展教育科研有什么看法？

6.办学特色和学校发展问题

（1）学校特色就是学校最能区别于其他学校的地方，或最为成功的做法。如祁丰学校十年坚持“周日例会制”等。那么，你认为本校在哪些方面最具特色？

（2）你对今后学校在特色建设方面有什么打算？

最后，你对全县教育改革和发展有什么思考？

访谈现场报告

被访人背景：

1.身份：（　　）

A.主要领导　　B.中层管理人员

2.性别：（　　）

A.男　　B.女

3.民族：

A.裕固族　　B.藏族　　C.蒙古族　　D.其他

4.年龄：_____岁

5.受教育程度：_____岁

6.职务及职称：_____；

7.工作单位：

8.籍贯：

采访人记录

1.在场其他人：

2.他们是否影响采访质量：（　　）

A.影响很大　　B.影响一般　　C.不影响

3.被采访人的合作情况：（　　）

A.非常好　　B.好　　C.一般　　D.不好

E.极不好

4.采访前，被采访人对这项研究的怀疑程度：（　　）

A.不怀疑　　B.有一些怀疑　　C.有很大的怀疑

5.被访人对这项研究感兴趣的程度：（　　）

A.极其感兴趣　　B.高于一般感兴趣

C.一般感兴趣　　D.低于一般感兴趣

E.没有兴趣

6.被访人的回答可信程度：（ ）

A.完全可信 B.基本可信 C.似乎有些不可信

7.我怀疑被访人的某些回答吗？如果怀疑，请指出。

8.采访时间： 年 月 日 时

2015年12月，该课题荣获张掖市第十一届基础教育教学科研优秀成果一等奖。2018年8月，荣获甘肃省基础教育教学成果二等奖（证书编号：JJ2018-209）。该课题主要成果，专著《裕固族聚居区学校教育特色研究》（民族出版社，2012），2016年8月，荣获甘肃省委、省政府第十四次哲学社会科学优秀成果三等奖。2017年3月，荣获张掖市委、市政府第四次社会科学优秀成果一等奖。2012年8月，该课题成果之一，论文《肃南裕固族自治县基础教育一体化均衡发展的实证研究》，荣获由甘肃省委宣传部、教育厅组织的“甘肃省实施国家教育体制改革试点项目”论文评选一等奖。2017年6月，该课题成果之一，论文《裕固族语言文化传承，一道待解的难题》（中国民族教育，2015（5）：42-43.），荣获肃南裕固族自治县科学技术协会第二届学术年会一等奖。2013年，该研究课题被张掖市教育局确定为肃南裕固族自治县教育体制改革试验项目，在包括裕固族在内的人口较少民族，推动民族教育改革发展和研究教育特色方面，是一个很好的借鉴，必将促进裕固族教育的大繁荣和大发展。

裕固族语言文化校本课程(系列)开发研究报告

肃南裕固族自治县第一中学校长、裕固族教育研究所所长安维武为中学正高级教师，2016年9月至2018年11月主持完成了2016年度甘肃省“十三五”教育科学规划课题《裕固族语言文化校本课程（系列）开发研究》（课题立项号：GS［2016］GHB1881），课题组主要成员有杨杰、贺颖春、蔡世宏、王伟、高学平、兰海东、冯海燕、安文军、安娜、高玉梅。

一、简介部分

1.标题

裕固族语言文化校本课程（系列）开发研究报告

2.摘要

裕固族是甘肃省特有的三个人口较少民族之一，虽然人口仅有1.4万，却有着悠久的历史和灿烂的文化。近年来，在周边强势文化的不断侵蚀冲击下，裕固族语言呈现出非常鲜明的濒危特征，也随之引发了裕固族文化濒于消亡的严峻态势，已经成为裕固族最紧迫的现实难题。学校是传承民族文化的重要载体和平台，但在传承教学实践中依然存在裕固语言文化教学相关的课程标准、教材、教学资源十分短缺且不成体系的瓶颈问题。肃南裕固族自治县裕固族教育研究所积极依托地域文化氛围和教育资源优势，以全县各学校为基地，聘请国内研究裕固族语言、历史、文化领域的学者教授担任学术咨询专家，组织全县从事裕固族语言文化传承的一线教师进行了《裕固族语言文化校本课程（系列）课程标准》的研究开发工作，并制定了《裕固族语言文化校本课程实施方案》《裕固族语言文化教学活动设计》，并在上级教育主管部门的重视下，将裕固族语言文化传承工作纳入肃南裕固族自治县基础教育课程体系，加大推进力度取得了长足发展，并对裕固族文化传承未来发展提出前瞻性建议。一是加强专业的裕固族语言文化教师培训力度，并提供畅通的师资培养渠道；二是通过政策支持缓解自治县各学校国家课程与地方和校本课程的矛盾；三是进一步完备学校传承裕固族语言文化的考核评价和社会环境等长效机制；四是进一步推进民族教育立法。"裕固族语言文化校本课程（系列）开发研究"将对全国其他人口较少民族地区的民族语言文化传承提供一定的参考，对于裕固族传统文化传承具有重大意义。

二、主体部分

1.研究问题

本文从研究目标、研究内容、研究价值、研究假设、研究创新点、核心概念6个方面来阐明课题研究的主要问题。

1.1研究目标

通过研究解决裕固族双语教师紧缺且无培养渠道，裕固族语言文化教材紧缺且不成体系等问题。通过实践形成完备的学校传承裕固族语言文化的支持政策、考核评价和社会环境。

1.2研究内容

通过实验教学开发一套裕固族语言文化校本课程（包括5个学段，涵盖5个领域）。

1.3研究价值

裕固族语言文化的传承面临的困境，只有通过系统开发基础教育阶段系列教材，才是传承当地乡土知识和民族文化的有效途径。因此"裕固族语言文化校本课程（系列）开发研究"是裕固族聚居区学校课程建设的一项基础性研究，可以整体解决裕固族聚居区学校语言文化教育。

1.4研究假设

通过学校教育，在较大程度上改善裕固族语言文化传承状况，试图总结出一套开发、教学、管理、评估裕固族语言文化教育的基本经验，对全国其他人口较少民族语言文化传承提供一定的参考。

1.5研究创新点

学术思想的创新之处是多元认同的示范性。率先提出通过开设裕固族语言文化校本课程积极创建手足相亲、守望相助、团结和睦的和谐校园。学术观点的创新之处是课程定位的准确性。率先提出裕固族语言文化校本课程是不以传授知识为主，而以培养具有民族自信、文化自觉、多元发展的开放课程。研究方法的创新之处是课程开发的系统性。率先提出裕固族语言文化校本课程是贯穿基础教育领域各学段阶梯式递进的系列校本课程，是整体解决裕固族聚居区民族语言教育课程体系的研究方法。

1.6核心概念

1.6.1校本课程开发

校本课程开发是指在《基础教育课程改革纲要（试行）》精神的指引下，在保证国家课程和地方课程实施的前提下，以学校为基地，以学生的个体差异为基础，以学校教师为主体，以当地学校课程资源和社区课程资源为依托，根据学校的办学特色和办学理念，由学校校长、教师、学生、社区成员、学科专家联合或与校外团体合作或个人合作开发的，旨在满足学生个性发展需求的课程开发活动，是一个持续的、动态的课程生成过程。

1.6.2裕固族语言文化校本课程（系列）

裕固族语言文化校本课程（系列）是指贯穿基础教育学前、小学低、小学高、初中、高中5个学段的，统整健康、语言、社会、科学、艺术5个领域的系列校本课程；是以传承裕固族语言和传统文化为宗旨的裕固族语言文化课程。

2.研究现状述评和理论基础

2.1国内研究现状述评

国内关于少数民族地区课程开发研究的课题大部分由西南师范大学的靳玉乐教授和西北师范大学的万明钢教授承担。目前，由中央民族大学著名教育人类学家滕星教授主持研究的国家“985工程”建设项目“西部少数民族地区经济文化类型与初中地方性校本课程构建”，提出并论证西部少数民族地区初中地方性校本课程建构的一般范式，为整个西北地区基础教育新课程改革提供了经验支持和现实参考范例。以裕固族为例，教育学博士、北京师范大学社会学院副教授巴战龙为代表的裕固族教育研究者也主要集中在学校教育功能和校本课程开发两个研究主题上，这与裕固族地区经济社会和文化教育发展的迫切需求有关。

2.2理论基础

作为一项研究，必然要以相关的理论为依据。本研究主要遵循的理论有：“多元一体”中华民族文化格局理论、多元一体化教育理论、有意义学习理论、行动研究理论。

2.2.1“多元一体”中华民族文化格局理论

文化的“多元”与“一体”统一于我国文化发展史中。具体来说，“多元”是指各民族各有其起源、形成、发展的历史，文化既各具特点，又相互区别，呈现出多样性的特点。各民族特殊的地域文化在中华文化的发展过程中扮演了极为重要的角色，各民族文化的多样性和差异性，为中华文化提供了多姿多彩的精神源泉，共同组成了中华文化。“一体”是指中华文化是在漫长的历史进程中，各民族文化间相互交往交流交融而形成的相互关联、相互补充、相互依存的关系，体现了中华文化的整体性、共同性和一致性。

2.2.2多元一体化教育理论

我国民族理论教育家滕星教授指出无论主体民族还是少数民族都有其独特的传统文化，多元一体化教育是未来民族教育的必然走向。多元一体化教育的目的是继承各民族优秀文化遗产；加强各民族间的交流；促进民族大家庭在经济上共同发展、在文化上共同繁荣，在政治上各民族相互尊重、平等、友好与和睦相处，最终实现民族大团结。

2.2.3有意义学习理论

有意义的学习是相对于机械学习而言的，奥苏泊尔认为，有意义学习过程的实质，就是符号所代表的新知识与学习者认知结构中已有的适当观念建立非人为的和实质性的联系。这一论断既给有意义学习下了明确的定义，也指出了划分机械学习与有意义学习的两条标准。

2.2.4行动研究理论

行动研究是指有计划有步骤地对教学实践中产生的问题由教师或研究人员共同合作边研究边行动以解决实际问题为目的的一种科学研究方法。行动研究一般可分作情况调研判断——反馈研究——自我参与式研究三个阶段。研究目的是为提高行动质量、改进实际工作、解决实际问题。

3.研究程序

本课题以实践研究和经验研究的方法，探索出了符合肃南裕固族自治县学校传承裕固族语言文化所需要的《裕固族语言文化校本课程实施方案》，并制定出了《裕固族语言文化校本课程（系列）课程标准》和《裕固族语言文化校本课程教学活动设计》。下面主要从研究思路、研究方法、技术路线、实施步骤4个方面来阐明课题的研究程序。

3.1研究思路

"裕固族语言文化校本课程（系列）开发研究"项目，以当地教育公益组织"裕固族教育研究所"为项目执行单位，通过建立专家团队、组建核心团队、选拔师资队伍、开发课程资源、资助学校项目活动、推动政府参与等环节展开。

3.2研究方法

3.2.1文献研究法

通过查阅图书资料、网络和有关裕固族教育研究成果获取大量信息，占有资料。

3.2.2调查研究法

通过广泛调查掌握裕固族语言文化教学活动状况，论证课题研究的必要性和重要性。

3.2.3经验总结法

对裕固族聚居区学校开展裕固族语言文化教学活动的一些成功经验进行系统总结。

3.2.4政策研究法

通过学习《基础教育课程改革纲要（试行）》《扶持人口较少民族发展规划》《国务院关于加快发展民族教育的决定》和有关教育专家的研究成果为课题研究奠定政策基础。

3.3技术路线

本课题是基于新课程改革理论，在中央民族大学滕星教授和西北师范大学万明钢教授关于西部少数民族地区校本课程构建理论的基础上，形成“需求分析；目标定位；形成共同愿景；组织科研队伍；制定课程标准；编写开发计划；组织开发教材；实施教师培训；开展实验教学；总结推广成果”等10个流程，通过落实各项研究来完成裕固族语言文化校本课程（系列）的开发。

3.4实施步骤

3.4.1第一阶段（2016年8月—2016年9月）

科研准备。完成前期调研、论证、搜集资料等工作。

3.4.2第二阶段（2016年10月—2017年3月）

论证开题。完成开题、培训和裕固族语言文化校本课程标准的编制，完成相关论文。

3.4.3第三阶段（2017年3月—2018年3月）

课程开发。进行教师培训，完成裕固族语言文化课程的编写、修订，完成著作、相关论文的撰写工作和裕固族语言文化校本课程开发研究中期报告。

3.4.4第四阶段（2018年3月—2018年6月）

实验教学。进行教师培训、实验教学和中期总结工作，完成实验教学调查研究报告。

3.4.5第五阶段（2018年6月—2018年8月）

完善总结。对课标、教材进行进一步修订、完善，完成裕固族语言文化校本课程开发研究报告和相关论文，最后总结和成果推广工作。

本研究为实践研究，将课题研究和裕固族语言文化传承教学工作结合起来进行。一是在研究中，由课题组成员编写出《裕固族语言文化校本课程（系列）课程标准》，并进行多次修订形成终稿后，组织国内研究裕固族语言、历史、文化方面的专家学者，本土精英以及全县各学校校长组成的专家组对《裕固族语言文化校本课程（系列）课程标准》进行审议并最终通过；二是组织全县从事裕固族语言文化传承的专兼职教师学习《裕固族语言文化校本课程（系列）课程标准》；三是按照《裕固族语言文化校本课程（系列）课程标准》在全县范围内的各学校进行教学实验，及时总结有效教学经验，解决存在问题和不足，不断完善裕固族语言文化教学活动；四是进一步总结提升，修订完善《裕固族语言文化教学活动手册》，研究有效教学模式，并在各学校形成稳定的校本课程，促成裕固族语言文化传承教学的全面推广。

4.研究发现或结论

少数民族语言文化是中华优秀文化的重要组成部分，少数民族语言文化的传承对于中华文化的多元一体和长久健康发展有积极的推动作用，对少数民族建立民族自信心、提升民族认同感，更好地融入主流社会，实现民族现代化有着重要意义。裕固族语言文化的挖掘、保护、传承、发展创新工作是一项长期而艰巨的任务，而学校作为传承民族文化的主要渠道之一，制定合理的课程建设方案、课程标准、教学活动设计和教学评价体系，进而建立起完整的课程体系无疑有着十分重要的意义。

4.1关于《裕固族语言文化校本课程实施方案》的制定

4.1.1明确课程定位和基本内容

裕固族语言文化校本课程是贯穿基础教育领域学前、小学低、小学高、初中、高中5个学段的，统整健康、语言、社会、科学、艺术5大领域阶梯式递进的系列校本课程；是以传承裕固族语言和传统文化为宗旨的裕固族语言文化课程；是以语言课程的听、说、读、写训练为基础，通过做一做、唱一唱、跳一跳、剪一剪等形式，让学生在玩中学、做中学的综合实践课程；是不以传授知识为主，而以培养具有民族自信、文化自觉、多元发展的开放课程。通过开设裕固族语言文化校本课程积极创建手足相亲、守望相助、团结和睦的和谐校园，培养具有国家观念、民族认同、时代需求，具备创新能力、终身学习的地方建设人才；形成符合裕固族聚居区实际的基础教育语言文化课程体系，打造特色鲜明的地方民族教育品牌；加强对裕固族语言的研究、传承和保护工作，积极探索学校传承裕固族优秀文化特色发展的有效途径，实现可持续、内涵化发展。其基本内容是指明裕固族语言文化校本课程实施方案的指导思想和政策依据，规定裕固族语言文化校本课程的定位和基本内容，提出裕固族语言文化校本课程的基本形式和教学原则，设定裕固族语言文化校本课程开发时间安排和总体目标，规定实施裕固族语言文化校本课程具体措施和组织管理，安排实施裕固族语言文化校本课程的实施环节和具体步骤。

4.1.2规定基本原则和教学形式

4.1.2.1基本原则

整体性原则。按照裕固族聚居区学校实际和不同学段学生的不同需求，尊重学生身心发展规律和课程内在逻辑，阶梯式统一制定各学段的课程标准、编写教材、评价教学等，使民族文化的传统性和国家课程的现代性形成统一整体。

多元性原则。努力构建重基础、多元化的课程体系，充分调动学生参与课程教学的积极性和主动性，使学生在完成国家课程和地方课程的基础上学有所长，促进各学校在协调发展的基础上办出特色。

实用性原则。充分认识县情、校情和学情，轻知识传授、重能力培养，将实用性和发展性相结合，做到学以致用、健康发展、多元发展。

创新性原则。在全面实施国家课程的基础上，依靠地域文化优势，创造性地开发和充实校本课程，充分彰显少数民族传统文化的魅力，是国家课程的校本化和民族化，也是国家课程的有效补充和延伸。

综合性原则。坚持在传承文化的基础上学习语言，坚持在语言课程的基础上定位为综合课程，综合历史、人口、习俗、社会、文学、艺术、礼仪、竞技、生产、生态等多元文化因素开展民族语言教学。

4.1.2.2教学形式

专题文化语言课。课程分健康、社会、科学、艺术与语言5个领域和幼儿、小学低、小学高、初中、高中5个学段，由低向高阶梯式递进。综合裕固族历史、人口、习俗、社会、文学、艺术、礼仪、竞技、生产、生态等文化专题开展语言教学。保证每个学段每周2课时的教学。

综合实践活动课。以民族语言、传统文化、民族艺术、传统体育为主要内容，促进校本课程与国家课程的有效整合。以学生社团建设、兴趣小组、研学探究、综合实践活动为平台，开展口语竞赛、校园广播、艺术展演、民歌合唱、传统竞技、课间健身操等形式的综合活动，确保民族文化综合实践活动课程的持续开展，促进学校的内涵发展。

4.1.3落实时间安排和总体目标

本方案周期为3年，分3个阶段完成，由裕固族教育研究所执行。每年对裕固族语言文化专兼职教师进行一次集中培训，采取集中和网络培训相结合的方法，形成20人左右教师骨干团队。合理搭配每4人为一个小组，每个小组负责编写一个领域（健康、语言、社会、科学、艺术）5学段（学前、小学低、小学高、初中、高中）的课程标准，开发一套（5本）裕固族语言文化系列教材。每年资助各学校开展裕固族语言文化课程教学和校园特色文化活动。

通过3年努力，一是建设一支专业的裕固族语言文化专职教师队伍；二是定期开展教师培训，并形成长效机制；三是编写和开发一套（5本）符合幼儿园至高中阶段裕固族语言文化教学需要的课程标准、教材及配套教学资源库；四是将裕固族语言文化课程纳入常规教学，严格课程设置，开齐开足课时，制定完善的考核评价机制；六是创建5-8所“裕固族语言文化传承示范校”或“特色校”。通过积极实践，最终总结出一套与裕固族族情、教师教情、学生学情相适应的裕固族语言文化学校传承、教学管理、考核评价和师资培养模式。

4.1.4制定具体措施和组织管理

制定包括营造活动氛围、强化培训力度、开发配套教材、落实课程设置、推进实验教学、完善评价体系、完善领导机制、落实经费保障在内的具体措施和组织管理，确保裕固族语言文化传承各项工作的积极推进。

4.1.5统一课程设计思路

以学生的生理、心理发展特点及认知规律为主轴，从学生身边熟悉的事物出发，以裕固族语言文化和地方性知识为内容，体现整体设计目标的阶梯式递进关系和内容衔接的逻辑顺序。裕固族语言文化校本课程是贯穿基础教育各学段，统整健康、语言、社会、科学、艺术五大领域阶梯式递进的系列校本课程。(目标框架见图示)

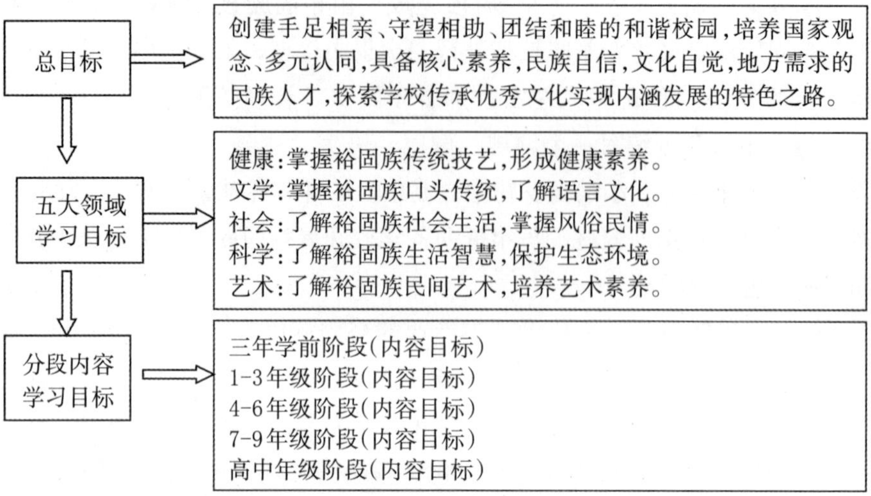

五大学习领域：健康、语言、社会、科学、艺术，即五大学习主题。五大学习主题内容上逻辑衔接、相互融合，目标上阶梯层进、一以贯之。

五个教学领域：在语言教学中的主题/话题、实用交际语言、乡土知识、词汇、语言结构。五个方面互相关联、形成系统。

在五大学习领域（主题）中始终侧重语言在社区中实用的交际功能，始终融合乡土的民族文化知识，始终关注词汇和语言结构在句子和活动设计中运用。（设计思路见图示）

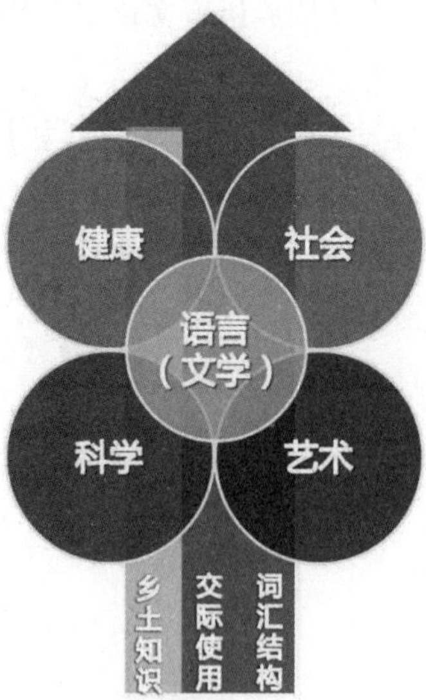

4.2关于《裕固族语言文化校本课程（系列）课程标准》的制定

4.2.1挖掘课程教学资源

2004年以来，在肃南裕固族自治县教育主管部门的推进下，自治县各学校都进行了校本课程的研究与开发，《裕固家园》（甘肃文化出版社，2008年）、《多元文化乡土教材——甘肃省肃南裕固族自治县第二中学校本教材》（北京和平出版社，2009年）、《裕固族舞蹈》（甘肃民族出版社，2011年）、《诗韵祁连》（敦煌文艺出版社，2012年）、《裕固族语言初级系列教材（幼儿）》（甘肃民族出版社，2017年）相继出版发行，并在各学校投入使用。但是所有开发出的校本教材，基本上是以裕固族社会文化普及为根本任务，传承语言职能较弱，已无法满足新时期裕固族语言文化传承需要。因此，急需通过已有材料整理、民间访谈收集、师生搜集提供等方式，以《裕固族语言文化校本课程实施方案》为指导，以基础教育阶段的幼儿、小学低、小学高、初中、高中五个学段为基本结构，以《3-6岁儿童学习与发展指南》建构体系中的健康、社会、语言、科学、艺术五个领域为基本模式，充分挖掘课程教学资源，为《裕固族语言文化校本课程（系列）课程标准》的编写奠定基础。

课程教学资源的挖掘和整理需分领域进行，负责各领域课题组按照该领域需要完成的课程目标，在充分考虑县情、族情、校情、学情后，以能否用裕固语表达为基本出发点，搜集整理资料。（课程资源整理见下表）

裕固族语言文化校本课程（系列）课程资源搜集整理要求一览表

领域	课程资源内容					
健康	传统习惯	传统体育	体育旅游	体育游学	体能测试	生活习惯
社会	历史演变	生产生活	生活环境	风俗习惯	人口民居	文化信仰
语言文学	儿歌童谣	民间故事	神话传说	谜语谚语	叙事诗、史诗、颂词	诗歌、散文、小说
科学	生产生活方式	生活环境	生活中的数学	动植物与医疗保健	信息技术与科技创新	无
艺术	艺术与生活	艺术与情感	艺术与文化	艺术与语言	无	无

4.2.2制定《课程标准》

根据《裕固族语言文化校本课程实施方案》的指导思想，裕固族语言文化校本课程是贯穿基础教育幼儿、小学低、小学高、初中、高中五个学段，统整健康、语言、社会、科学、艺术五大领域阶梯式递进的系列校本课程。因此在制定《裕固族语言文化校本课程（系列）课程标准》时，以学生的生理、心理发展特点以及认知规律为主轴，从学生身边熟悉的事物出发，以裕固族语言文化为内容，体现整体设计的阶梯式递进关系和内容衔接的逻辑顺序。

4.2.2.1 课程总目标

本课程基于国家基础教育课程改革的基本理念，以多元文化理论为理论基础，以“西部少数民族地区初中地方性校本课程建构的一般范式”为行动研究规范，按照整体推进素质教育的要求和实现学校发展的目标，通过裕固族语言文化校本课程的开发，为国家课程和乡土民族文化与社会发展实际找到契合与对应之处，补充国家课程不足，优化教育资源配置，体现学校办学特色。裕固族语言文化校本课程以提高学生综合素质、促进教师专业发展、赢得社区认同支持、推动学校特色发展为总目标，创建手足相亲、守望相助、团结和睦的和谐校园，培养国家观念、多元认同、地方需求的民族人才，探索学校传承优秀文化，实现内涵发展的特色之路。

4.2.2.2 五大领域分目标

——健康领域。掌握一定的生理健康知识，克服不良的饮食和卫生习惯，养成健康、卫生的生活习惯；掌握一些裕固族传统体育项目的知识、方法和技能，养成积极锻炼的良好习惯；树立良好的人生态度，能够积极参加和欣赏社区传统体育竞赛活动，积极融入当地社会。

——语言文学领域。能够学习裕固族民间文学、典故、传说，会听、会说裕固族日常用语和记写方法；能够以积极的心态阅读和写作裕固族文学作品，不断以文化素养内化自身的文化品性；理解裕固族传统文化和语言的社会价值，增强传承本民族文化和语言的自觉性和责任感。

——社会领域。知道家乡的地理位置、生活环境、生产方式、民风民俗、社交礼仪、社会发展状况，了解裕固族的发展历史，风土人情，掌握一些生产生活技能、习得社交礼仪，自觉参加各类民俗及社会实践活动，树立文化多样性观念，感悟文化内涵，增进文化交流与创新。

——科学领域。了解裕固族的传统生产生活方式，掌握和生活相关的计数、测量、统计、图形图表等方面的知识；能够发现生活中的问题，并依据数学分析和解决问题，培养学生的逻辑思维能力；培养学生亲近自然、了解世界，喜欢尝试、乐于探究和发现周围事物奥秘的欲望。

——艺术领域。能够发现和认识生活中美的元素，能够对裕固族传统文化中艺术表现形式进行分别与鉴赏；能够积极参与到裕固族传统音乐、绘画、舞蹈的学习、展演乃至创新活动，获得感受美、创造美、鉴赏美的能力和健康的审美情趣，促进人的全面发展。

4.2.2.3其他方面目标

——学生方面。一是通过裕固族生活的地方性知识及风土人情教育，使学生在逐步了解家乡，了解社会的基础上，适应当地社会，增强社会责任感。二是通过裕固族历史、民间文学、语言教育，使学生认识民族发展演变及文化传承的重要意义，增强弘扬民族文化的责任感。三是通过裕固族民间艺术、传统体育教育，让学生掌握一些艺术体育技能，促进学生的自我完善和全面发展。四是通过环境、科普、科技教育，使学生了解本地的生态环境，培养学生的创新意识和实践能力，树立科学和可持续发展的观念。

——教师方面。一是通过校本课程的开发和实施，提高教师的民族文化知识和技能，树立和而不同的文化多样性观念，促进文化交流、合作、创新和共享，丰富教育内涵。二是通过校本课程的开发和实施，提高教师的课程知识，促进教师创新教学观念、改进教学方法，增强教师开发、整合、分析乡土教育资源的能力，以及创造性地开展教学的能力。三是通过参与和体验相对完整的项目工作和教育研究历程，掌握教育研究的基本方法，培养团队合作的精神，体验教育研究过程中的乐趣，提高服务意识、增强敬业精神，提升专业素质。

——学校方面。一是提高学校领导班子促进学校改革和规划学校发展的素质与能力。二是逐步建立学校与社区良好的支持关系，提高为社区服务的能力和水平，把学校办成“学生喜欢、教师乐教、家长满意、社会支持”的学校。三是提高学校的课程观和文化观，丰富学校教育内涵和文化内涵，走内涵式发展之路。

——社区方面。一是了解学校的发展现状和发展规划。尊重和理解学校为提高教育教学质量、改善育人环境所作的工作和努力。二是认识到培育下一代和促进学生发展是“家庭－学校－社区”的共同义务。三是积极参与学校改革，逐步形成重视和支持教育发展的浓厚氛围。

4.2.2.4 主题/话题单元目标

每个学段的每个学习领域根据容量确定2–4个阶梯式递进的单元目标，具体目标详见《裕固族语言文化校本课程（系列）课程标准》。

4.2.2.5 教学活动目标

每个学段的每个学习领域根据单元目标设计若干个逻辑性联系的、阶梯式递进的、螺旋式上升的教学活动目标，在每个教学活动目标中贯穿“三维目标”和“三个梯度”。

三维目标：

——知识与技能。了解家乡的人文特征、历史变迁、自然环境及其各种社会问题，并能提出解决这些问题的简单设想。理解本地经济、文化生活的丰富内涵，初步形成对自我、社会、自然内在联系的整体认识。通过参与广泛的社会实践，学会从生活实践中获得知识，掌握生活技能，了解进行综合社会实践活动的一般方法和步骤，培养学生的实践能力和创新能力。培养学生收集、整理、分析和利用相关信息的能力。培养学生自主、合作、探究的能力。

——过程与方法。获取知识方面，通过课堂教学、实地考察、访谈调查、课外阅读、网络查询等途径获得知识。信息处理方面，在收集、整理、分析和利用相关信息的过程中，将已有的知识经验与生产生活相结合，并尝试解决问题。课堂教学方面，以合作交流、自主探究为主。成果展示方面，采取多种形式（小论文、调查报告、手工制作、文艺表演等），展示学生的学习成果。生产生活方面，有目的地参加实践活动，获得基本的生产生活技能。

——情感态度价值观。关注家乡的发展历程，感悟本地人民的智慧。培养学生关注生活、关注社会的优良品质和热爱家乡的情感。增进对家乡多元文化的了解，增强多元文化的认同感，尊重文化的多样性，激发学生热爱、传承和发展民族文化的情感。体验学习和实践的乐趣，养成自主探究与协作交流的习惯，逐步培养创新精神。认识自我、社会、自然的内在联系，形成崇尚科学的态度，树立可持续发展的观念和终身学习的意识。以丰富的生活体验和实践经验造福家乡、建设家乡，达到学以致用的目的。关注现代社会的发展进程，树立正确的人生观和价值观。

三个梯度目标：

从基础教育学前到高中阶段分学龄前3年、小学1-3年级、小学4-6年级、初中7-9年级、高中10-12年级共五个学段，每个学段中有三个年龄段，根据不同年龄的认知规律，一个目标制定三个梯度。为了体现知识的系统性和教学的逻辑性，从促进人的完善与发展出发，分别按照“健康、语言、社会、科学、艺术”五个领域制定了课程的内容标准。

裕固族语言文化课程标准内容概览

领域	学段									
	幼儿		小学低		小学高		初中		高中	
健康	主题	话题	主题	话题	主题	话题	主题	话题	主题	话题
	身心与健康	认识自己	身心与健康	运动体验	身心与健康	运动体验	身心与健康	运动体验	身心与健康	运动体验
	生活与健康	认识食物	生活与健康	生活习惯	生活与健康	生活习惯	生活与健康	生活习惯	生活与健康	生活习惯
语言	倾听与表达	童谣儿歌	倾听与表达	神话传说民间故事	倾听与表达	谜语谚语	倾听与表达	史诗颂词叙事诗	倾听与表达	诗歌散文小说
	阅读与写作	图册绘本	阅读与写作	神话传说民间故事	阅读与写作	谜语谚语	阅读与写作	史诗颂词叙事诗	阅读与写作	诗歌散文小说
社会	社会发展	社会关系	社会发展	社会关系	社会发展	社会关系	社会发展	社会关系	社会发展	社会关系
		生活环境		生活环境		生活环境		生活环境		生活环境
	历史文化	民族历史	历史文化	民族历史	历史文化	民族历史	历史文化	民族历史	历史文化	民族历史
		民风民俗		民风民俗		民风民俗		民风民俗		民风民俗

科学	我与环境	莫拉的小伙伴	我与环境	父亲的山母亲的河	我与环境	远去的马背牧人	我与环境	环保卫士莫拉	我与环境	还颜祁连山
	生活智慧	尧熬尔莫拉爱数数	生活智慧	家乡的四季	生活智慧	能工巧匠裕固人	生活智慧	聪明的裕固人	生活智慧	弄潮儿莫拉
艺术	唱一唱跳一跳	爱唱爱跳	唱一唱跳一跳	想唱想跳	艺术分享	会唱会跳	艺术分享	想唱想跳	艺术创作	能歌善舞
	画一画做一做	爱画爱做	画一画做一做	想画想做	工艺模仿	会画画会模仿	工艺制作	能画画能制作	工艺创作	擅画画能创作

4.3关于《裕固族语言文化校本课程（系列）教学活动设计》的制定

《裕固族语言文化校本课程（系列）活动设计》的制定是长期逐步完善的过程，经过不断修订，直至课题研究结题前，已形成初稿。《裕固族语言文化校本课程（系列）教学活动设计》应主要包括学期教学计划、教学进度计划、教学设计、活动方案、特色活动、学业评定、教学总结等7项内容，每一部分要都要求教师高度重视、认真完成，并通过一轮实验教学后，形成以教学活动设计为主的《裕固族语言文化校本课程（系列）》，进一步推动裕固族语言文化传承工作在各学校的有效实践，并将裕固族语言文化课程纳入自治县基础教育课程体系中，实现传承工作的提升和突破。

活动设计分学段由学习领域、话题名称、三维目标、教学重点、教学难点、教学课时、教学准备、教学过程、板书设计、教学反思等部分组成，内容构成灵活、详实，既可以以学段为主组织授课，也可以以学习领域为主开展活动，所有教师优势互补，利用网络平台资源共享，提质效果明显。

5.分析和讨论

课题在研究过程中，遇有几个重要的问题需要在后续的研究中逐步解决，现分析和讨论如下：

5.1语言文化教育的社会环境还需进一步加强

优秀民族文化的传承保护与创新发展是民族地区文化建设的根基。近年来，自治县加大了对裕固族优秀文化的传承和保护力度，建成了裕固族博物馆、非物质文化遗传传承中心、游牧文化中心、裕固族特色村寨在内的硬件设施和民族文化数字化服务平台、数字博物馆为主的软件开发，但从运行上来看，依然存在宣传力度不够、群众参与度不强等问题，包括政府在内的团体单位的文化自觉意识没有充分地挖掘出来，文化传承方面的意识形态没有得到根本的转变。学校的裕固族语言文化传承虽在一定程度上激发了部分裕固族学生群体的文化自觉意识，但多数仅限于学校环境之内。文化传承方面的社会环境不够强大，直接影响到了传承优势群体——学生的民族文化自觉意识的转变，从而使学校层面的文化传承工作步履艰难。

5.2语言文化课程的性质定位还需进一步明确

事实证明，掌握语言丰富的人群，其认知灵活性更强，理解和分析能力更全面。《裕固族语言文化校本课程（系列）》的意义和功能不该停留在文化传承的显性层面上，而是应当看到其提升学生根本能力的隐性功能。因此，还需进一步解决《裕固族语言文化校本课程（系列）》的定位问题，让执行团队和认知群体充分地理解其优势，从根本上转变原有“传承课程无用论”“传承课程负担论”错误的思维定式，否则，传承课程将永远停留在 “要我学”模式中，而不是上升到“我要学”的高度上，有可能真正成为社会、学校以及教师群体的“负担”，从而影响传承工作的深入推进。

5.3《课程标准》执行力度还需进一步强化

本课题是以《课程标准》为纲而建构单元知识的，其对每个学段、每个领域的主要讲授内容都有具体要求，但在教学实践中，由于教师教学能力的参差不齐，在执行《课程标准》方面就会存在弃舍的问题。部分教师以自己所掌握的知识授课，部分内容也因校情、学情因素无法正常开展，《课程标准》执行力度不强，不仅仅是教师的问题，也与校情、学情有关，还需在长期的教学实践中积极寻求解决途径，最大程度上保证《裕固族语言文化校本课程（系列）课程标准》的指导地位。

5.4专职教师的教学能力还需进一步提升

目前，裕固族语言文化传承教师团队中只有2015年12月招聘的5位裕固族教师为专职教师，其他教师都是常年担任其他学科教学任务的兼职教师。专职教师经过专题培训，能力提升快，可以短时间内适应并担负起学校裕固族语言文化传承教学任务，而兼职教师虽然也参与了专题培训，但是由于学科因素的制约或思维意识的固化，能力提升不大，特别是在语言词汇的积累和使用方面，甚至存在止步不前现象。裕固族语言文化校本课程是以传承裕固族语言和传统文化为宗旨的裕固族语言文化课程，再加上裕固族分东部和西部两种语言，文字又失传，传承全靠语言支撑，如果以语言为主的基本能力跟不上，势必会影响传承教学的深入开展。

5.5 教师专业培训渠道还需进一步拓宽

裕固族语言文化专兼职教师除每年接受由自治县教育局和裕固族教育研究所组织的专业培训外，外出培训的机会少，因此就在很大程度上制约了教师教学理念的更新和教学技能的提升，在课堂教学和传承活动开展方面依然存在凭经验、老套路的现象，其中的很多方法已经不能很好地适应新时期、新背景下裕固族语言文化传承的需要。

5.6 语言文化课程评价方式还需进一步完善

裕固族语言文化校本课程虽然在自治县各个学校进行了多方面尝试，但是依然受到包括家长关注程度不够、学校重视力度不强，教师执行水平不高、学生学习兴趣不浓等因素的制约，传承工作虽似有“形”，但“实”不够。特别是在评价方面，不同学校有不同的评价方式，课程性质也各不相同，有些学校以校本课程对待，有些学校以兴趣小组对待，没有统一标准，在一定程度上影响了裕固族语言文化传承教师的积极性，导致传承效果不佳，制约了传承工作的深入开展。

6.建议

在全国的人口较少民族中，裕固族教育的发展是迅速的，是继朝鲜族、赫哲族之后，第三个整体实现“两基”教育的民族。但是在民族优秀文化传承方面却做得不够多、不够好。作为语言文化传承主渠道之一的学校，责任在肩、义不容辞。本课题的研究，解决了目前传承工作中最棘手的《课程实施方案》《课程标准》的问题，形成了符合县情、族情、校情、学情的《裕固族语言文化校本课程（系列）教学活动设计》，并通过具体实施，会在较大程度上改善裕固族语言文化传承现状，总结出开发、教学、管理、评估的基本经验，将对全国其他人口较少民族语言文化传承提供一定的参考。除此之外，课题组将继续总结和提炼裕固族语言文化传承的有效经验，将裕固族语言文化传承工作做实做强。在前文所述经验和问题的基础上，课题组通过反思，认为还有很多需要改进的地方，并根据研究结论获得的启示，对今后裕固族语言文化传承工作的发展提出了一些建议。

6.1加强政策支持，强化语言生存环境

从自治县多年的传承工作结果来看，裕固族语言文化传承仅仅靠学校的力量是不行的。从语言的社会生存环境来看，近年来通过政府职能部门、文化传承相关单位以及学校的努力，已经有很大的变化，但没有从根本上唤醒社会群体的文化自觉意识，语言文化转成的硬软件的功用没有能够真正辐射到各类社会群体中，而表现较好的学生群体的实践成果也未能更好地走出学校，获得社会各界的支持。

学校的裕固族语言文化传承虽在一定程度上激发了部分裕固族学生群体的文化自觉意识，但多数仅限于学校环境之内。学生在校生活只是其日常生活中的一部分，如果没有社会语言环境的支持，当这些有了民族语言文化自觉意识的裕固族学生回到主流文化的语言环境中时，结果可想而知。据不完全统计，自治县掌握东部裕固语言的人数为4000人左右，西部裕固语的人群为3000人左右，对于人口仅有1.4万余人的裕固族来说，掌握和使用语言的人口达到了50%以上。因此，只有充分激发这些群体的民族文化自觉意识，才是关键。这就需要自治县政府加大县域范围内的语言文化传承工作的宣传力度，积极出台语言文化传承的保护和激励机制，并将其纳入全县整体发展整体规划中，构建“政府—学校—社区—家庭”四位一体的传承推进体系，努力促成政府重视、社区推进、学校主导、家长支持、学生参与的良好局面，从根本上促成社会群体的意识转变，为语言文化传承提供良性生存环境，将会从根本上改变传承现状。

6.2明确课程定位，规范语言文化教育教学机制

裕固族语言文化校本课程是以提高学生综合素质、促进教师专业发展、赢得社区认同支持、推动学校特色发展为总目标的综合性课程，是不以传授知识为主，而以培养具有民族自信、文化自觉、多元发展的开放课

程。目前，各学校对《裕固族语言文化校本课程（系列）》的定位不明确，有的学校将其定位为校本课程，严格按照《裕固族语言文化校本课程实施方案》执行，有的学校将其定位为兴趣课程，只在一定的范围内开展，有的学校更是以活动代替课程，因而传承效果不佳。

"裕固族语言文化校本课程（系列）开发研究"从根本上解决了如何实施的问题、以哪些内容为主的问题、课程如何讲授的问题、教师如何评价等问题。应该说，裕固族语言文化课程在自治县各相关学校全面开展的时机已经成熟。目前，我们只需改变学校重视层面的问题，其突破口就是教育主管部门明确课程开设的总体部署，让各实施学校明确其目标、地位、价值等核心问题，让裕固族语言文化课程与其他课程一样、有计划安排、有课时保障、有评价机制，从而整体上推进传承工作的深入开展。

6.3 夯实师资培训，提升教师综合素养

裕固族语言文化专职教师是学校教育中文化传承的执行者，在传承活动中的能力、态度、行为等都是影响文化传承的重要因素。对于自治县裕固族语言文化的专兼职教师的传承能力参差不齐的情况，还需加强培训力度，拓宽传承渠道，除语言、历史、文化方面的通识培训外，还要做好能够适应新背景下民族文化传承所需要的教学理念、教学技能、活动组织能力方面的培训，允许专兼职教师依照自身强项，积极组织开展多元化的课堂教学和传承活动，不断提升专兼职教师参与语言文化传承工作的信心。同时，派遣不同需求的老师到民族文化传承先进地区和学校，进行阶段性跟班学习，通过实地观察学习、活动组织策划，积极寻求和探索符合本地区语言文化传承的有效模式，从而推动传承工作的高效开展。

6.4 丰富活动载体，提升活动传承实效

裕固族语言文化传承除课堂教学外，还可以通过丰富多彩的活动载体，提升传承活动实效。目前，肃南一中的裕固族口语暨才艺展示活动和民族文化艺术节、肃南二中的裕固族语言文化传承社团、红湾小学的童声合唱团、县幼儿园的语言教学等语言文化传承活动，已成为各学校对外宣传学校办学特色的品牌课程，也是值得肯定的文化传承方法。目前来看，掌握裕固族语言文化的主流群体和资源更多的在民间，可以采取请进来的方式，邀请裕固族语言文化研究的专业人员及社会力量（非物质文化遗产

传承人、精通裕固族语言文化的老人）到校讲课；可以采取走出去的方式，通过选派学生外出参观博物馆、非物质遗产传承中心，参与不同民族地区的文化展示等方式，进一步提升学生的民族文化自觉意识，拓宽家长、社会了解学校传承工作的渠道，促使更多的人参与到学校或是社会范围内的民族文化传承工作中来。

6.5 完善督导机制，建立统一评价标准

科学有效的评价方式是县域内各学校开展民族文化传承活动的有效保障。可以积极思考定制统一的评价模式，政府部门将民族文化传承工作纳入各地方行政考核之中，教育主管部门将开展的语言文化教育和民族文化传承工作情况纳入各学校督导评估之中。实行政府部门监督地方部门、教育部门监督地方学校，形成政府引领、地方配合、教育主管部门推进，各学校积极实践的良性发展模式，形成全县民族文化传承一盘棋的局面。

6.6 落实经费保障，加快推进教育立法

加大学校语言文化教育和传承裕固族语言文化方面的经费保障，解决学校在师资培训、教材开发、活动开展、教师补贴等方面的后顾之忧。进一步加大政府部门对民族语言文化传承工作的重视力度，加快推进民族教育立法，将民族语言文化传承纳入法治轨道，使学校在法律的依托和支持下，积极开展民族语言文化传承活动。

三、主要成果

1. 安维武 . 裕固族聚居区学校传承民族文化实践研究[M]. 甘肃文化出版社 .2018.

2. 安维武 . 裕固族学校语言教学改革刍议[J] 河西学院学报 .2017（4），23-29.

3. 安维武，蔡世宏 . 裕固族语言文化传承，一道待解的难题[J]. 中国民族教育 .2015（5），42-43.

4. 高学平 . 裕固族传统体育资源在学校体育活动中的实践研究[J]. 青海师范大学学报 .2018（1），76-79.

5. 课题组 . 裕固族语言文化校本课程（系列）课程标准[M]. 内部资

料.2018.

四、主要参考文献

[1]滕星.多元文化教育:全球多元文化教育的政策与实践[M].北京:民族出版社,2010.
[2]滕星,巴战龙,欧群慧著.经济文化类型与校本课程建构[M].北京:民族出版社,2012.
[3]哈经雄,滕星.民族教育学通论[M].北京.教育科学出版社,2001.
[4]靳玉乐著.新课程改革的理念与创新[M].北京:人民教育出版社,2003.
[5]王鉴,万明钢著.多元文化教育比较研究[M].北京:民族出版社,2006.
[6]李定任主编.西北少数民族地区校本课程开发研究[M].北京:民族出版社,2006.
[7]吕国光,王嘉毅著.西北少数民族基础教育发展现状与对策研究[M].北京:民族出版社,2006.
[8]钟进文主编.中国裕固族研究集成. 北京:民族出版社,2002.
[9]巴战龙著.学校教育 地方知识 现代性——一项家乡人类学研究[M].北京:民族出版社,2010.
[10]安维武主编.裕固家园[M].兰州:甘肃文化出版社,2008.
[11]安维武等主编.多元文化乡土教材——甘肃省肃南裕固族自治县第二中学校本教材[M].北京:中国和平出版社,2009.
[12]安维武,蔡世宏著.裕固族聚居区学校教育特色研究[M].北京:民族出版社,2014.
[13]安维武,蔡世宏.甘肃省肃南裕固族自治县基础教育一体化均衡发展的经验研究[J].河西学院学报,2012(4):17-22.
[14]安维武,蔡世宏.开发民族文化课程,促进学生全面发展——以甘肃省肃南县民族文化课程为例[J].中国民族教育,2012(6):29-30.
[15]安维武,蔡世宏.学校教育传承裕固族传统文化的实践探索和有效途径研究[J].西北民族大学学报(哲学社会科学版),2012(5):81-87.
[16]安维武.反思裕固族教育研究——以近三年肃南裕固族自治县学校教师论文为例[J].河西学院学报,2013(1):14-19.
[17]杨宝琰,杨雅琴.裕固族研究述评[J].当代教育与文化, 2012(3):24-27.
[18]戴留喜,鲍晓艳.多元文化整合教育理论对民族教育的启示[J].内蒙古农业大学学报(社会科学版),2007(2):193-195.
[19]王鉴.论中华民族多元文化教育[J].青海民族研究(社会科学版),2002(2):52-56.
[20]巴战龙.近五年裕固族教育研究进展述评——以报纸期刊文献为例[J].当代教育与文化,2009(5):5-10.
[21]安维武.反思裕固族教育研究——以近三年肃南裕固族自治县学校教师论文为例[J].河西学院学报,2013(1):14-19.
[22]巴战龙.论裕固族教育研究的性质与定位——基于教育人类学的视角[J].民族教育研

究,2013(2):135.
[23]万明钢,白亮.西方多元文化教育与我国少数民族教育之比较[J].民族研究,2008(6):32-41.

2018年11月，该课题经甘肃省教育科学规划办组织专家评审，鉴定为优秀等级准予结题，通过省级鉴定（证书号：GSGS［2018］J1663）。主要成果是《裕固族语言文化校本课程（系列）课程标准》

下篇：教育管理

牧区初中生流失的成因及对策研究报告

肃南裕固族自治县第二中学副校长屈军为中学一级教师，2002年8月至2003年8月主持完成了自选课题《牧区初中生流失的成因及对策研究》。课题组主要成员有安维武、王延军、屈自森。

一、课题研究规划

1.课题确立及研究意义

近年来，随着党的富民政策和科教兴牧战略的贯彻落实，牧区经济和社会全面发展，牧民生活发生了翻天覆地的变化，一些牧区在经济向宽裕型小康迈进的同时，教育也先实现了“普九”。但是随着经济收入的增长，教育体制的改革，大中专毕业学生就业难等问题的出现，牧民对子女按期完成九年义务教育重视程度有所降低，牧民的心目中没有文化知识同样可以放牧、挣钱的思想滋长，加上牧区学校布局分散、规模小，造成办学资金分散，不能从根本上改善办学条件，出现了教学设施落后于周边农村学校的局面。短时间内没有高标准寄宿制学校，出现了不少家长不愿让学生到学校受苦、学生怕到学校受苦的现象。同时在实施素质教育的过程中，不能切合牧区实际，对学生的全面发展存在偏差，学校教育对学生的吸引力不强。学生厌学、弃学和辍学现象增加，长此以往，不仅会影响“普九”成果的巩固，更为严重的是新文盲的产生必将影响牧区的可持续发展。在加入WTO的背景下，畜牧业将直面世界市场的冲击，如由新文盲执掌畜牧业的羊鞭，将给畜牧业带来生存性的灾难、危机。因此，研究牧区初中生流失的成因，对症下药，早日找出从根本上解决的良策，必将对牧区教育乃至对牧区经济和社会的全面发展都将产生深远的影响。

2.课题主持人及基本情况

屈军，生于1969年5月，1988年7月参加工作，中共党员，最高学历为西北师大政治管理专业本科毕业，先后从事小学教学，初中政治、历史及高中政治教学，教学成绩突出。主持的课题《民族地区初中生流失的成因及对策》获肃南县基础教育科研课题评比一等奖，张掖市二等奖，1991年和2000年被县委、县政府授予“优秀德育工作者”和“优秀教师”称号，2000年获全区教改课三等奖，2000年被确定为校级骨干教师，2002年被认定为市级骨干教师，2003年被评为甘肃省“青年教学能手”和认定为省级骨干教师，现任肃南二中副校长兼教导主任。

安维武，裕固族，生于1970年7月，1991年7月参加工作，中共党员，大专学历，毕业于西北师大汉语言专业，中学一级教师，曾从事初中语文教学，教学成绩优异。1994年被县委、县政府授予“优秀教师”称号，1995年获全县优质课评选一等奖，1998年被评为地级优秀教师，有2篇论文发表于省级刊物，2000年被确定为校级骨干教师，2002年被认定为县级骨干教师，现任肃南二中校长。

3.课题参加人及基本情况

王延军，生于1966年9月，1998年参加工作，大专学历，毕业于张掖师专政史系，中学一级教师，从事初中政治教学。1996年和1998年被县委、县政府授予“优秀教师”称号，有多篇论文在国家、省、市级刊物上发表，2001年被认定为县级骨干教师，现任肃南二中政教主任。

屈自森，生于1971年10月，1991年参加工作，大专学历，毕业于张掖师专政治系，中学二级教师，从事初中政治教学。2001年被评为校级优秀教师，2002年被评为校级优秀德育工作者，2003年被确定为校级骨干教师，有一篇教学论文发表于省级刊物。

4.课题研究的目标

4.1调查研究，分析流失原因

深入学生、班主任、课任教师、牧民群众、乡村干部，认真调查牧区初中生流失的原因，力求通过多角度、多层次、全方位的调查研究，较科学、公正地分析弄清真正的流失原因。

4.2科学论证，提出应对之策

针对牧区初中生流失的成因，课题组全体成员坚持科学论证原则，在认真讨论分析的基础上，提出具有针对性和实效性的应对之策，从理论研究上提出遏制流失的办法。

4.3集思广益，撰写调查报告

集课题组全体成员智慧，由课题主持人执笔，其他人调查，写出一篇题为《牧区初中生流失的成因及对策》的调查报告，力争发表在省级刊物上，希望以此引起有关方面的重视和专家的思考。

4.4制定方案，遏制学生流失

针对分析的成因及对策，在我校制定出《遏制初中生流失的实施方案》，通过试行、尝试和总结，完善遏制初中生流失的具体办法。

5.课题研究的原则

5.1客观性原则

基本要求是必须全面、真实、系统地占有材料；要坚持一切从实际出发的实事求是的态度。

5.2科学性原则

基本要求是树立严谨的工作作风；必须合理地选择研究方法。

5.3发展性原则

基本要求是要用发展的眼光去发现问题，要认识社会形势的变化对教育的影响，关注新形势下教育热点，立足于教育的改革与发展来确立研究课题；要用发展的眼光去分析教育现象，对教育活动中的人、事、物都要一分为二地看待，注重教育活动发展变化的动态研究，着眼于教育的未来目标提出假说；研究的结果要有前瞻性、预见性，要有助于推动教育的改革和发展。

5.4定性研究与定量研究相结合的原则

6.课题研究的方法

6.1搜集数据法

通过对1997年普九以来，尤其是1999年普九复查以来，皇城5乡18村3年来初中生流失数据的搜集，弄清流失的确切数据和流失的去向。

6.2调查法

认真设计表格，对调查对象（学生家长、乡村干部、老师、班主任）进行认真调查，主要调查成因并征集对策。

6.3归纳分析法

对调查结果进行认真的归纳分析，剔除表象的，抓住本质的和深刻的，尽可能较全面、科学地归纳出流失原因和有效的遏制办法。

6.4讨论分析法

在调查、归纳、分析的基础上集课题组全体成员的智慧，通过多次讨论会反复讨论，认真斟酌，使流失的成因及遏制的对策更具科学性。

7.课题研究的时间及步骤

7.1计划时间

课题研究一年（2002年8月至2003年8月）

7.2研究步骤

7.2.1第一阶段

2002年8月，立题，成立课题研究小组，制定课题研究规划。

7.2.2第二阶段

2002年9月，搜集数据，通过分析，掌握牧区初中生流失的真实情况和流向，设计调查表。

7.2.3第三阶段

2002年10-12月，课题研究的关键阶段和攻坚时期，主要从事大量细致的调查、统计、分析、归纳工作，为研究成果提供原始的、客观的、真实的依据。实施调查的过程划分如下：

培训调查人员（1个月）。培训时要选拔有事业心、责任感，有一定教育研究知识和能力的人员参加调查研究工作；要系统、全面地向参加调查人员介绍情况，使他们了解调查的目的、意义和方法、步骤；要创造条件，模拟调查活动的实施，以规范调查人员的言行，把问题解决于实施调查之前；要指导调查人员阅读有关资料，开拓视野，提高理论水平。

开展正式调查（2个月，其中1个月向学生调查，1个月向家长调查，和社会其他各界人士调查)。

调查时要注意：1.调查指导语必须统一、规范，调查人员应严格按调查工具要求表述调查问题，严禁解释性、启发性问话，以避免因指导语不统一而造成调查结果的偏差。2.严格按程序操作，不同的调查工具在使用时，各有其应遵守的程序。要求调查人员在实施调查前应认真学习、掌握，特别要注意把握好调查实施开始阶段的活动，如发放调查表，以便调查活动顺利展开。3.避免无关因素干扰。

总结调查结果。调查总结是运用科学方法鉴别、分析资料、验证假设、提出理论见解和建设性意见并撰写调查报告的过程。应该做到：1.鉴别资料。对调查的文字资料和数据材料进行全面审核，区分真假和精粗，消除部分假、错、缺、冗现象，保证调查资料的真实性、准确性和定性。2.描述推断统计。将繁杂的原始材料整理、汇总成易于理解，能够进行处理的统计图、统计表，进行必要的量化分析、统计检验，根据样本研究推断总体情况。3.撰写调查报告。

7.2.4第四阶段

2003年1-8月，出成果。完成由主持人执笔，课题组其他人润色的课题成果——论文和研究报告。

二、课题研究成果

1.结题论文：民族地区初中生流失的原因及对策

随着九年制义务教育的逐年普及，不少以畜牧业为主的少数民族地区初中生入学率和毕业率均有较大的提高。发展较快的像肃南裕固族自治县，1997年就在甘肃省少数民族县中率先普及了九年义务教育。然而，牧区初中生流失的现象也不容忽视。如任其蔓延，不仅影响党的教育方针的贯彻和“科教兴国”战略的实施，而且社会危害极大，后果不可低估。应引起各级党委和政府的高度重视与全社会的关注。

1.1牧区初中生流失的现状和原因

1.1.1流失的现状

据不完全统计，近几年牧区初中学生流失率在15%左右，有个别地方甚至高达25%左右。例如：笔者熟悉一所牧区学校，承担着5乡18村的初中阶段普九任务。该校2002届初中毕业生初一招生为119人，中途除2人休学留级，6人转学外，最终只有81人毕业,实际流失率为26.22%。另外，该县一中初中部学生经常在600人左右，集中了全县三分之二的初中生。2000届初中毕业生入校时为238人，毕业时有191人，中途因故休学12人，转学6人，有29人流失，流失率为12.2%；2001届初中毕业生入校时为213人，毕业时为179人，中途休学7人，转学2人，有25人流失，流失率为11.7%。但就基础教育的整体水平而言，该县在全省少数民族县中还是较先进的，一些更偏远和发展落后的民族地区初中生流失的现象更加严重。

1.1.2流失的原因

造成牧区初中学生流失的原因是复杂多样的，经过认真调查、分析和研究。我们认为主要有来自家庭、学校、社会和学生自身的以下几个原因：

一是"读书无用论"的观点重新抬头，部分家长和学生受金钱利益的刺激，认为有了钱就有了一切，读书观念淡薄。

近几年，在市场经济的冲击下，部分家长看到一些个体户虽然没有文化知识，却在短期内赚了大钱，成了先富起来的人。于是，产生了不上学无关紧要的思想，让孩子辍学帮自己发家致富，甚至认为早辍学早致富。还有的家长从眼前利益和家庭实际出发，认为让孩子尽早弃学放牧，一方面会减轻家庭经济负担，另一方面能增加劳力，不仅缓解了家庭的劳动压力，而且增加了家庭经济收入，两全齐美。大部分家长成年累月忙于游牧点生产，把孩子放在定居点学习，放松甚至无暇管理、教育子女，极容易使孩子过早地染上抽烟、喝酒、说谎等不良习气，荒废了学习，逐渐产生了逃学、弃学心理，最终沦为双差生而失学。此外，社会的腐败现象和分配不公也对部分家长和学生产生了极大的负面影响。无论分配工作，还是招工、招干，部分用人单位存在拉关系、走"后门"，行贿受贿等不正之风，出现了没才能也能找上好工作、好单位，低能力、低学历也能拿上高工资的不正常现象，使部分学生对学习失去了兴趣，因而辍学、失学。

二是虽然牧区经济有了较大的发展，牧民的整体生活水平有了较大的提高，但仍有一部分牧民家庭生活困难，难以承受学生在校开支。贫困、落后、多子女进一步造成了牧区初中生的流失。

由于党的农村政策和民族政策的贯彻落实，解放后，尤其是改革开放20多年来，牧区经济和牧民生活水平发生了翻天覆地的变化。但由于历史和地理原因，我国以畜牧业为主的少数民族，大多居于西部且边疆、边远地区。因此，与东部发达地区相比，仍有相当大的差距。加上牧区大多地广人稀，计划生育政策倾斜，允许生育两胎、甚至三胎，因上述原因，多子女现象在牧区较为普遍。多子女进一步拉大了与发达地区家庭生活水平的差距，并使义务教育的开支占家庭支出的比重较大。另外，民族地区由于牧民居住分散，基础教育设点多，经费缺口大且分散。为了维护办学，部分学校乱收费的情况也较突出，收费项目繁多，标准高、不规范，最终导致一些困难家庭难以承受来自收费方面的经济压力，只好让孩子退学。受传统理论道德的影响，有的家庭只让男孩子上学，作为重点培养对象，剥夺了女孩子受教育的权利。

三是学校“借素质教育之名，行应试教育之实”。学校和教师为完成上级主管部门下达的硬性指标，采取多种手段减少差生，造成学生流失。

当前，素质教育已成共识，教育部下大力气“减负”，为实施素质教育打开突破口。牧区学校虽程度不同地采取了“减负”措施，但长期以来应试教育造成片面注重学生考试分数，地方教育行政部门以片面追求学生升学率作为衡量学校和老师教学水平的做法，在经济欠发达地区还难以迅速转变。这就造成一些基层行政主管部门和部分学校办学思想不端正，片面追求升学率，喊的是素质教育，行的是应试教育，这无法从根本上彻底扭转初中学生流失的状况。况且，目前衡量一所学校和一名老师的业绩，多是以升学率的高低作为评判标准，并与教师的奖金、考评、评优、晋级晋升直接挂钩，这不利于学校的健康发展和学生的正常成长。现在牧区的不少基层教育行政部门，依然给各学校下达了六科合格率和优良率指标。学校有苦难言，素质教育只能流于形式，“减负”作为口号喊一喊。为完成指标，周六、节假日照常补课，晚自习照上。把所谓的音、体、美、劳动技术等“副课”、自习和课外活动均安排上会考课。学生在校时间超过10小时，学习负担有增无减，不少学生产生厌学情绪。而为应付“普九”验收或复查，学校弄虚作假，用假转学、假留级、假休学来掩盖学生的异动情况。教育行政部门大多睁一只眼、闭一只眼，蒙混过关。

四是“科教兴国”战略落实力度不够，没有拿出真正的优惠政策和条件留住较高素质的人才扎根牧区从事教育，造成教师整体素质偏低。

面对知识经济的挑战，在新世纪来临之际，党中央就适时地提出了“科技兴国”战略。响应党中央的号召，牧区地方政府也出台了“科技兴牧”和“科技兴县”的规划。但总的来讲，重视科技兴牧不够，对发展牧区短期经济的重视远甚于对教育的重视和投入。这就造成一些地方（尤其是偏远山区）办学条件简陋，危房存在，师生工作、生活环境艰苦的现状。既不能满足山大沟深、交通不便的条件下发展寄宿制办学的要求，又不能满足教师起码的生活条件。因此，越是贫困山区越调不去老师。况且拖欠教师工资情况经常发生，政策性增资也往往由于地方财政困难，无力支付，被无限期拖欠，大多最终不了了之。同时，由于分配不公，优惠政策不能落实，大多毕业后自愿到条件艰苦的牧区从教的师范院校毕业生的工资反而比到城市的少拿一、二百元。这对经济欠发达地区的教师来说，可不是个小数目。其他诸如分房，福利与城市中学教师相比是天壤之别。由于以上问题的存在，不仅不能吸收和留住优秀毕业生来牧区从教，而且土生土长的人才也大量外流，仅笔者熟悉的肃南一中，近10年向外调出骨干教师48人，几乎是肃南一中现有教师的总数。这就造成了教师整体素质不高，教学质量不稳。主要表现在：一是教育学生方法不当。某些教师对后进生缺乏正确的引导和教育，使学生没有树立起远大的理想和正确的人生观。有的教师爱优嫌差，对后进生要么放任自流，要么简单粗暴，大大挫伤了后进生的自尊心和学习积极性，更有部分老师为了初三毕业时能完成教学任务，不惜在起始年级千方百计给差生找借口，促使其“休学、转学、留级”，最终“优胜劣汰”。二是一些教师业务水平不高。据调查，一些牧区初中学校教师学历达标率很低，主要由中师生（尤其是数、理、化）挑大梁，例如：肃南大河区学校，仅有语文、政治两科老师学历达标。教师文化知识有限，教学方法陈旧，加上平时缺乏教研氛围，讲课枯燥乏味，使部分基础差的学生上课听不懂，学习难以适应，久而久之，逐渐落伍，失去了学习的兴趣，自动退学。另外，还有部分家长为孩子前途着想，避近就远，把孩子千方百计转入外地条件好的城镇中学读书。这些孩子由于年龄小，缺乏自理和自制能力，加上住校，容易沾染一些不良恶习。有相当一部分有前途的学生反而被耽误，有的甚至早恋、打架斗殴、违反校纪校规被勒令退学，加入了流失生的队伍。

五是社会救助不够，缺乏延续性。为救助失学儿童，以“希望工程”为代表的社会救助活动取得了令人瞩目的成绩，但具体到欠发达地区，尤其是牧区的某些县、某个乡，由于经济落后、财政困难、学校经费短缺，对贫困学生来说，救助金正如杯水车薪。只有少数或极个别学生才能体会到温暖，但也是隔靴搔痒，从根本上解决不了问题。除“希望工程”外，大多数救助活动缺乏延续性和稳定性。如今，经常出现被救助的学校失学率高，被救助的学生失学多的现象。

1.2牧区初中学生流失的流向及危害

1.2.1流失的流向

根据调查、分析及大量的事实，牧区初中学生流失后主要有三个去向：

一是流向农牧村。大部分流失生都是双差生，自己没有使命感，对社会、家庭缺乏责任心。辍学回家后，大多耐不住放牧的寂寞、不安心或干脆不放牧。在定居点游手好闲、酗酒、打架、结伙滋事，有的甚至走了犯罪道路。而能参加牧区劳动的，由于年龄偏小，从事的多是枯燥、繁重的体力劳动，因此很早就对劳动失去了兴趣，大多好逸恶劳，而且由于文化水平低，缺乏科技兴牧意识，思想保守，没有创新精神与能力。

二是流向城市。牧区民族学生大都有能歌善舞的特长，失学后，面对贫困而单调的生活，枯燥而繁重的劳动，寂寞而乏味的环境，不少流失生发挥自己的特长，东去、南下打工，少数也经商、做工。这部分流失生虽有适应社会能力强，接受新思想、新事物快的特点，但他们终因文化素质较低，只能从事些简单劳动或小本生意，前景不容乐观。

三是流向社会。这部分流失生思想最复杂，其中一部分受信教父母的影响或自认为看破红尘而进入寺院当喇嘛，在晨钟暮鼓中消耗青春，几分成熟中透出点点幼稚，吃斋念经中度过宝贵的年华。另一部分则常与社会无业青年成天混在一起，游手好闲、无所事事，经常出没在游戏厅、录像厅、歌舞厅等未成年人不宜出入的地方，耳濡目染，很快沦为社会的小毒瘤，经常欺大压小、偷窃、破坏公共财物、扰乱公共秩序，不少最终走上违法犯罪的道路，成为妨害社会治安和人民生产、生活正常秩序最不稳定的因素。

1.2.2流失的危害

一是对社会的危害。流失后的初中生涌向社会，由于他们文化素质低，缺乏必备的劳动经验和生产知识。一方面为社会提供了部分廉价劳动力，但他们大多劳动效率较低，创造的劳动价值不大，实际上为社会提供了一批低素质的劳动者，不利于社会的发展。另一方面，他（她）们过早离开学校，增加了就业的压力，而且大多沦为社会的不安定因素，不利于社会的稳定和国家的长治久安。另外，大量流失初中生的存在，违背了党的教育方针，不利于全面推进素质教育，不利于实施科教兴国战略和可持续发展战略，而且使《义务教育》等教育法律、法规不能很好地贯彻落实，不利于依法治国进程的推进。

二是对家庭的危害。大量初中流失生，在农牧村的不安心农牧业生产，不愿吃苦，小事不做、大事又做不了，好逸恶劳、贪图享受，不仅不能为家庭尽应尽的义务，减轻繁重的劳动压力，而且只想过饭来张口、衣来伸手的寄生生活，父母苦不堪言。在城市的大多走上了与父母意愿相违背的道路，与父母及家庭关系紧张，甚至破坏和睦的家庭，是父母及家庭沉重的精神负担。

三是对自身的危害。首先，由于年龄尚小就走向社会，缺乏判断是非的能力，不利于形成正确的人生观、价值观和世界观。其次，由于没有接受完规定年限的义务教育，文化素质较低，因而就业机会小，而且缺乏必要的专业基础知识和专业技能，很难适应工作需求，下岗、失业风险大。第三，由于流失生在校时大多为双差生，常受老师、同学歧视，离校后又受到父母、兄弟姐妹及亲朋好友的冷眼相待，心理承受能力低，自卑心强，身心不能健康发展，不利于健全人格形成，容易走上极端道路。

1.3减少和控制牧区初中学生流失的建议与对策

控制牧区初中生流失，必须从西部大开发战略的角度出发，经济的腾飞要人才，人才的培养靠教育，而基础教育的实施对培养有文化的劳动者起着举足轻重的作用。因此，切实落实“科教兴国”的战略决策，把教育提到牧区各级政府的主要工作议程上，在他们的支持下，在社会各界的大力配合下，进行综合治理，就一定会从根本上解决初中学生流失的问题。

1.3.1 加大对教育法律、法规的宣传力度和执法力度

教育行政部门以及宣传、新闻、司法、学校等部门要通过新闻媒介、家长会、法治报告会、手抄报、黑板报、知识竞赛等多种形式，广泛深入地宣传《中华人民共和国义务教育法》《中华人民共和国未成年人保护法》《中华人民共和国教育法》和《预防未成年人犯罪法》等法律、法规，使之家喻户晓、人人皆知，也使学生在学法、知法、守法的前提下，首先明确自己在义务教育中享有的权利和承担的义务，然后懂得如何用法律手段维护自己的权利。除此之外，各级政府在实施教育法律、法规的过程中，要采取强有力的措施，高标准、严要求，要建立一整套让流失学生返校的管理制度，对拒不送其子女上学的监护人，依据有关教育法律、法规，视其情况给予必要的经济制裁和行政处罚。同时，要把控制学生流失作为党政干部政绩考核的一项重要内容，真正使"堵流"工作落到实处。

1.3.2 进一步解放思想，转变观念，各级党委和政府要切实把教育摆在优先发展的地位

当前，经济欠发达地区尤其是边远牧区，各级党委和政府的头等大事是发展经济，并且取得了不小的成绩。但也表现出了相当程度的急功近利，更有一些领导干部急于追求任期内的政绩，重经济增长速度，轻百年大计，没有把教育摆在优先发展的地位。科教兴国战略调子唱得高，落到实处的措施少。世纪之交，国家做出开发大西部的决定，对于西部人尤其是西部边远的牧区少数民族来说，是机遇更是挑战。他们一方面要牢牢把握此次难得的历史机遇，促进牧区的全面发展，缩小与发达地区的差距，另一方面要克服等、靠、要的思想，切实把教育优先发展摆在各级政府的议事日程上，树立全新的教育思想和教育观念，采取有力措施，增加教育投入，改善办学条件，提高教师待遇，吸引和留住优秀人才从教，努力为新世纪牧区建设造就一批具有创新能力和创新精神的人才，这才是牧区全面发展的真正希望所在。

1.3.3 以"减负"为突破口，全面推进素质教育

一要减轻学生过重的课业负担，把学生书包的重量减下来。要严格执行依据减负精神确定的课程计划，严格使用经过审定的教材，要确保活动

课的开设，开全课程、开足课程，但也要科学合理地安排课时，严格控制书面作业和家庭作业，促进学生全面发展。

二要坚决杜绝各种形式的利用假期、双休日补课的活动，杜绝向学生发放各类名目繁多的资料和教辅读本，坚决取缔各类不合理收费，减轻家长和学生的经济负担。

三要端正办学思想，改革办学体制，国家的教育体制要尽快向素质教育转轨，改变千军万马挤高考“独木桥”的现状。每年初中升学考试，各科成绩的评定应实行等级制，各学科成绩都应在总分中占一定的比例，真正使学生全面发展，教育主管部门和学校要建立科学的教育评估体系，全面科学地评价学校、教师和学生。

四是要优化育人环境。各级党委和政府要动员社会各界力量，投资兴建适宜青少年健康发展的活动场所，并下力气整治不宜未成年人出入的以营利为目的的游戏厅、歌舞厅等。学校要开展丰富多彩的课外活动，让学生自主选择适宜自己发展而且感兴趣的活动，引导学生培养健康的兴趣和爱好，使学生在减负后空余的时间有去处，玩得开心，玩得健康。

五要进一步加强教师的继续教育，严格教师资格证、普通话合格证等持证上岗工作，不断提高教师依法从教意识和业务素质，使教师在掌握更多的足能胜任工作的业务知识的同时，改革传统的应试教育模式，探索新的科学而又能使学生感兴趣的教学方法，充分发挥学生的能动性，突出学生的主体地位，提高课堂教学质量，使学生乐在学中、学在乐中。

1.3.4做好后进生转化工作

由于社会不正之风的影响和学校教育力度不够，使部分学生心灵受到污染、思想不求进步、学习不求上进，这就需要进一步做好后进生的转化工作。

一是学校应把后进生转化工作列入学校工作的重要议事日程，分管副校长负责，政教处牵头，以班主任为骨干，全体教师齐抓共管。

二是教师要平等对待学生，尤其要关心和爱护后进生，对后进生进行经常教育，不歧视辱骂、体罚和变相体罚学生。批评后进生应耐心细致，把握尺度，动之以情，晓之以理。要善于发现后进生的闪光点，多一些表扬和激励，少一些批评和打击。对待后进生可以采取倾斜政策，如：提问时在知识点的容易处，优先辅导、作业面批、优先安排座位而不是集中安排在最后一排等。

三是学校要对后进生转化实行档案管理，建立健全后进生转化卡，摸清后进生的表现，定出转化目标、计划和措施。政教处要定期对各班差生转化工作进行检查、总结和评比，把转化后进生工作作为班主任工作考核的重要内容。

四是转化后进生要学校、家庭和社会齐抓共管。要建立学校联系制度，通过家访、家长座谈会等形式，互通信息研究后进生的转化办法。

1.3.5基层教育行政部门要加强对流失生的管理

各级教育行政部门要进一步建立健全初中学籍管理档案，做到学校建卡，县教育部门审验，地州市教育行政部门备案。要制定可行的初级中学学籍管理制度，严格控制学生的随意流动。初中转学、借读和休学都要办理有关审核备案手续，做到“把关严、底子清”。此外，还应成立学生流失监察机构，流失学生登记造册，建立学生流失档案，每学期对学校学生的流失情况进行检查、评比，把学生的流失率作为衡量学校办学效益高低的一项重要内容，对控制学生流失工作做得好的学校和教师进行表彰奖励，对不负责任致使学生流失的学校和教师视其情节，予以必要处罚。

1.3.6全社会都来关心失学儿童，实施教育救助和帮扶的连续性工作

一是继续利用“希望工程”等社会力量关心和救助失学或面临失学的贫困学生。二是各级地方财政要加大对教育的投入，确保教育经费的三个增长。三是教育行政部门和学校要进一步规范收费，取消不合理收费。四要大力开展教育扶贫工作，对贫困学校改善办学条件，资助困难学生维持学业。对家庭确有困难的学生，要给予减免学习费用的照顾，建立助学金制度，帮助其完成规定年限的义务教育。比如肃南一中每年都要拿出7000多元来救助近50多名特困生，使不少特困流失生重返校园，推动了全县“普九”巩固工作的顺利进行。

2.肃南二中控制贫困生流失的实施方案

青少年是祖国未来的建设者，是中国特色社会主义事业的接班人。少数民族地区的教育发展直接关系着社会的稳定和少数民族地区社会经济的发展，关系着民族的团结，关系着我们中华民族复兴的千秋大业。关注青

少年的健康成长，帮助社会弱势群体，让每一个面临辍学的孩子重返校园，安心完成九年义务教育是全社会义不容辞的责任，也是学校实践三个代表思想最直接的体现。我校把办人民满意的教育作为根本出发点，对控制贫困学生流失的工作高度重视，特制定本实施方案。

2.1 组织机构和主要职责

学校成立以校长任组长，教导主任、政教主任、团队干部和班主任为成员的控辍领导小组，全面负责流失学生的调查、救助、教育等具体工作，并要求全校师生员工都有帮助贫困学生的责任和义务。

2.2 工作目标

以党的教育方针为指导，以全心全意为人民服务为宗旨，结合牧区实际，在深入开展调查研究的基础上，通过开展多种形式的救助活动，采取有力的措施和手段，建立长效的救助机制，保证每一位流失学生找回来、留得住、学得好，从而实现近3年内将贫困学生流失率下降为零的奋斗目标。

2.3 工作原则

2.3.1 实事求是调查研究的原则

造成少数民族地区学生流失的原因是多方面的，有来自社会家庭的，也有来自学校的，也有来自学生自身的。为此，学校要深入社会，深入家庭，深入学生，在全面调查研究的基础上，摸清贫困生的底子，找准造成贫困的原因，根据每位困难学生的具体情况，有的放矢地开展救助控辍工作。

2.3.2 社会家庭学校三结合的原则

少数民族地区的学校由于自身条件的限制，学校经费捉襟见肘，入不敷出，对困难学生的救助往往是心有余而力不足，有限的救助金只是杯水车薪，无济于事。控辍的关键在于当地社会经济的发展，农牧民群众家庭收入的增加，在目前情况下，只能通过社会、学校、家庭共同努力，相互配合，形成三位一体救助机制。

2.3.3 教育和疏导相结合的原则

家庭困难的学生，往往在学习上勤奋刻苦成绩较好，有较强的自尊心和上进心。同时，也有一部分学生存在孤独、自卑的心理，平时不愿与他人交往，有些会产生抱怨、仇视父母和社会的不良情绪，甚至个别学生受社会不良风气的影响，走上违法犯罪的道路。学校和教师要研究贫困学生的心理，鼓励和表扬他们身上的闪光点，教育学生正确对待人生道路上遇到的困难和挫折，培养知难而进、顽强拼搏的精神，树立正确的人生观和价值观。加强对他们的心理疏导和思想教育，从而使他们克服不良情绪，战胜困难培养积极健康的情绪。

2.3.4 法治原则

以法治国是我国的基本治国方略，教育作为社会主义精神文明建设的基础工程，对学生和他们的家长经常开展法治教育，使他们懂得受教育既是公民的权利，也是公民的义务，父母有抚养和教育未成年子女的义务。

2.4 具体措施

2.4.1 建立学生流失责任追究制

对于家庭困难的学生，全体教师要在学习、生活、思想等多方面关心帮助，一视同仁，不可另眼相待甚至歧视。如教育方法不当造成贫困学生流失的，要追究相关人员的责任，班主任要经常深入贫困学生的家庭和宿舍了解情况。学校制定流失学生的奖罚制度，并与晋级、评优挂钩，从而形成对困难学生人人关心、事事关心的良好氛围。

2.4.2 多途径建立帮困救助机制

在社会上要广泛动员群众开展“献爱心”捐资助学活动。积极争取“希望工程”“春蕾行动”等社会救助活动的支持，与当地党政部门配合，在机关团体以及国家党政干部中开展“1+1”的结对帮困助学活动。在学校内部充分发挥党团班队组织的优势，学校领导和党员率先与贫困学生结成对子，在生活和学习上关心帮助。另外，加强与城市对口支援学校的结对救助活动，从而多渠道开展救助活动，绝不让一个贫困生流向社会。

2.4.3 规范办学行为，减免困难学生的学杂费

学校要依法治校，对收费要严格按照国家物价部门审核的标准收费，并公开接受社会监督，坚决杜绝乱收费，切实减轻困难学生家庭的负担。对家庭困难学生根据具体情况减免部分或全部学杂费。同时组织学生捐出旧课本，提供给困难学生使用。加强学校后勤食堂的管理，降低饭菜价格，使困难学生能吃起饭，保证最低限度的生活标准。

2.4.4加强宣传、转变观念，引导学生参加社会保险

学校要在全社会深入广泛地开展《义务教育法》《未成年人保护法》《教育法》的宣传活动，使每一个家庭和每一个学生都认识到受教育的重要性，受教育是公民的基本权利和义务，也是现代公民必备的基本素质。在校学生出现意外伤害和疾病是难免的，部分家长对保险的认识不足，认为入不入保无关紧要，也有部分家长确因困难交不起保险费，一些家庭困难的学生一旦生病住院，90%以上面临辍学困境。因此，加入平安医疗保险对困难学生来说，是防患未然的长远之计。

3.肃南二中控制学困生流失的实施方案

3.1造成学困生流失的原因

3.1.1学生对教育重要性认识不足

少数民族地区传统的生产方式所占比重大，科技和文化在生产中的运用少，人力在生产中的作用显得比较突出，这使部分学生对知识的重要性认识不足，尤其现在社会就业形势比较严峻，部分群众也丧失供子女上学的信心，从而影响学困生学习的主动性和积极性，也使个别学生目的不明确、态度不端正、不思进取、得过且过。

3.1.2教育本身存在问题

民族地区的学校由于受环境的影响，信息闭塞、学校设施薄弱、教学手段落后，教师依然采用“一根粉笔、一本书、一张嘴”的教学方式，多媒体、互联网、计算机等现代教学手段在教学中运用很少。个别教师安于现状、观念陈旧、习惯于传统的教学模式，满堂灌、注入式教学方法，缺乏创新意识、课堂失去活力，效率低下，学生厌学。教师教育方法不当，体罚和变相体罚的现象依然存在，学校失去了对学生的吸引力。部分学习差的学生又重新回到家庭，从事农牧业生产。

3.2控制学困生流失的组织、目标、原则及对策

3.2.1成立控辍领导小组

学校成立以校长任组长，教导主任、政教主任、团队干部和班主任为成员的控辍领导小组，全面负责学困流失生的调查、帮助、教育等具体工作，并要求全校师生都有帮助学困生的责任和义务。

3.2.2工作目标及原则

以党的教育方针为指导，以全心全意为人民服务为宗旨，在深入开展调查研究的基础上，结合牧区学生实际，通过开展多种形式的帮学活动，保证把每一位学困生找回来、留得住、学得好，从而实现近3年内将学困学生流失率下降为零的奋斗目标。在具体工作中要坚持因材施教的原则、循循善诱的原则、平等关爱的原则。

3.2.3具体措施

一是加强宣传教育，使学生充分认识学习科学文化的重要性，端正学习态度。民族教育相对滞后，影响了少数民族整体素质的提高，导致民族地区的贫困落后，因此发展民族教育不仅对提高少数民族的文化素质，推动民族地区经济建设，改善民族地区人们的物质文化生活有着重要的作用，而且对增强中华民族的整体素质实现社会主义现代化的宏伟目标，最终达到各民族的平等发展和共同繁荣，都有极为重要而特殊的战略意义。学校通过多种途径广泛地宣传和教育，使学生和家长从脱贫致富以及个人的终身发展，从时代发展的要求来认识学习和掌握科学文化的重要性。班主任和课任教师要帮助学习困难学生制定阶段性奋斗目标，包括要克服的缺点、培养的特长、发扬的优点，定期督促，使学生坚持弥补自身不足，扬长避短、以长补短，增强能力。

二是树立正确的教育理念，端正办学思想，改革教学方法，树立大质量、大人才观。(1) 当今时代是人力资本和劳动力要素较量的时代，事实证明教育上不去，人才跟不上，经济就永远落后。正视我国的现实国情，现代化建设既需要高明的“指挥家”，更需要大批的“演奏者”的客观现实需求，努力营造不求人人升学，但求个个成才的环境和氛围，让牧区中学真正成为明理的学堂、求知的圣殿、健体的乐园、成长的沃土，使学困生学有所长、学有所乐，这样学校生活方可对他们产生吸引力。(2) 民族地区学困生的基础较差，教师要根据学困生的基础分层次施教，在各种教育活动中，向学困生提出分难易程度、有层次的任务和要求，实行分层活动、分层教学、分层测试，让每个学生经过努力都能获得成功的体验，从成功的喜悦中增强自信，避免屡遭失败的否面效应。(3) 面向全体，机会均等。学困生最忌教师中重优轻差的做法，教师所有的教学活动要面向全体学生，给每个学生参与的权利，对能力差的学生要多关照。让每个学生都有表现自我、锻炼自我的机会，从而增强他们学习的信心。(4) 在班内成立学习组互帮小组。相互帮助，共同提高。

三是整合课程资源，加强教学的针对性和实效性，实施有民族特色的素质教育。资料显示科技进步对农业增长的贡献率，国内为30%-40%，发达国家为60%-80%。调查表明，目前我国多数农村地区50%以上的初中生仍不能升入高中阶段学习，在少数民族地区远远高于这个比例，如肃南二中，2000 年为70%、2002 年为68%、2003 年为62%，这部分学生除少数出去打工盲目闯天下，多数回乡务农放牧，因此，扎根于农牧区中学的素质教育应立足于这一实情，自觉以“治穷先治愚，治愚先治教”为己任，努力克服办学行为和办学效益中急功近利的倾向，努力摆脱素质教育的城市化模式，切切实实为农村学生全面持续终身发展灵活施教。(1) 为基础扎实、学有余力的学生升入高一级学校打下坚实的知识基础，抓实“普九”内容。(2) 为每一个学生学会生存，学会发展，学会致富，学会离开农村的真正本领提供技术技能基础、条件和土壤。(3) 为多数学生爱农、爱牧灵活施教。学校要利用学生来自千家万户和根植于广大农牧区的特点，利用寒暑假，结合农业的时令特征，打破劳技课与实践活动课的时空界限，发挥身居牧区的优势，引导学生观察暖棚养羊和普通圈养，以及季节大棚蔬菜与普通蔬菜的不同。高山细毛羊与未改良绵羊的不同，从而感受高科技的效力和威力。激发学生学科技、用科技的欲望。

四是抢抓新课改机遇，改革现有评价机制。基础教育是科教兴国的奠基工程，学校要建立科学全面的符合农村中学实际的评价机制，适当淡化中考、高考，引导农村中学走出片面追求升学率的怪圈，鼓励农村中学办出其各自的特色和活力。农牧区中学应在保证国家核心课程及内容的基础上，(1) 要正面引导，积极评价学生。善于发现学生的长处、闪光点和点滴进步，及时用语言、表情、体态、动作和荣誉奖励，给予肯定和表扬，以激发学生的荣誉感，强化成功感。评价时，多提优点，多提建议，少提缺点。教师给每个学生记“成功卡”。将学生经过努力而获得的成功、内容和日期，及时用简明的语言记载下来。定期公布学生成长记录，每半学期给家长看一次，鼓励学生争取再成功，提升自信心的水平。班主任要经常取得家长的配合，向家长宣讲实施方案，介绍培养自信心的方法，定期沟通信息了解交流学生的表现情况，听取家长的建议。(2) 要根据新课程的精神，以注重学生的创新能力和实践能力的培养为目标，精简学科门类整合课程内容，开发具有地域特性综合课程和校本课程，注重教学组织形成的多样化和教学方法的灵活性，学校要在平时的学科教学中渗透服务“三农”的内容，如数学中的生产统计、土地测量，物理学中的电工维修常识，地理中的环保治污，化学中的土壤成分分析、化肥农药、病虫害防治，生物学中的优良草畜的培育，英语中的导游知识，艺术教育中的音乐、舞蹈，政治中的农村经济。使学有所得，学有所用。(3) 要积极完成“三加一”，初三后分流的职业技术教育，对分流班的学生降低文化课的要求，加大实用致富技术教学力度和动手操作技术技能的训练。

2003年9月，该课题荣获肃南裕固族自治县第一届教育教学科研优秀成果一等奖。同年12月，该课题荣获张掖市第五届基础教育教学科研优秀成果二等奖。

少数民族地区寄宿制学校安全管理的思考与实践研究报告

肃南裕固族自治县第二中学校长安维武为中学一级教师，2004年6月至2005年7月主持完成了自选课题《少数民族地区寄宿制学校安全管理的思考与实践研究》。课题组主要成员有王延军、蔡世宏、佘会义、凯忠军、孙德鹏、韩进学、宋培明、毛彦荣。

一、课题规划

1.问题的提出

1.1 重要性

1.1.1 充分体现“以人为本”的治国理念

我国是一个多民族的国家，少数民族虽然占全国人口的8%，但居住面积占我国总面积的64%，少数民族学生近1000多万，因此，少数民族教育事业的发展不仅对提高少数民族的文化素质，推动民族地区经济建设和社会发展，改善民族地区人们的物质文化生活有着重要的作用，并且对增强中华民族的整体素质，实现社会主义现代化的宏伟目标，最终达到各民族的平等、发展、共同繁荣都有极为重要而特殊的战略意义。

人最珍贵的是生命，“安全重于泰山”。教育事业是整个社会经济的重要组成部分，教育人口占全国人口的1/4强，在全国各类安全事故中，学校安全事故占有一定的比重，形势仍有相当严峻的一面。近年来，因校方直接或间接责任，造成十数人、数十人伤亡的交通、火灾、爆炸、踩死踩伤等重特大事故仍时有发生；食物中毒、服用药物引起的不良反应、不法分子冲击校园扰乱学校秩序、伤害师生的案件都有增长的趋势。这些事故、事件的发生，打乱了中小学校正常的教育教学秩序，使中小学生身心健康受到伤害，对死伤学生家庭造成了不可挽回的损失。同时，也给社会增加了不安定因素，遭成了比较严重的社会影响。为此，作为学校确保学生生命安全就是以人为本，尊重人、关心人。抓好学校安全工作，就是对国家、对社会、对人民负责，也是教育战线为实现好、维护好、发展好人民群众根本利益而义不容辞的重大责任，是办好人民满意教育的前提和基础。

1.1.2 培养学生良好的生活习惯：教育就是培养习惯

教育即生活，良好的习惯对孩子一生的发展至关重要，是人一生取之不竭的资本，既影响自己也影响他人。学校只有坚持德育常规，培养学生良好的行为习惯，才能引领学生健康成长。面对新世纪，对学校管理提出的更高要求，我们有方方面面，大大小小的问题要研究、要认识。学校德育的研究要有前瞻性和创新意识，既要立足学校和当地目前的现实，又要着眼于未来，从学生学会生存、学会发展的角度长远考虑学校工作中需要解决的问题。为了全面贯彻党的教育方针政策，为学生的终身发展负责，教会他们学会做人、学会求知、学会健体、学会审美、学会劳动、学会创造、学会生存，为青少年健康快乐的成长营造一个安全的环境。学校安全管理工作就急需进一步加强和改进，并作为一件头等重要的大事常抓不懈。因此，我校确立了《少数民族地区寄宿制学校安全管理的思考与实践研究》这一校本课程研究课题，目的是使学生在掌握一些必要的安全知识的基础上，使学生现在和未来的生活更加健康和完美。

1.1.3 开发课程资源，拓展办学自主权，体现办学特色

我国在世纪之交进行了一场新一轮课程改革，必将使基础教育从教育思想到教学内容、教学方法都坚持与时俱进，反映鲜明的时代特征。通过学习课程，培养学生具有良好的思想品质，具有创新精神和实践能力，具有健康的身体和心理素质，是全面推进素质教育的关键环节。我校为了贯彻《基础教育课程改革纲要（试行）》中指出的“体现办学特色，提高学

校的办学自主权，国家实行三级课程管理，地方和学校要积极开发课程资源”的精神，我校校本课程开发课题组拟编写《学生安全教育手册》，作为我校教学的课程资源之一。我们编写本教材的目的在于“大力开发课程资源”，充分发挥学校教育教学的能动性和创造性，增强课程的适应性，让我们的学生学习和掌握一些必要的安全知识和防护技能。

1.2.必要性

1.2.1青少年健康成长的需要

对于青少年来说，面对复杂多变的社会环境，以及他们有限的社会阅历和生活经验，常常会受到自然灾害、意外事故和社会不良行为的侵害。我国在保护青少年合法权益方面，虽然规定了家庭、学校、社会、司法等方面的保护措施，但由于环境和条件所限，这些保护有时会出现不及时、不到位的现象，使青少年受到不同程度的伤害。因此，提高青少年的自我保护意识，教给他们自我保护的方法和技巧，可以使他们更冷静地面对伤害，保护自己，为自己创造一个安全的学习和生活的空间。学习和掌握自我保护知识，有助于迈好人生的第一步。人生的路很漫长，青少年时期是打基础的阶段，学会自我保护是生存和发展的基本功。

1.2.2民族地区特殊地理环境的需要

我国是一个自然灾害多发国，洪水、地震、山洪、泥石流、暴风雪、台风等自然灾害的频繁发生，给人民的生命财产带来了极大的危害。我国广大的少数民族群众大多生活、居住在高原山区地带，环境恶劣，自然条件比较差。如我校地处祁连山脉腹部，海拔2400多米，年平均温度为0.2度，冬季长达240天以上，冬季最低气温达-27.6度，无霜期短、无夏季，草木枯黄早，属于高寒地区，气候寒冷、取暖期长，当地的人们多用煤炉、火坑取暖，而秸秆、木材、动物粪便也就成了常用的取暖材料。在野外放牧时有些牧民也会拢火取暖，人们生活的周围有大片的森林和草场以及丰富的野生动植物资源，潜伏着许多不安全因素。寒冷的气候，在冬季容易发生暴风雪，人们在外出时如不注意保暖容易被冻伤。如我校在1992年11月，有两位初三学生步行回家，天气异常寒冷，中途下起大雪，大地白茫茫的一片，导致他们迷失方向，等学校和老师找到时手脚已被冻伤。在夏季会出现暴雨、山洪、雷电等自然灾害。如本地在2004年8月暴发了百年不遇的特大山洪，暴雨集中在皇城镇周围，山洪冲毁了学生宿舍、煤棚、库房、校园围墙等，给学校财产造成了几百万元的损失。幸而是在假期，否则后果不堪设想。肃南地域辽阔，面积2万平方千米，东西长近600千米，每平方千米平均仅为1.5人。山大沟深，农牧民群众居住分散，交通不便，主要从事农牧业生产。生产的季节性强和转场放牧，给学生放学回家带来了诸多不便，学生回家主要是步行、骑马，以及家长用摩托车接送，路途中也存在许多安全隐患。因此，从当地的居住环境出发，学校开展安全教育，培养学生的自我防范能力是很有必要的。

1.2.3民族地区寄宿制学校管理的需要

我国的少数民族大多分布在边疆，地域辽阔、人口稀少，居住比较分散，交通闭塞，经济文化相对落后。加之农牧业生产的特点，民族地区的中小学校大多是寄宿制。如当地学生到肃南县城上学，路途300多千米，极为不便。我校住校生占58%，校外借宿生占12%。寄宿制成为学校管理工作最大的实际问题，也是学校管理工作的重点和难点。有些学生家长在开校时把孩子送到学校，放假时接回去，其他时间到学校看望孩子的次数较少，学生的绝大部分时间在学校度过，吃、喝、拉、撒都要学校负责。学生住在集体宿舍内，无论是上灶就餐，还是冬季用煤炉取暖，节假日管理及回家，学生生病就医等方方面面的问题都无不需要学校和老师操心。民族地区基层学校往往食宿条件简陋，如我校女生宿舍是1959年修建的土木结构的房子，墙体裂缝、墙根腐蚀，存在严重的安全隐患，学生食堂储藏和操作间不分，冷热食物混放，学生没有就餐的餐厅。学校围墙大多没有维修，2004年的山洪更使校园破烂不堪，直接影响学生宿舍的安全，给学校的安全保卫工作带来了很大的困难。学校安全管理工作还存在着责任不清、工作不到位的一些管理漏洞。另外，有的学生校外借宿，有的租房住宿，有些有大人照顾，有些无人照顾，学生自己洗衣做饭。尤其对部分校外借宿学生，家长疏于管理，这就为一些品行不良的少年聚众抽烟、喝酒、形成犯罪团伙提供了场所。如：2003年发生的肃南高中学生盗窃、抢劫犯罪团伙，其窝点就是校外租房，从而降低学校教育的效果，成为管理的盲点和难点。因此，如何有效地对学生实施全方位的管理，把校园安全事故降低到最低点，迫切需要学校开展安全工作研究。

1.2.4 民族地区人们的生产和生活方式的影响

我国的少数民族地区大多处在农牧区，主要从事农牧业生产。在人们的日常生产和生活中都存在一些不安全的因素。如我校所在的皇城镇，牧业生产以畜养牛羊为主，家里还饲养鸡、猪等其它家畜。另外，因生产的需要和人们的生活习惯，几乎家家户户都养有家犬，而口蹄疫、狂犬病、鼠疫等传染病的传染源大多是动物。人们在日常生活中经常与动物接触，传染某些传染病的可能性就较大，可以说牧区是一些动物传染性疾病的高发区。在人们的日常生活中还有一些陋习，如饭前饭后不洗手，吃一些死因不明的牛羊肉，特别是一些人猎食野生动物，如旱獭、野鸡等，而旱獭是鼠疫传染病的主要传染源之一，是国家防疫部门重点监测的野生动物；还有一些人喜欢食野生植物，如野果和野蘑菇等。另外，学生往往有爱吃零食的习惯，但缺乏一些必要的食品安全常识，在当地有些小杂货店往往会出售一些过期、变质、质量没有保证的小食品，学生大多喜欢购买。在学生宿舍内，大多数学生没有养成经常洗头、洗脚的良好卫生习惯，这都容易使乙肝、流感等传染性疾病在学生当中传播；有些学生经常从家里带来一些熟食，长时间放置食用，有些变馊、发霉，容易引起食物中毒；学生的早餐很简单，有些学生没有吃早餐的习惯，影响学生的身体健康和正常的发育。以上许多不良的生活习惯和卫生习惯中都潜伏着不安全的因素。

1.2.5 民族地区人们的安全意识淡漠，安全知识贫乏

生活在少数民族地区的广大农牧民群众，由于受当地自然条件和经济条件所限。文化素质不高，外出机会少、阅历少、经验少。通过分析，我们认为学生家长对安全教育的重要性认识不足，对安全教育范畴不明确，安全意识较差。在学校工作社会问卷调查中，认为安全工作占第一位的只有 44%；有 66% 的家长认为了解的安全知识较少；社会人士中有 68% 的人对社会安全知道很少；认为了解很多的人占 32%；有 7% 的家长对安全常识持无所谓的态度；有 13% 的家长对孩子的安全并不操心；家长的安全常识 45% 来自学校，27% 来自社会。由于家长安全常识的缺乏，对自己的子女无法进行全面的安全教育，还有很大一部分家长对孩子的安全管理较少。有 62% 的家长认为学生的安全意识不强，有 64% 的社会人士认为孩子

们的安全意识不强，甚至有4%的人认为孩子们没有这种意识。有285名家长和80%的社会人士认为本地区主要存在的安全隐患在交通方面。据调查，本地70%的家庭拥有摩托车，10%的家庭拥有旧车辆，90%的驾驶员没有驾驶员执照，许多学生都会骑摩托车。在学生回家的方式方面，多数学生步行回家，遇到天气寒冷有被冻伤或被狗咬伤的可能。有些学生有时搭乘当地拉煤的便车或坐摩托车回家，容易发生交通安全事故。通过测试，我们发现有些学生由于生活环境所限，他们对一些起码的安全知识掌握得不全面。对预防传染病的方法、手段以及过期食品、食物中毒等方面的预防知识模糊不清，也引不起高度重视。这就说明了学生在预防传染病和食物中毒方面的安全防范存在认识上的不足，而且防范能力差。在宿舍安全方面，大部分学生都能认识到宿舍管理制度的重要性，但对一些紧急防救措施，却是茫无头绪，含糊不清。在用电方面，安全用电知识较为欠缺，对生活用电安全事故发生后应采取的紧急预防措施盲目不清，有个别学生甚至连最简单的断电措施都想不到。从第一次学生安全知识水平测试结果显示，及格率仅为19%，说明他们还没有完全形成安全防范的意识，不能正确采取有效的安全措施，缺乏保护自己和他人的能力。因此，学校开展安全课题的研究，加强安全工作是非常必要的。

2.课题研究的指导思想及任务

2.1 指导思想

坚持“三个代表”重要思想，“面向现代化、面向未来、面向世界”。全面贯彻党的教育方针，认真实施《中华人民共和国教育法》《中华人民共和国义务教育法》《中华人民共和国未成年人保护法》《中华人民共和国安全生产法》及教育部《学生伤害事故处理办法》的有关法律法规的规定。

2.2 主要任务

宣传贯彻国家有关安全工作的法律法规和方针政策；对师生员工进行系统的安全知识教育，增强其安全防护意识，使其掌握必要的安全知识和培养自救自护的能力；建立健全安全管理制度，落实安全防范责任制，切实降低事故发生率；及时处理学校中发生的各类安全事故，从而实现“平安学校”的目标。

3.课题研究的目标

探索建立适合牧区寄宿制学校安全工作的有效途径和方法，创建“平安学校”。

4.课题研究的原则

4.1研究和工作相结合的原则

本课题研究的目标是探索牧区寄宿制学校安全工作的有效途径，增强自我保护意识，创建平安校园。因此，研究必须与学校的教育、教学管理等工作相结合，面向学生、面向生活、面向社会，解决学校安全工作中的实际问题。

4.2理论与实践相结合的原则

科学研究是不同层次的知识创新，校本教研要在理论与实践的结合上下功夫，为做好工作而科研，从工作中发现课题，通过工作实践推进研究，建立在本校教育的实际基础上，在接受已有成果的基础上，在广泛学习相关知识、掌握相关方法的基础上，以本校安全工作中存在的问题与矛盾为研究对象，把课题在广度和深度上不断推进和呈现。并将研究成果及时用于指导实践，不搞单纯的理论研究。因此，一方面要高度重视全校教职工对安全法律、法规的学习，提高研究人员的政策法规水平，增强研究的科学性，同时加强培训掌握一些基本的研究方法；另一方面在应用上下功夫，边研究、边实践、边总结，及时将研究成果推广应用，在实践中不断完善。

4.3普及与提高相结合的原则

面对新世纪对学校管理提出的更高要求，我们有方方面面、大大小小的问题要研究、要认识。课题要在学校的统一领导下，以班主任为主要研究力量的基础上，力求全校干部、教师、职工都参与学习、研究，并总结具有实际意义的知识、经验。为此，应在全校师生中进行普及安全知识的宣传，加强领导、健全组织、明确职责，建立“谁主办，谁负责”“谁主管，谁负责”的安全工作机制。

本课题参与研究的主体是教师，但学生是安全教育活动的主体，在研究过程中的每一个阶段都必须要有一个主导活动，要充分调动学生参与活动的主动性和积极性，使全校师生安全防范意识和能力有明显的增强，并将这一教育的效果辐射到全社会，从而形成合力，群防群治，形成全员参与安全教育和防范的浓厚社会氛围，将一切安全隐患消灭在萌芽状态，确保学校安全万无一失。

4.4 全面性与科学性相结合的原则

通过安全知识的普及与安全意识的提高，编印《学生安全教育手册》。内容主要面向学生，在编排过程中既要充分体现其科学性、全面性、人文关怀性。科学准确地表述国家的法律法规和相关术语以及科学的救助方法。同时又要尽量从本校本地的实际出发，在突出重点的同时兼顾其内容的全面性，把涉及学生安全的方方面面尽量考虑进来理解、掌握和应用。在编写中要尽量与生活的实际结合起来，语言通俗易懂，叙述清楚，举例恰当，使学生容易接受，便于掌握。同时要考虑到学生的认知水平和心理接受能力，不能从心理上造成压力和负担。

4.5 现实与未来相结合的原则

学校教育要为学生的终身发展服务，社会在不断发展，人们的联系和交往日益广泛和频繁。地处牧区的学生不可能都终身在大山里生活，他们中有的会成为新型牧区建设者，有的会走向城市，有的甚至会走出国门。为此，学校安全教育的研究要有前瞻性和创新意识，既要立足我校和当地目前的现实，又要着眼于未来，从学会生存、学会发展的角度长远考虑安全工作中需要解决的问题。使学生在掌握一些必要的安全知识的基础上，思考如何发展自己，使自己生活得更加健康和完美。

5. 课题研究的形式和方法

本课题采用分组研究和整体研究相结合，滚动式研究的方式，使课题研究的范围不断扩大，最终实现预定的研究目标。

5.1 资料研究法

采取多种方式，认真查阅，广泛收集安全教育的相关资料。

5.2 理论研究法

以国家安全教育方面的法律法规为理论基础，阐述学校安全教育思想。

5.3 调查法

通过多种方式，在各个研究阶段对本校学生、家庭及社会有关部门和人士的调查，了解本校、本地的安全现状，提出相应的对策。

5.4 实践法、观察法、行动研究、个案分析

在课题研究中以学生为主体，在开展各类安全教育活动中观察、分析学生的行为，并从一些典型案例中总结经验教训。

5.5 经验总结

在研究过程中对行之有效的做法及时加以总结，建章立制。

6.研究的对象、进度、分组及任务

6.1 研究对象

本课题以全校学生为主要研究对象，以学生家庭、社会相关人士及部门为调查对象。

6.2 研究进度

本课题分3个阶段，4个研究小组同时进行。

第一阶段：2004.6—2004.9，规划安排、前期准备并初步实施阶段。

第二阶段：2004.10—2005.7，研究实施阶段。

第三阶段：2005.8—2005.10，实施总结阶段。

6.3 分组及任务

第一组：

负责人：王延军

成　员：蔡世宏

任　务：制定计划、设计量表、分3个阶段开展调查并分析总结。

第二组：

负责人：安维武

成　员：韩进学、毛彦荣

任　务：制定计划、分3个阶段进行安全知识竞赛、安全演练的组织及分析。

第三组：

负责人：宋培明

成　员：余会义

任　务：结合第一组、第二组调查，知识竞赛、演练有计划地开展多种形式的安全知识宣传教育。并根据实际情况编印《学生安全教育手册》，

制定和健全学校安全规章制度。

第四组：

负责人：王延军

成　员：孙德鹏

任　务：完成结题报告，汇编《学生安全教育手册》，审定学校安全教育制度，总结安全教育经验。

7.课题研究成果形式

7.1 课题研究报告

7.2《学生安全教育手册》

7.3《学校安全管理制度汇编》

7.4《安全教育教学教案》

7.5《安全教育专题学习网站》

二、课题实施

1.理论学习

为了提高课题研究人员的理论素养和政策法规水平，为课题研究奠定坚实的理论基础，在全校师生当中学习和宣传有关法律法规和理论知识，增强依法治校的能力和水平。在研究阶段，通过集中学习、专题培训、广泛宣传、专题讲座和相关研究人员自学的方式，主要学习了《中华人民共和国森林法》《中华人民共和国未成年人保护法》《中华人民共和国未成年人预防犯罪法》《中华人民共和国交通法通则》《中华人民共和国传染病防治法》《中华人民共和国劳动法》《中华人民共和国食品卫生法》《中华人民共和国草原法》《中华人民共和国义务教育法》《中华人民共和国教师法》《防火安全法律法规》选编、《 中华人民共和国陆生野生动物保护实施条例》《中华人民共和国治安管理处罚条例 》《中华人民共和国民法》《学校食堂与学生集体用餐卫生管理规定》、教育部《学生伤害事故处理办法》《学校卫生工作条例》《学校体育工作条例》《体育与健康》《体育保健学》《中小学伤亡事故、事件典型安全选析》等有关法律法规和相关知识。通过多种形式的学习，有效地提高了教职工、学生的安全知识和安全意识，尤其为研究人员打下了坚实的理论基础，提高了他们的科研能力和水平。

通过理论的学习，结合工作实际，在课题研究过程中我们重点讨论和确定了安全工作研究的理论原则，并制定了安全管理制度和编印了《肃南二中学生安全手册》。

2.实践探索

2.1在3个阶段内开展了3次社会安全调查，对学生进行了3次安全知识测试

2.2在3个阶段内对学生进行了3次安全演练活动

2.3在3个阶段内分别开展了绘画、安全征文活动

2.4通过黑板报、国旗下讲话、值周小结、主题班会、法制教育课开展了30次安全宣传教育

2.5广泛开展社会宣传，向社会和家长散发宣传单近600份，召开家长会3次

2.6安全教育进课堂，编写安全教案24课时

3.结论分析

本课题在学校以往安全工作的基础上，通过课题组成员历时一年的努力，研究工作取得了丰硕成果，形成了约10000多字的结题报告，15个子报告，以及《肃南二中学生安全手册》《学校安全管理制度汇编》《肃南二中安全教育教案选编》《肃南二中安全教育专题网站》等研究成果。现将我们在研究过程中取得的一些有益的做法和不成熟的经验总结如下。

3.1健全机构、领导到位，以制度建设为突破口，建立安全工作长效机制

3.1.1建立坚强有力的领导组织

江泽民总书记指出："隐患险于明火，防范胜于救火，责任重于泰山。"学校安全事故的发生，多因组织管理不善而致。学校领导要牢固树立"安全重于泰山，责任重于防范"的思想，把安全工作摆在学校工作的重要位置，常抓不懈。根据学校实际和周围环境及校园安全状况，学校建立以校长为第一责任人，政教主任、总务主任、保卫干事为主线，班主任为纽带的安全工作领导小组，进一步明确职责，形成安全、政教处、保干事、班主任、值周领导、教师的安全工作线，以及学校与家庭、社会三位

一体的工作机制。每学期对学生的思想动态进行定期分析，定期联系家长，定期检查和维护学校活动场所和设施安全，及时处理紧急事件的发生，加强对青少年的安全教育、法治教育和自我保护技能的训练，增强学生的安全意识，及时消除隐患，切实提高安全保卫工作的预警能力和管理水平。提高安全保卫人员、班主任及相关人员的警惕性，增强服务意识，以高度负责的精神和饱满的工作热情创造性地开展工作。

3.1.2建立全方位的职责明确的规章制度

加强师生的防范意识固然重要，制度保证更为关键。学校虽然有一些安全管理工作的制度，但随着形势的发展变化，已不能适应工作需要，因此，从学校的实际需要和未来发展的角度出发，因地制宜，制定和不断完善有关责任明确、责任到人的安全保卫制度，更是迫在眉睫。

学校安全无小事，安全管理人人有责，事事不能有丝毫的松劲马虎。学校制定了《安全工作应急预案》，做到有备无患、临阵不乱、组织有序，把一些突发的安全事故和自然灾害的损失降到最低程度。针对学校安全管理方面存在的一些漏洞，学校开展了全方位的安全排查，做到情况明、底子清、心中有数，并制定了《肃南二中安全整治工作方案》对存在的一些问题及时进行整改，把一切安全隐患消灭在萌芽状态。

针对责任不明，职责不清的情况，学校进一步健全和完善了安全责任制。如《学生安全管理责任制》《保卫干事岗位职责》《宿舍管理员岗位职责》《炊事员岗位职责》《值周领导教师职责》《化学实验员职责 》《班主任的工作常规》《卫生检查细则》《值周细则》《班主任月考核细则》《先进学生评选条例》《校外借宿生检查制度》《宿舍管理条例》《学生请假制度》《食堂定点采购责任制》等安全管理制度。当地政府、教育主管部门与学校签订安全工作责任书，学校又同各处室、班主任、保卫干事、炊事员签订安全工作目标责任书，与社会一些食品销售商签订了食堂食品定点采购责任书、食品定点采购协议书。安全制度的进一步健全和完善，使安全管理做到人人有责任，层层抓落实，从而形成全社会关心学校安全，齐抓共管的良好局面。

3.1.3常抓不懈，落实到位

安全事故的发生有其偶然性，又有其必然性。因此，学校安全教育工作是一项长期而又艰巨的任务，必须紧绷安全教育这根弦，常抓不懈、狠抓落实。从课任教师到班主任，从年级组到保卫干事，从一般工作人员到学校领导，都要把学校安全教育作为自身工作的一项重要任务来抓，发现不安全因素动态或苗头，及时予以解决和反馈，把问题消灭在萌芽状态，充分发挥安全保卫机构的职能作用，严格落实领导责任制和责任追究制，把各项制度真正落到实处。如在“非典”期间实行班主任晨检报告制和定时消毒制；在预防地震期间实行学校领导、教师值班制，值班老师和学生同睡在宿舍内；再如，对校外借宿生由班主任每周定期检查3次，政教处签字，对住校生双休日回家由保卫干事负责落实登记。同时，加强对学生思想道德教育、使学生牢固树立以校为家，安全第一的思想，增强青少年自我教育，自我保护意识，确保学校财产和师生生命安全，共同营造一个健康、稳定、安全、优美的校园育人环境。实行安全事故责任追究制。对于工作不主动、责任不落实而造成重大安全事故者，要严肃追究负责领导和有关人员的责任，并与考核、评优、奖罚挂钩，实行一票否决制。进一步提高安全保卫人员、班主任及相关人员的警惕性，增强服务意识，以高度负责的精神和饱满的工作热情，创造性开展工作。

3.2以活动为载体，预防为主、宣传到位

学校要根据每学期不同季节和每天不同时间有可能发生的安全事故及时做出预测和估计，并对教学设施、学校安全状况和周边环境定期进行详细调查，制定出切实可行的安全宣传计划和预防措施，进行多层面预防宣传。

3.2.1多渠道宣传

多种形式进行安全教育宣传，在研究工作期间组织学生参加了县文联、县教育局、交通局以及张掖市文联分别组织的中小学生交通安全作文竞赛活动，并取得了良好的成绩。在校内组织了安全主题演讲、绘画大赛。同时通过上网、办板报、观看安全教育光盘开展教育，结合宣传的重点开展了预防地震、煤气中毒、体育活动意外事故的处理等安全演练活动，从而使广大师生牢固树立安全第一的思想。

3.2.2典型事例宣传

应用恰当的典型事例，开展不同层面的安全教育预防宣传工作，增强学生的安全意识、法制意识和防护意识，形成浓厚的校园安全教育和自我安全防护的氛围。如结合2003年春的“非典”期间典型事例进行了卫生健康知识和保护野生动物，不滥捕、滥食野生动物的教育；结合本地区2003年冬在民乐、山丹等地发生的地震进行了地震知识宣传教育；结合震惊全国的1994克拉玛依火灾事故进行了防火知识防范教育；结合身边发生的一些冻伤、迷路、被狗咬伤、食物中毒的典型事例开展教育；结合2004年在皇城镇发生的百年不遇的特大洪水冲了学生宿舍、煤房、库房、校园围墙等学校财产的事例进行了教育。

3.2.3阶段性重点宣传

作为牧区寄宿制学校，把安全教育的重点阶段放在冬春两季，这两个季节草场枯黄，室内生火，防止玩火、失火和煤气中毒事故的发生尤为重要。冬春交际之际正是各传染性疾病的高发时期，要在师生当中广泛开展“讲究卫生，预防疾病”的爱国卫生运动。如在2005年春结合我省某些地区出现荨麻疹、流脑等疫病的情况，通过网上下载相关资料，开展宣传教育。在秋季容易发生食物中毒，学校就把食品安全教育作为阶段性教育工作的重点。另外，开校初和放假前也是安全工作中不可忽视的重要阶段。

3.2.4社会宣传

青少年是家庭和社会的希望，他们的健康成长需要全社会的关注和支持。为此，学校要与家庭、社会有关部门和人员紧密配合大力开展多种形式的宣传教育。如张贴宣传标语、散发宣传单和材料； 通过班主任家访、每学期的家长会渗透安全知识的教育；邀请当地的林业、草原、卫生防疫和司法部门的工作人员进行专题宣传教育等。

3.2.5网络宣传

在保证国家课程和地方课程的前提下，坚持“学校以教师为本，教师以学生为本，学生以发展为本”的人本化理念，坚持“来自本地，面向本地，服务本地”的办学宗旨，结合本地教育与社会发展实际，以反映家乡特色及校园文化，满足教师教学、学生学习和社会发展的需要，体现学校办学特色为出发点，积极建设和运用少数民族牧区安全教育专题学网站开展安全教育。

3.3以课程开发为契机，使安全教育深入持久开展

为了贯彻《基础教育课程改革纲要（试行）》中指出的“体现办学特

色，提高学校的办学自主权，国家实行三级课程管理，地方和学校要积极开发课程资源”的精神，体现学校管理“以人为本”，学生“以发展为本”的办学新理念。学校把《肃南二中学生安全教育手册》作为少数民族地区校本课程开发的实践思考进行深入研究。课题组成员集思广益，在掌握政策法规，广泛收集资料，认真总结多年来工作经验的基础上编写了这本《手册》。在编写过程中坚持理论与实践相结合的原则，通俗性、全面性与科学性相结合的原则，现实与未来相结合的原则，体现科学性、实用性、地域性、民族性、时代性等特点。这一教材的编写为学校安全宣传和管理工作走上科学化、规范化的轨道提供了依据，也为学生学习掌握安全知识提供了资料翔实的教育读本。

有付出就会有回报，通过课题组成员的辛苦工作和全校师生的共同努力，课题现已结题。经过一年多时间的研究、学习、教育，学校师生的安全防范意识得到了显著增强，自我防护的能力有了明显的提高，学校多年来无安全事故发生，为实现“平安校园”提供了强有力的保障。与此同时课题研究工作的开展必将推动我校教育科研的不断发展，从而实现科研兴校、发展为本的办学新理念。

2005年10月，该课题荣获肃南裕固族自治县教育教学科研优秀成果一等奖。

西北地区预防和应对地震等重大自然灾害校本课程构建研究报告

肃南裕固族自治县第一中学校长安维武为中学高级教师，2009年6月-2012年12月主持完成了甘肃省教育科学“十一五”2009年度规划课题《西北地区预防和应对地震等重大自然灾害校本课程构建》(立项号GSGB[2009] G0449)。课题组主要成员有樊旭平、王肃云、贾镇南、徐开刚、沙金慧。

一、课题研究背景及意义

1.课题研究背景

校本课程开发是20世纪70年代盛行于英、美等发达国家的一种与国家课程开发相对应的课程开发。我国当前已开始新一轮课程改革，将校本课程与国家课程、地方课程并列，作为课程三大板块之一。为适应新的课程改革需要，各地校本课程开发研究如火如荼，发达地区已取得了不少成功经验。有关西北地区预防和应对地震等重大自然灾害校本课程构建，是充分考虑时下，我们有必要把地震等重大自然灾害的检测、预报、应急和救灾的知识准确贯穿在中小学教育教学的常规体系中，而后再通过学生辐射到家庭，扩散到社会，最后达到全民学习、了解和掌握地震等重大自然灾害的知识，提高防灾减灾的意识和能力。通过西北地区预防和应对地震等重大自然灾害校本课程构建研究，编写一本有关预防和应对地震等重大自然灾害校本教材；探索预防和应对地震等重大自然灾害有关知识进课堂，加强学科渗透，充分挖掘、利用课程内容，对学生实施防灾减灾教育，组织青少年开展实践活动。

2.课题研究的意义

2.1本课题的理论意义

应对地震等重大自然灾害，提高防灾减灾意识和能力是未来公民的必备素质，教育尤其是学校教育在灾害的预防或减轻工作中发挥着极其重要的作用，而课程化的设置能保证让每个学生接受到防灾减灾教育。防灾减灾教育的普及也只有区域性整体推进，才能形成防灾减灾教育的良好氛围。我们的研究的主要目的也是基于学生灾害知识储备少、防灾意识薄弱、防灾减灾实践技能低的现状，通过校本课程构建的研究，持续增加学生灾害知识储备，提高学生防灾意识和防灾减灾实践技能。

2.2本课题的实践意义

从14–15世纪以来的数百年间，全球至少有40多座城市毁于地震瞬间。目前，全球由于地震灾害每年造成平均1万到1.5万人死亡和达百亿美元的经济损失。5.12四川汶川8级大地震，经济损失暂且不提，“死亡突破8万人的惨痛阴影至今还在人们的心中无法抹去;1976年7月28日7.8级的唐山大地震，无情地袭击了这个时有106万人的城市及相邻郊区的居民，24万人当时罹难。

近年来频频发生的洪涝、泥石流、沙尘暴、寒潮等自然灾害造成的危害更是历历在目，不仅造成巨大的经济损失，更是生灵涂炭。灾难面前我们不仅要反思人类的不当行为正在遭受着大自然惩罚，更多的应该注重我们对自然灾害的反思和防灾减灾教育。如何进行抗灾救灾，这必将成为我们现在和今后研究的重大课题，最终的目的是把灾难的损失降低到最小的范围内，以最大限度地确保自然灾害对人畜伤亡和财产损失降低到最低，这是一项功在千秋、惠及万代的善举。

二、课题研究的指导思想和理论依据

1.课题研究的指导思想

新一轮基础教育课程改革增强了课程对学校、学生的适应性，这不只是一个单一的课程管理体制的变化，也是学校职责和功能的一次变迁。在此背景下，学校拥有一定的课程决策权和选择权，享有开发课程的权利，承担开发课程的义务。为此，在保证课程的基础性和统一性的前提下，开发校本课程，既是新课程改革赋予学校的使命，也是学校形成办学特色，促进可持续发展的需要。校本课程的开发使课程具有广泛的适应性、参与性和开放性，是促进学生的个性化发展的有效途径。校本课程的研究与开发为学生提供多样化可供选择的课程，它在一定范围内补充国家课程开发的不足；有利于形成学校办学特色，满足“个性化”的学校发展需求；有利于教师专业水平的提高，尤其是科研能力的提高；有利于学生主体性的发展，真正满足学生生存与发展的需要。

结合新一轮基础教育课程改革精神和第二届“综合防灾减灾与可持续发展论坛”期间就加强综合防灾减灾战略等方面研究的要求，我们组织开展西北地区预防和应对地震等重大自然灾害校本课程构建研究，探索预防和应对地震等重大自然灾害有关知识进课堂，充分挖掘、利用校本课程内容，对学生实施防灾减灾教育，以此来提高学生乃至全社会的防灾减灾意识。

2.课题研究的理论依据

2.1 防灾减灾综合战略研究的理论

第二届“综合防灾减灾与可持续发展论坛”期间，与会有关负责人在此间表示，防灾减灾事业事关人民群众的生命财产安全，必须从全局谋划。从当前来讲，应重点加强综合防灾减灾战略等方面研究。

当前的防灾减灾应重点加强以下四方面研究：一是加强综合防灾减灾战略研究。重点研究防灾减灾管理机制和法治、应急指挥体系、城乡各级防灾减灾能力建设等问题。二是加强重特大自然灾害综合风险防范研究。深入研究国家重特大自然灾害综合风险管理、灾害风险转移、灾害综合风险评估、防灾减灾工程建设等问题。三是加强科技应用推广研究。开展自然灾害形成机理和演化规律研究，加强关键技术在防灾减灾领域的应用研究，建立和完善国家综合防灾减灾空间信息基础设施。四是加强防灾减灾文化建设研究。加强研究对政府和公众防灾减灾意识培养，灾害社会动员与社会参与机制等问题。

2.2 学校防灾减灾宣传教育和应急演练相结合的理论

四川汶川8级大地震，造成了巨大的人员伤亡和财产损失。其中，中小学校的人员伤亡和房屋倒塌十分严重，引起全社会的极大关注，牵动着中央和省领导的心。胡锦涛总书记明确指出“将灾害预防等科学知识纳入国民教育”，要求各地各校要切实加强防灾减灾宣传教育和应急演练。

大家知道，自然灾害的发生是人类无法抗拒的，但是人们可以通过有效的措施把自然灾害造成的损失降到最低限度。因此，在师生中广泛开展防灾减灾宣传教育和应急演练，不断提高师生应对突发自然灾害的能力，减少各种自然灾害造成的伤亡和损失，具有重要意义。

防灾减灾演练是一项专业性很强的工作，学校要在科学制定演练预案的基础上，组织学校分管安全的领导和老师进行业务培训。培训要立足实际，体现效果，可邀请当地地震、消防、防汛等部门的专家上课，也可召开现场会组织参训人员观摩现场演练，还可请这方面工作做的好的单位进行经验介绍。演练对象上，要区分不同层次，根据不同年龄段学生接受能力的异同，采取不同的宣传教育方法。幼儿园主要抓好教职员工的防灾减灾宣传教育，并适当组织幼儿进行疏散演练。小学生主要以避险逃生常识为宣传教育内容，开展避险逃生演练。初中生可增加部分自然灾害中自救常识的学习，并适时开展应急演练。高中以上学生要全方位开展自然灾害常识的宣传教育和应急演练活动。

2.3 新课程改革对校本课程开发要求的理论

《基础教育改革纲要》中指出：要“全面贯彻党的教育方针，全面推进素质教育”。要“改变课程管理过于集中的状况、实行国家、地方、学校三级课程管理，增强课程对地方、学校和学生的适应性。”“学校在执行国家课程和地方课程的同时，应视当地社会、经济发展的具体情况，结合本校的传统和优势、学生的兴趣和需要，开发或选用适合本校的课程。”

教育部提倡大力推进基础教育课程改革，调整和改革基础教育的课程体系结构、内容，构建了符合素质教育要求的教育课程体系。而学校一级的课程管理就是由学校根据上级教育行政部门的规定，结合本校的实际情况，自行决定校本课程。作为课改实施学校，理应积极参与课改，使学校的课改工作迅速适应教育发展的需要。因此，在新一轮课程改革之际，开发和研究“预防和应对地震等重大自然灾害”校本课程也是顺应当前教育改革的需要。

三、课题研究的内容、目标和原则

1.课题研究的内容

1.1 了解现状

深入县域各中小学，认真了解地震等重大自然灾害的检测、预报、应急和救灾的知识普及程度，力求通过多角度，多层次，全方位的调查研究，较科学、公正的分析弄清中小学对学生实施防灾减灾教育的现状。

1.2 可行性分析

课题组全体成员坚持科学论证原则，在认真讨论分析的基础上，提出具有针对性和实效性的防灾减灾教育之策，从理论研究上提出西北地区预防和应对地震等重大自然灾害校本课程构建的可行性意见、办法。

1.3 编写教材

集课题组全体成员智慧，由课题主持人主持编写校本课程《西北地区预防和应对地震等重大自然灾害校本教材》，并在我校组织开展进课堂实践活动，以此引起了有关方面的重视和专家的思考。

2.课题研究的目标

我国是地震、洪涝、泥石流、沙尘暴、干旱、寒潮等自然灾害频发的地区之一，灾害种类多、分布地域广、发生频率高、造成损失重。在全球气候变化和我国经济社会快速发展的背景下，近年来，我国自然灾害损失不断增加，重大自然灾害乃至巨灾时有发生，我国面临的自然灾害形势严峻复杂，灾害风险进一步加剧。

在这种背景下，积极开展学生的防灾减灾教育，既体现了国家对防灾减灾工作的高度重视，也是落实科学发展观，推进经济社会平稳发展，构建和谐社会的重要举措，更是对新一轮课程改革的深入推进。通过防灾减灾教育活动，有利于进一步唤起社会各界对防灾减灾工作的高度关注，增强师生乃至全社会防灾减灾意识，普及防灾减灾知识和避灾自救技能，最大限度地减轻自然灾害的损失。

3.课题研究的原则

3.1客观性原则

基本要求是必须全面、真实、系统地占有材料；要坚持一切从实际出发的实事求是的态度。

3.2科学性原则

基本要求是树立严谨、的工作作风；必须合理地选择研究方法。

3.3发展性原则

基本要求是要用发展的眼光去发现问题，基于新课改背景下校本课程的开发，着眼于身边的自然科学知识的学习，推动教育的改革和发展。

3.4定性研究与定量研究相结合的原则

四、课题研究的过程、方法和主要特色与创新

1.课题研究的过程

1.1计划时间

2009年6月—2012年12月

1.2研究步骤

1.2.1第一阶段

2009年6—12月，立题，成立课题研究小组，制定课题研究规划。

1.2.2第二阶段

2010年1—6月，调研、分析和搜集资料。

1.2.3第三阶段

2010年7月—2011年8月，编写校本课程——《西北地区预防和应对地震等重大自然灾害校本教材》

1.2.4第四阶段

2011年9月—2012年6月，是课题研究的关键阶段和攻坚时期，主要从事校本课程——《西北地区预防和应对地震等重大自然灾害校本教材》进课堂等实践活动。

1.2.5第五阶段

2012年7月—2012年12月，出成果。完成由主持人执笔，课题组其他人润色的课题成果——《西北地区预防和应对地震等重大自然灾害校本课程构建》课题研究工作报告。

2.课题研究的方法

2.1搜集资料法

认真了解地震等重大自然灾害的检测、预报、应急和救灾的知识普及程度。

2.2调查法

力求通过多角度，多层次，全方位的调查研究，较科学、公正的分析弄清中小学对学生实施防灾减灾教育的现状。

2.3归纳分析法

对调查结果进行认真的归纳分析，剔除表象的，抓住本质的和深刻的，尽可能较全面、科学的提出西部地区预防和应对地震等重大自然灾害校本课程构建的可行性意见和建议。

2.4讨论分析法

在调查、归纳、分析的基础上集课题组全体成员的智慧，通过多次讨论会反复讨论，认真斟酌，使西北地区预防和应对地震等重大自然灾害校本课程构建的可行性意见和建议更具科学性。

3.主要特色与创新

通过《西北地区预防和应对地震等重大自然灾害校本课程构建》课题的研究，课题组编写校本课程——《西北地区预防和应对地震等重大自然灾害校本教材》，该校本教材既是一本防灾减灾知识普及读本，也是一本学生防灾减灾应急逃生演练的指导手册，更是学生自救互救措施、策略的宣传册。

五、课题研究的可行性分析和管理

1.课题主持和参加人基本情况

1.1课题主持人基本情况

安维武，裕固族，1970年7月生，现任肃南裕固族自治县第一中学校长，中学高级教师，裕固族文化研究室特聘研究员，中国教育学会会员，主要从事中学语文教学、学校管理和裕固族学校教育研究。是张掖市“优秀专业技术人才”“十佳校长”，甘肃省教科所“教育科学研究专家”，2009年获全国“优秀教师”称号。先后在《中国民族教育》《西北民族大学学报》《甘肃教育》等刊物上发表论文20多篇，主编出版了2部校本教材《裕固家园》(甘肃文化出版社，2008年）和《多元文化乡土教材》(中国和平出版社，2009年)，其中《裕固家园》，荣获甘肃省第十一届社会科学优秀成果三等奖，主编出版《肃南裕固族自治县第一中学校志》(甘肃教育出版社，2012年)。先后主持完成8项省级以上教育科研项目，其中省部级三等奖1项、地厅级一等奖2项、县处级一、二等奖4项，3项通过省级鉴定。主持完成的全国教育技术“十一五”规划课题《裕固族乡土知识专题学习网站建设与应用研究》，通过国家级鉴定，并被评为优秀研究课题。正在主持研究的全国教育科学“十二五”规划教育部重点课题《人口较少民族的教育特色研究——以裕固族为例》，已取得阶段性成果。

1.2课题参加人及基本情况

樊旭平，男，汉族，1980年4月出生，中共党员。现任肃南一中团委书记，中学一级教师，县级骨干教师，兼职县级地理学科教研员，主要担任高中地理课教学工作。曾先后5次在市、县优质课评选中荣获一、二等奖，参与课题研究5项，有一篇论文在省级刊物发表。

王肃云，男，汉族，1976年11月出生，中共党员。现任肃南一中教导处副主任，中学一级教师，市级骨干教师，校级名师，兼职县级化学学科教研员，主要担任高中化学课教学工作。曾先后3次在省、市优质课评选中荣获一、二等奖，参与课题研究4项，有多篇论文在省、市级刊物发表。

贾镇南，男，裕固族，1974年3月出生，中共党员。现任肃南一中政教处副主任，中学高级教师，县级骨干教师，校级名师，兼职县级物理学科教研员，主要担任高中物理课教学工作。曾先后4次在国家、省、市优质课评选中荣获一、二等奖，参与课题研究3项，有多篇论文在省、市级刊物发表。

徐开刚，男，汉族，1985年9月出生。中学二级教师，主要担任高中地理课教学工作。

沙金慧，女，藏族，1984年10月出生，中共党员。中学二级教师，主要担任高中地理课教学工作。

2.课题研究条件

2.1课题负责人科研能力强，有主持多项省级以上科研项目的经验。组织了较强的课题研究队伍，并及时对课题组青年教师进行培训。

2.2学校领导及市、县教研室领导的高度重视，大力支持与悉心指导。

2.3学校解决的课题经费虽然有限，课题组教师教学工作繁忙，但也给予经费和时间上的支持，保障了课题研究的顺利开展。

3.课题研究管理

3.1建立完善的组织是有效开展活动的基本保证

为了确保课题研究工作扎实、有效地开展，课题组制定《管理办法》。

3.2全面深入的调研是有效开展活动的基础工作

深入县域各中小学，认真了解地震等重大自然灾害的检测、预报、应急和救灾的知识普及程度，力求通过多角度，多层次，全方位的调查研究，较科学、公正的分析弄清中小学对学生实施防灾减灾教育的现状。

3.3编写教材是有效防灾减灾的必要措施

课题组全体成员坚持科学论证原则，在认真讨论分析的基础上，提出具有针对性和实效性的防灾减灾教育之策，从理论研究上提出西北地区预防和应对地震等重大自然灾害校本课程构建的可行性意见、办法。集课题组全体成员智慧，由课题主持人主持编写校本课程《西北地区预防和应对地震等重大自然灾害校本教材》。

3.4课堂教学是提高防灾减灾意识的主渠道

学校教导处积极安排校本课程——《西北地区预防和应对地震等重大

自然灾害校本教材》进课堂等实践活动。

3.5 应急演练是提高防灾减灾能力的有效途径

学校政教处积极组织学生，进行防灾减灾应急演练实践

活动。

六、成果的社会影响

1.提供防灾减灾教育的基本范式

弄清了中小学对学生实施防灾减灾教育的现状，提出具有针对性和实效性的防灾减灾教育之策，为同类学校提供防灾减灾教育的可行性意见和建议

2.普及防灾减灾知识辐射到全民

通过校本课程——《西北地区预防和应对地震等重大自然灾害校本教材》进课堂实践活动，对学生实施了教育，组织青少年较好的开展了防灾减灾实践活动。通过防灾减灾知识在学生中的普及，促进全民学习、了解和掌握地震等重大自然灾害的知识，提高防灾减灾的意识和技能。

七、课题研究成果

1.课题成果表述的基本要求

1.1 严谨的科学态度

1.2 严肃的求实精神

1.3 严密的逻辑思维

1.4 严格的语言规范

2.成果表述的步骤

2.1 提炼主题

主题是报告的宗旨和灵魂，是作者说明事物、阐明道理所表现出来的基本思想和观点。精心地提炼主题，是写好报告和论文的关键。为此须做到三点：一要一致。要努力使报告的主题与研究之初所确定的主题基本一致。二是集中。主题过散、过大，容易使注意力分散，思考不够周密，致

使观点不成熟，材料不充分。三要深刻。要能揭示事物的本质和规律。

2.2选择材料

选择材料总的原则是：去伪存真，去粗取精，由此及彼，由表及里，用最有说服力的材料来论证主题和表现主题。材料的选择，还要注意详略得当，主次分明。

2.3编拟提纲

编拟提纲的过程，实际上是清理思路的过程，即作者对事物的认识秩序、对报告的框架设计。清理思路一要明确中心思想，二要构思论证方法，三要考虑结构形式。

2.4撰写初稿

一要突出主题。要围绕主题来选择和组织材料。主题好比一根红线，把五彩缤纷的珍珠串缀起来。二要分清层次。报告要求结构严谨，层次分明，逻辑性强。要前后呼应，首尾一贯，形成一个严谨的、完整的逻辑结构。三要明确要求。要做到观点鲜明，有独到见解，材料充分，数据可靠，材料与观点高度统一；要有极富特色的论据和合乎逻辑的论证，精当贴切的叙述和分析；要突出说理性、逻辑性、针对性，充分体现教育科学研究的新成果。四要锤炼语言。要以准确简练、明了清晰、文理通顺为原则，使之更具有可读性。

2.5修改定稿

报告写出来以后，要反复推敲，不断修改，复核实校对。修改时，要对报告的内容进行核实、补充、删改，还要对报告的结构进行适当的条调整。此外，在文字上也必须进一步推敲。

3.成果形式

3.1《西北地区预防和应对地震等重大自然灾害校本课程构建》研究报告

3.2《西北地区预防和应对地震等重大自然灾害校本课程》教材

八、研究中存在的问题、几点思考和今后研究设想

1.问题

1.1科研水平低

我校青年教师占比例较高，师资力量有限，大部分青年教师科研能力不高，对课题研究的顺利开展影响较大。

1.2科研经费少

学校对课题研究经费虽然给予了一定的解决，但由于经费有限，加之上级部门不能拨付专项的课题研究经费，使课题研究经费不足，严重影响了课题研究的开展，尤其是野外调查困难较大。

3.防灾意识差

县域各中小学对地震等重大自然灾害防灾减灾知识的普及程度不同，对防灾减灾应急逃生演练重视程度不一样，导致课题研究的野外调查阶段和资料搜集阶段工作难度大。

2.思考

2.1提高认识、统一思想

课题研究中要组织有较强科研意识的课题研究队伍，并及时对课题组成员进行培训，提高认识、统一思想。

2.2建章立制、规范管理

为了使课题研究工作沿着健康的方向发展，课题组要根据实际情况，及时调整了工作思路，大胆确定工作重点，强化教科研工作，建章立制，规范创新，加强了课题研究的全过程管理。

2.3争取支持、保障研究

课题研究要融入到学校科研工作中，争取学校和上级科研部门的支持与指导，特别是在课题经费上要积极争取学校和上级科研部门的支持，保障课题研究的顺利开展。

3.设想

近年来,我国自然灾害频发,加强相关的防灾减灾工作显得十分必要和迫切。在防灾减灾的研究和实践中,应适当改变传统的“重宣传教育轻应急演练”的倾向,必须同时重视对应急演练的关注，作为学校，人员比较集中，更加要注重防灾减灾宣传教育和应急演练的并举。面对复杂的自然环境和频发的自然灾害，建议学校采取以下措施加以应对。

一是加强减灾救灾知识的宣传。学校要借助西北地区预防和应对地震等重大自然灾害校本教材的实践教学，强化学生防灾减灾教育，通过“小手拉大手"，辐射全社会，提高全民的防灾减灾意识和技能。二是加强减灾救灾能力的提升。通过开展"应急演练"实践活动，使广大师生掌握基本的避灾、自救、互救技能，达到减灾目的。

本课题的主要成果是校本课程《西北地区预防和应对地震等重大自然灾害校本教材》

西部民族地区普通高中校本化管理机制改革研究报告

肃南裕固族自治县第一中学校长安维武为中学高级教师，2008年6月至2009年6月主持完成了甘肃省教育科学“十一五”2008年度规划课题《西部民族地区普通高中校本化管理体制改革研究》（立项号GS［2008］G1015）。课题组主要成员有王肃云、广承武、张宗林、郎爱军、王德成、朵建设、单品德、贾镇南、陈宗武、李华。

一、问题的提出

党的十一届三中全会以后，教育为适应我国“四个现代化”需要，加快了发展的步伐，形成了教育改革的一个又一个浪潮。1985年5月，中共中央、国务院召开了改革开放以来的第一次全国教育工作会议，随后发布了《中共中央国务院关于教育体制改革的决定》。1993年中共中央国务院颁布了《中国教育改革和发展纲要》。由此，我国教育步入了以建立社会主义市场经济体制为核心的深化改革、加快发展的历史时期。1994年，中共中央国务院召开了改革开放以来的第二次全国教育工作会议，提出了把教育摆在优先发展的战略地位。1998年，国务院批转了教育部《面向21世纪教育振兴计划》，勾画出了跨世纪教育发展的蓝图。1999年，中共中央国务院又召开了改革开放以来的第三次全国教育工作会议，发布了《中共中央国务院关于深化教育改革全面推进素质教育的决定》。2001年启动的新一轮基础教育改革，对学校内部提出了以下改革要求：人才要求、课程改革、教学改革、评价体系改革等。至此，基础教育改革在全国如火如荼地全面展开，教育领域在管理方面总结出了许多成功做法和先进经验，如：山东高密、吉林延边、宁夏灵武等。

党的十七大提出教育是民族振兴的基石，教育公平是社会公平的重要基础。同时，把“优先发展教育，建设人力资源强国”置于改善民生的首要任务。肃南一中是肃南县唯一一所全日制普通高中学校，由于特殊的地理位置和艰苦的自然条件，再加上受信息、理念、生源等因素的制约，多年来，肃南一中骨干教师紧缺、生源不足、软件落后、高考录取层次不高，社会各界和广大人民群众对学校的满意率较低。2007年下半年，县委调整了学校的领导班子，新领导班子面临的形势异常严峻，如何破解“上高中难”“上好高中难”的问题是当前高中教育发展的一大难题。县委、县政府领导及时把握住了肃南教育发展的形势，适时提出了加快教育管理机制改革、实施“科教兴县” 的发展战略，并把学校管理机制改革试点工作的历史重任交给了肃南一中。学校发展的唯一出路是向改革要质量，以质量求生存。改革是现代学校管理的需要，是时代赋予我们的神圣使命，也是历史发展的必然，更是学校迅速全面成长和发展的一个良好的机遇和严峻的挑战。新形势、新特点、新情况让我们作出了改革的选择，开始了一段艰难而又充满生机的历程。为此，我们确立了《西部民族地区普通高中校本化管理机制改革研究》这一课题。

二、课题研究的概念界定、理论假设与研究目标

1.概念界定

1.1 校本化

本课题所提的校本化是一个广义的概念，指学校的管理机制改革要按照自身的实际和特点，创新独具特色的管理办法，既指对其他学校先进管理理念、管理经验的借鉴学习和消化吸收，也指学校根据自己的办学实际和发展方向，创新管理理念和管理方法，构建适合自身特色的管理机制。

1.2 学校管理机制

学校管理机制是学校在发展和管理过程中形成的一整套相互配合、相互协作的学校管理运行办法。本课题中“学校管理机制改革”，不是简单地要求教师在某些时候按照学校的要求或学校的规定，对自己的教学行为作出价值判断，因为这种要求并没有从根本上改变学校利益分配的格局，体现个人工作的绩效，只是对传统学校管理机制进行形式上的点缀，学校管理仍然处于被动的地位。

1.3 内部管理改革

内部管理改革是指改变不适应学校发展和时代要求的观念和方法，革除学校管理和教学行为中存在的陈规陋习，形成一种较为科学合理的管理运行机制。本次改革，首先是一种意识和理念上的转变，要真正从改革学校的管理体系、考核评价体系、分配体系等方面入手，真正调动广大教职工的工作积极性，变“要我干好”为“我要干好”。

1.4 校本化研究

本课题中的校本化研究，主要指面对当前学校教育教学和学科管理现状，如何改革和完善学校管理制度，调动广大教职工的工作积极性和主动性，确立新的学校管理方式和发展模式，促进学校教育教学质量的提升，提高人民群众的满意度，树立学校的良好形象。本课题研究的重点，是“进一步深化学校管理机制改革，确立适应时代要求和学校发展的管理机制”，这种改革是伴随学校的教育教学管理活动展开的。

2. 理论假设

从教育发展的角度来看，弱校变为名校的事例可以说是层出不穷，如江苏的扬思中学、东庐中学、，上海市静安区教育学院附属学校，山东的杜郎口中学等等。上述学校都曾经是当地出了名的薄弱学校，有的还面临着被撤并或停办的危机，但这些学校都奇迹般地成了全国的名校，而这些学校奇迹的诞生都是依赖于一个共同前提，即大胆地进行教育改革和创新。

从我们学校自身的发展情况来看，我们不难发现我们所取得的每一项成绩和进步也都来自于改革和创新。虽然我们面临着许多难以想象的问题和困难，但为了学校的生存和发展，我们坚定不移地进行改革实验，依靠全体师生的共同努力，为学校的生存和发展闯出了一条新的路子。

当前，制约我们进一步发展的关键问题是课堂教学效率低下，就我们目前的师资水平和学生的基础而言，如果我们仍然循着这条老路走下去，我们的教育教学水平将永远无法得到根本性的提升，只能在现有的水平上停滞不前。因此，我们目前的当务之急是借鉴外地学校的成功办学经验，大胆地进行教育教学改革和创新，努力提高教师教与学生学的效率，其中教师积极主动地改革教法将成为提高课堂教学效率的关键。我们希望通过改革，来调动广大教职工的工作积极性。不改革就无法生存，不创新就无法前进，改革和创新是我们学校生存和发展的唯一出路。我们期待着成功，我们也希望更多的教师投入到教育教学改革的大潮中来，在教育教学改革实践的基础上总结出适合我校实际的发展之路。

我们要通过对学校内部管理机制的研究，激发学校内部活力，建立高效运行机制，提高办学效益和教育质量。在加强宏观管理的同时，相应地改革教职工考核和校内收入分配制度；改革与素质教育和课程改革不相适应的教育思想、教学内容、教育方法，使广大教职工的工作积极性得到最大限度的激发，使学校的活力得到充分发挥，逐步建立比较完善的管理体系，从而打破平均主义，激发内部活力，优化教师队伍，促进科学化管理，推进教学改革，提高办学效益，激发积极性、主动性、创造性，进而提高学校整体办学水平。

3.研究目标

3.1 优化学校管理

一是达到规范化管理的目标。全面贯彻执行教育法律法规，建立健全学校各项规章制度，坚持依法管理、科学管理；二是达到精细化管理的目标。重视对教育教学工作每个环节的规范管理，健全完善各项管理制度，做到管理精雕细琢、教学精耕细作、服务精打细算；三是达到民主化管理的目标。学校管理充分发扬民主，发挥教职工主人翁的作用，积极参与管理活动；四是达到人性化管理的目标。坚持以人为本，广泛体现尊重和关爱的理念，将严格落实制度同推行人文关怀结合起来，最大限度调动教师的情感因素和工作积极性，逐步达到学校管理优化的目标。

3.2 突出质量为本

一是落实岗位责任。校长是学校教育教学质量的第一责任人，教导主任是重要责任人，级主任和班主任是主要责任人，任课教师是直接责任人。实行教学质量连带责任制度，责任明确，奖罚分明。二是形成有效机制。按照优化管理要质量，聚精会神抓质量，严谨治学保质量，教研教改促质量的要求，千方百计提高教育教学质量。三是加强教学评估。学校成立教学评估小组，每学年组织两次教学评估大检查，每学期进行一次任课教师的日常课评估和优质课评选，促进教师课堂教学效益的提高和教师的专业成长。

3.3 完善教师考核

年度考核是评价教师、培养名师的重要环节。学校要进一步修订完善教师考核细则，严格考核程序，严肃考核纪律，注重德才、注重平时、注重实绩，体现考核过程和考核结果的公平公正，形成科学规范的考核体系。当年考核处于末位的教职工，不得选先评优，不享受绩效工资。连续两年考核处于末位的教职工，按落聘教职工的处理办法处置。

3.4 落实激励机制

在实施责任制的基础上，建立健全奖励机制，强化教书育人的责任心和爱岗敬业的事业心，最大限度地调动教职工的工作积极性。激励机制突出任务完成奖和高、中考特别奖。任务完成奖即学年末根据任务完成情况，进行考核奖励。学校根据工作性质，分教学、教辅、后勤三块考核，按四个等次评定，一、二、三等给予奖励，奖项等次向教学倾斜。高、中考特别奖根据高考录取和中考质量对高三及初三任课教师进行奖励。逐步建立重实绩、重贡献，奖项向优秀人才和关键岗位倾斜的激励机制。

我们要通过改革前后办学效益的比较，积极摸索出一条比较成功的校本化管理机制改革模式，为西部少数民族同类地区找到一个成功范式。

4.研究对象

本校高中阶段所有班级及全体教职工。

5.研究方法

5.1 历史文献法

5.2 调查法

5.3 自然实验法

5.4 行动研究法

三、课题研究的主要内容、原则、步骤和过程

1.内容

1.1推行“五制改革”

推行“五制改革”即：级主任管理制、班主任选聘制、教职工聘任制、岗位责任制、绩效工资制。

1.1.1级主任管理制

在校长负责制的前提下，实行年级主任管理制度。学校根据年级设置，内设年级主任，负责管理本年级各班的全面工作。

1.1.2班主任选聘制

每学年初，学校根据班级设置，择优聘任师德高尚、业务精湛、责任心强、积极性高、管理经验丰富、工作业绩突出的教师担任班主任。班主任实行职级管理，按照工作业绩考核认定，计发相应等级的班主任津贴。

1.1.3教职工聘任制

班主任会同教导处聘任该班级任课教师，教导处、总务处根据岗位需求分别聘任教辅人员和后勤人员。每学年初聘任工作结束后，第一次落聘教职工由学校报教育主管部门，按照下列两种渠道处置：一是参加成人高考、离职进修提高，进修学习前只发60%的工资，不享受国拨绩效工资及各类奖金；二是派往外县（区）对口支援学校或友好学校，参加为期一年的学习培训，学习期间不享受国拨绩效工资及各类奖金。第二次落聘者，报教育主管部门和人事部门，调整工作岗位，高职低聘、以岗定薪。

1.1.4岗位责任制

按照因事设岗的原则，设置管理岗位、教学岗位、教辅岗位和工勤岗位。根据不同岗位，分别核定工作量标准，确定各学科质量指标体系和各岗位责任目标考核办法。

1.1.5绩效工资制

学校设定班主任津贴、级主任津贴、骨干教师和名师津贴，设立科研成果奖，任务完成奖和高、中考特别奖。上述津贴及奖项均与工作实绩挂钩，实行等级奖励。

1.2实施“名师工程”

在完善和创新管理机制的基础上，实施“名师工程”，构筑“人才高地”。学校制定名师培养规划，确定培养目标，通过搭台子、压担子、铺路子、结对子，为名师成长创造良好的条件。严格教师管理，建立教师师德档案和业绩档案。采取请进来、走出去，科研促、实践育等方式强化培训，通过“专家引领、同伴互助、自我反思”等活动，提高教师专业水平。建立人才梯级培养机制和带动方略，选拔、培养、造就一定数量“师德高尚、博学多才、教学一流、科研突出、业绩优秀”的名师，发挥骨干示范和辐射作用，逐步形成省、市、县级骨干教师和名师构成的优秀教师群体，为教育教学质量的稳步提高奠定人才基础，实现名师发展名校的目标。

2.原则

2.1方向性原则

要立足学校发展的实际，把握校本改革的方向和目标，树立正确的利益导向和价值取向。

2.2科学性原则

把改革和创新有机结合起来，把提高教育教学质量和加强教师队伍建设有机结合起来。避免传统管理方式过分强调客观性的不足，力求改革实施方案和操作过程的科学，力求质量目标体系和教师评价体系的科学。

2.3实践性原则

要坚持理论联系实际，在实践中逐步推进，在实践中不断完善，进一步提升学校管理水平。

2.4激励性原则

在整个研究过程中坚持正确的指导思想，形成激励教职工积极向上的结果，用好改革手段，获取促进教师发展的良好效果。

2.5整体性原则

通过课题的研究，整体推进学校管理水平上台阶，提高教师队伍整体素质。

3.步骤

本课题从2008年6月至2009年6月，历时一年。

3.1第一阶段

2007年6月至2008年7月，建立健全组织，认真进行有关理论学习，调查研究，制定方案，申报课题。

3.2 第二阶段

2008年7月至2008年8月，完成肃南裕固族自治县第一中学《改革方案》和《实施细则》，完成肃南裕固族自治县第一中学《量化考核办法》。

3.3 第三阶段

2008年9月至2009年3月，本阶段是实践工作的关键阶段，必须认真组织实施，做好每一个环节。根据课题的特点，重点采用行动研究法，以期获得鲜活、生动的第一手材料，并将为本课题达到预期目标作好最为重要的准备等。

3.3.1 教师分工协作，着手推进

3.3.2 定期交流、研究，验证研究结果的正确性和可行性

3.3.3 召开课题研究阶段成果汇报会，积极争取领导专家对本课题研究的指导

3.3.4 加大研究力度，在取得一定成果的基础上全员参与，提高研究的深度与广度

3.4 第四阶段

2009年4月至2009年7月，本阶段的主要任务是对本课题的研究进行全面的总结和评价，主要包括以下方面：

3.4.1 完成西部民族地区普通高中管理机制改革研究报告、肃南裕固族自治县第一中学《改革之路》的编著

3.4.2 收集整理有关课题研究的资料（个案、论文、教例、学生成果等）

3.4.3 请有关专家对课题进行成果鉴定

4.过程

4.1 建立课题研究的组织机构

本课题研究属校本性研究课题，主持人为肃南一中校长，执行主持人为学校中层领导。学校部分领导和部分学科教研组长参加研究，为课题研究中心组成员。课题组研究人员确定后我们及时召开了课题研讨会，主要任务是成立课题研究领导小组，确定参加研究工作的成员职责分工，并对

如何开展课题研究工作做了计划和布置。

主持人：安维武，肃南一中校长

执行主持人：王肃云，肃南一中政教处副主任

研究人员：广承武、张宗林、郎爱军、王德成、朵建设、贾镇南、陈宗武、李 华

4.2 开展定期学习、培训、观摩活动

课题组制定了针对本课题进行的学习、培训和观摩计划。规定每学期召开一次课题研讨会，并到外地学校进行一次观摩学习活动，针对具体问题和情况进行一系列的培训活动。

在每次召开的研讨会上，各研究人员将各自的研究阶段成果做汇报，然后提出下一阶段的工作计划。经过几次研讨，基本形成了学校管理特色，并制定出学校各方面管理工作规章制度、条例、细则等。学校制定的实施精细化管理三项制度在2009年全县教育工作会议上交流。县委、县政府领导和县教育局对肃南一中的改革和研究成果给予充分肯定。在课题申报、实施、档案管理、总结验收各阶段，县教育局领导分别进行了指导活动，并组织部分课题组成员到北京、大连、天祝、张掖等地学习管理经验，还多次参加了省、市组织的科研培训，开阔了眼界、提高了课题研究水平。

4.3 制定完善学校各项规章制度

在研究学校内部管理机制改革课题过程中，主要在学校内部管理制度、用人制度和分配制度方面进行了系列研究，制定了各种相应的规章制度。

4.3.1 管理机构改革

管理工作的正常运转，既要通过管理人员和管理制度，还要通过管理机构。如果管理机构设置不合理不健全，例如机构臃肿，层次繁多，因人设事，必然影响管理功能。因此，要提高学校管理效率，必须认真研究设置学校内部管理机构。通过几年的改革，基本形成了学校内部三种类型组织机构。

第一种：党支部领导下的群众组织，包括工会、教工代表大会、共青团、少先队。

第二种：校长领导下的行政组织和办事机构。包括：政教处、教务处、总务处等。

第三种：副校长、中层干部领导下的教育教学组织机构。包括教育科研室、教研组、年级组。校级干部为决策层，中层干部为管理层，教研组长和年级组长为执行层。各层次依据学校的整体工作目标，定出3年发展规划和各学期乃至每个月的实施计划，明确各部门的工作目标。建立可行的计划实施检查制度和科学的考评制度。校行政会议每周、每月对计划规定的工作任务进行小结，确定下阶段工作目标，每学期做全面总结。

4.3.2管理制度完善

学校内部管理活动，不仅要通过管理人员和管理机构，还要通过管理规程、规章制度来进行。教育法规由国家颁发，学校应根据上级颁发的规定、决定、条例、指导等制订各种具体的规章制度和实施细则。

课题组经一年的研究工作，完善、制定出了一系列因校制宜的各种规章制度。学校制定的规章制度，有针对学校教育教学管理制定的，有针对教职工制定的，有针对学生制定的。主要制度包括：《学校会议制度》《岗位责任制度》《请假制度》《考核制度》《奖惩制度》《备课制度》《考试制度》《教育科研管理制度》《教学常规管理制度》《教师课堂教学常规要求》《班主任工作制度》《安全工作考核制度》《交通安全教育制度》《法治教育工作制度》《食品卫生管理制度》《校园安全管理制度》《成绩考核评定制度》《财物管理制度》《校产管理制度》《图书阅览制度》《宿舍管理规则》等30余项制度和细则。

4.3.3探索用人制度改革

实行教职工全员聘任制改革，必然要涉及人员的安排去留，涉及每个教职工的切身利益，学校全面实行岗位责任制、末位轮岗制，制定合理的聘任办法，在教职工中择优聘任，教职工也有权拒聘。对未被聘任和受聘后因管理不好而被中途解聘的人员，报请县教育局安排到基层学校学习锻炼，连续两次落聘人员调整到基层学校任教。同时，严把教师入口关，按照“宁缺勿滥”的原则选拔高中教师。改革的实施，极大地调动了全校教职工的积极性，教职工工作热情高涨，对学习各项工作起到了积极的推动作用，促进了学校的科学管理水平和教育教学质量的提升。

4.3.4分配制度改革

学校的改革，最终要落在绩效分配上，体现多劳多得，优质优酬。实行绩效工资制。分为管理岗位、教学岗位和后勤服务岗位三个系列。工资构成分为基本工资（亦称档案工资）、岗位津贴和绩效工资三个部分。基本工资为每月工资额，由县财政直接划入教师工资账户；岗位工资，按其承担的工作量多少和责任的大小，根据学校实际情况确定岗位工资的标准，学年末一次性发放；绩效工资，根据教师完成任务情况和考核情况分别发放；学校另行设定高考特别奖，为高考成绩优异教师发放奖金，县财政列支10万元。分配制度的改革根据国家工资制度改革的部署和校内的实际情况做相应的调整。

四、课题研究的成果

1.实践成果

1.1学校内部管理水平整体提高

通过开展本课题的研究，学校对校内各项工作管理也进行了改革和创新，在学校内部管理上进行了深层次的探索和研究，使学校管理由“粗放”型向“集约”型迈进、由“钢性管理”向“人本管理”过渡、由“随意性”管理向“科学性”管理转型。学校重大问题和各学期工作计划均交教代会讨论，充分反映广大教职工的意见和要求。校务公开广泛听取群众意见，使广大教师感到自己是学校的主人。岗位责任制的实行使全体教职工明确了工作职责，全员聘任制的实行对教职工产生激励作用，绩效工资制的实施，是对教职工根据不同的岗位和劳动强度实行了结构工资制。对在教学和其他工作中取得突出成绩的教职工给予奖励，调动了大家的积极性，促进工作水平的提高。总之，自实施学校内部管理级主任管理制、班主任选聘制、教职工聘任制、岗位责任制、绩效工资制这“五制”后，管理工作有序、领导干部责任更加明确，教学管理系统化，学生班级管理规范，档案管理有方，总务后勤向科学化管理目标努力，学校的校风、教风、学风、校纪严明，学校各项工作更加科学化、制度化、规范化。

1.2全体教职工思想观念发生了明显变化

一是评价观发生了变化，变“机会”思想为“实干”思想。由于评优、奖惩完全以考核结果为依据，形成了实干观念，消除了拉“关系”等“机会”意识。二是效率观发生了根本变化。变片面、孤立的思维方式为全面、系统的思维方式。既重视工作过程，也重视工作结果，形成“质量=勤奋×效率”的观念。三是教育观发生了根本转变。变“推客观”为“找主观”。形成“只能选择适合学生的教育，不能选择适合教育的学生”的观念。四是教育教学观发生根本转变。变以教师为主为以学生为主，树立“学生是主体、教师为主导、课堂为主渠道、制度规范为基础、自我内化为根本”的观念。

1.3教职工队伍整体素质得到提升

全体教师遵纪守规，迟到早退的现象消失了；明确目标、认真工作、自加压力、做好辅导的工作积极性增强了；主动工作、主动服务、争取高质量的风气更浓了。本学期我校改变原来的值周方式，实行学校领导、教导处、值周教师、班级学生组成的值周小组，不但检查各班级的纪律、卫生等情况，还要对教师每天的到校签到、日常上课、自习辅导工作进行全面督查。同时，各教研组长工作认真负责，每周按时检查教案，定期召开教研会议，加强了教学常规督导。启动实施了“名师工程”，不但有助于教师队伍的成长，提高教师工作积极性，同时形成了在教研上互帮互助、在教学上比、学、赶、超的新风貌。

1.4学校精神面貌发生了明显改善

校园文化是一个学校的校魂，是学校工作的重中之重。本学期启动了校园文化建设工程，使校容校貌有了很大变化。凝炼了“养青松正气，法祁连铮骨”的校训，“团结协作，追求卓越”的校风，“乐于奉献、敏于学习、勇于创新、善于反思”的教风，“乐学、勤学、会学”的学风；确立了“以人为本、特色发展”的办学理念，“强化初中、提升高中，争创民族教育品牌学校”的办学目标，“质量立校、改革兴校、特色活校、科技强校”的发展战略；并设计了独具特色的校徽。成立了校园之声广播站，分科技之窗、时事报道、教师心得、学生心声等几个部分，在了解时事、增长知识的同时，营造了一个良好的学习氛围。成了社会与学校、老师与学生的交流窗口。还有篮球比赛、拔河比赛、以及元旦的环城赛等丰富多彩的文化活动，不但提高了学生的整体素质，更重要的是通过活动在学生中形成了一种敢于奉献、乐于拼搏的新风尚。

1.5学校良好形象进一步树立

随着学校各项制度的落实，校风、教风、学风的好转和学校改革的全面实施，各班在每次月考结束后的家长会都能按时、全员召开了，每次家长的满意度测评都有所提高，家长的“怨言声”开始转为“建议声”了，社会各界的目光聚焦在学校了，社会各界和家长乃至全校师生对学校的评价开始好转，有了初步的办学效益。

总之，肃南一中突出教学质量这一中心，抓好学校改革和备战高考两个重点，推进名师培养、管理精细、校园文化三项工程，实施质量立校、改革兴校、特色活校、科技强校四大战略。以凝聚人心为前提，着力解决改革进程“改得顺”的问题；以抓好管理为重点，着力解决制度措施“落得实”的问题；以带好队伍为关键，着力解决教学质量“提得高”的问题；以育好学生为目标，着力解决全体学生“学得好”的问题。2007年以来，学校被表彰为张掖市“招生工作先进集体”“体育竞赛训练工作先进集体”“五五普法先进单位”“团队工作先进单位”“青年志愿者先进集体”“甘肃省五四红旗团委”；被命名为张掖市“精神文明单位”和“德育工作示范校”，全县“平安学校”“家长示范学校”“思想道德建设示范点”“青少年科学教育培训基地”。学校教师共有课题研究、论文发表、软件设计、优质课评选、辅导学生等160项科研成果，是建校50年来的总和。

2.理论成果

在课题研究过程中，成果最显著的是在学校管理制度改革方面。经过几年的研究探索，共制定出多项管理规章制度和细则。学校精细化管理逐步推进，形成了教学管理常态化，化学生管理精细化，后勤管理常规化的精细化管理模式。

2.1肃南一中教师精细化管理制度

围绕学科组、备课组和教师的管理，通过加强教育教学的过程考核，提高教师整体素质和教育教学质量，实行教学精细化管理制度。

2.1.1学科主任职责

（1）开学时制定学科组工作计划，平时加强对备课组工作的监督和指导，每学期协助教导处开展两次教学大检查，期末做好工作总结。

（2）带领、发动、支持教师开展教育教学改革，认真组织好以上课、评课、学习研讨为中心的教研活动（学科组活动每2周1次）。每学期组织本组全体教师互相听课学习，听课要填写听课记录。公开课后要组织好评课，并填写评课记录。学期末收缴全组教师的听课笔记，做好统计并上交教导处存档。每学期听课不少于25节（本学科内容不得少于70%）。

（3）组织本学科学生的课外活动、学科讲座和各类竞赛活动。组织对本学科教师教案、论文、课件、优质课等各类评选，指导本学科组课题的选题、研究、结题和初评工作，建立本学科专题学习网站。

（4）认真落实学校教师培养计划，力争把青年教师培养成教学新秀，教学新秀培养成教学骨干，教学骨干培养成教学名师。通过签订和考核《目标责任书》，抓好名师和骨干教师的“传”“帮”“带”工作。

2.1.2备课组长职责

（1）语、数、外三科，每科初、高中各设一名备课组长，其余各科只设一名备课组长。备课组长协助学科主任工作，负责职责范围内本学科的教学组织工作。要带领备课组教师钻研课程标准、教学大纲、研究教材教法，努力提高本年级本学科教学质量，促进学生发展。

（2）备课组每周集体备课一次（提前一周备），应做到四统一：统一教学进度；统一教学目标、教材重点、难点和讲解的广度和深度；统一双基训练；统一作业批阅。同时，确定各学期、各学年、各学段专题教学内容，分工备课，最终形成各学科的校本课程资源。

（3）进行教师备课、上课、听课、课外辅导、作业布置与批改等各项工作的检查、评价。备课组长每学期听课不低于25节（本学科内容不得少于70%）。每学期分两次收集和整理教学资源（含电子教案、教学课件、教学案例、教学反思、优秀作业等），建立健全本学科校本教育资源，实现资源的共建共享。

2.1.3教师教学规范

（1）计划总结

各科教师务必在开学前就订出完整的学期教学计划。内容应包括：本学科全学期的教学三维目标、主要内容、教材的重点和难点；教学课时安排（即进度表）。教学计划要由备课组长审阅，教导处备案后执行。每学期结束写出教学总结，交教导处备查。

（2）教案备写

A要求超前备课，每周五交备课组长批阅。

B教案内容应包括：课题、教学三维目标、教材重难点、课时、教学方法、学法指导、教具、教学过程、课堂练习、课外作业、教学反思。

C备写教案使用统一的活页。10年以下的青年教师要有手写的详案。10年以上的教师可以使用电子教案，教学反思要手写。封面由各学科组统一设计，课题为黑体2号，正文为仿宋4号，段落间固定值为22。

（3）课堂教学

A教师要在1分钟上课预备铃响后候课，要使用礼貌用语。科任教师点名后认真填写班级日志，要按时下课，不早退、不拖堂。

B教学要贯彻遵循教学基本规律，教学过程要完整。注意新旧知识联系，以旧带新，要用启发式，讲练结合，克服满堂灌，每节课至少留10分钟时间给学生完成课堂作业。要重视能力的培养，重视学习方法的指导。要充分利用多媒体进行教学（语、数、外每月每班至少上4节，其余学科上2节）。

（4）课外作业

A作业规范：教师要督促学生按时完成作业，作业必须书写规范，干净整洁。课堂练习、作文书写要求只能用钢笔，作图只能用铅笔，不得使用中性笔、圆珠笔等。

B批改要求：

①文理各科均应有一定的作业。教师应按教学需要精心选择和设计作业练习，并按规定严格控制作业量。语、数、外每节课的作业量控制在30分钟以内，其他科目控制在15分钟左右。

②课本里的练习题、配套练习和其他学校统一的教辅应全部处理完，不批改的作业教师应讲解后查阅。作业、练习和测验考试试卷不得交由学生批改。

③认真、及时批改作业，要注意保持学生作业的页面整洁。要有批阅标记，批改日期，鼓励性评语。对学生作业中出现的错误，必须要求学生订正。作业批改的种类、次数、方式由备课组确定，经教导处审定后执行。

（5）辅导学生

①早读时间辅导教师必须按时到岗。做到不带椅子、不上新课，要领读课文、要检查学习（包括记忆作业、预习等）。

②晚自习分辅导自习和管理自习，辅导自习要求进行辅导，管理自习主要在于管理学生。晚自习前和课间纪律由辅导自习老师协助值日教师管理，最后一节自习的教师必须负责把全部学生清理出教室后组织放学。

③各学科组要有计划地安排教师选好苗子，对本学科的特长生进行辅导，提高他们的能力，参加各类型竞赛，争取较好成绩。还应有目的地加强对学困生的辅导。

（6）教研活动

①积极参加科、组教研活动和上级安排的教研活动。积极开展教学名师、教学骨干和教学新秀的传、帮、带活动。开展“五个一”活动。即每学年订阅一种教育教学杂志，上一节公开课，主持或参与一个教学课题研究，写一篇高质量的教学论文（县、校论文集收编），完成一个优秀课例。

②主动汇报课堂教学情况。未满3年教龄的青年教师，每学期要完成一次汇报课（自报时间和课题），由学科主任安排，并请有关处室的领导和本学科组老师听课，课后进行评议小结。

③加强相互听课评课活动。校长、主管副校长每学期听课不少于30节，各处室正、副主任，学科主任、备课组长不少于25节，教龄不足3年的教师不少于30节，教龄不足10年的教师不少于20节，其他教师不少于15节。认真记录听课笔记（内容、教法、学法等），积极参加评课交流，至少按3+3方式评课（三个方面的优点加三个方面的不足）。学校采取听推门课的方式检查教师上课情况，值日领导每天至少听1节推门课。

④不断加强学习。用不同的专用笔记本整理好政治学习笔记和业务学习笔记。内容包括：政治理论学习和现代教育教学理论学习；新课改、新课标的学习；本专业理论及知识的学习；教育教学的体会；组内教学研究内容；各种公开课的经验总结。要求每人每学期政治和业务学习笔记各不

少于10000字，其中剪贴笔记不超过2000字。

⑤每学期期中、期末前进行两次教学大检查，包括课堂教学、教案、作业、学习笔记、问卷调查等，每次检查要有检查人签字，检查结果计入业务考核。

⑥学校在每学年秋学期开展课堂教学竞赛活动，开设名师和骨干教师讲坛。春学期开展教师教学基本功比武活动，开设名师和骨干教师示范课。

（7）监考阅卷

①监考教师必须按监考日程的规定，在考前10分钟到指定地点报到，领取试卷，不得擅自调换监考日程或请人代监考。在考前6分钟到达考场，督促考生做好考前准备，保持桌距和考场安静，并进行考场纪律的教育。考前5分钟统一分发试卷。

②监考教师在考试期间不得擅离职守，应在考场内巡视，随身携带的手机必须关闭，不做与监考无关的其他事。考试终了，监考教师应将试卷按学号顺序整理，到教导处密封装订，不得出现倒装、错装、漏装卷。

③考试期间若发现考生有违反考场规则的行为，监考教师应及时提醒，对经提醒仍不改的，应及时报告教导处，并将发生的情况记录在案，由学校作出进一步处理。场外巡视人员如发现考生有作弊行为，可直接介入处理，监考教师应主动配合。

④监考要完成规定的次数。统考时班主任2节，其余教师至少3节；月考时阅卷四个班以上的1节，三到四个班和班主任排2节，其余教师至少3节，不阅卷的至少4节。

⑤每月进行一次月考，试卷要认真批改，并及时对学生进行讲评，月考卷批阅情况经备课组长审阅后交教导处备案。

⑥每学期期末进行统考，试卷实行流水作业方式集中评卷。阅卷、加分、核分要签名。阅卷完成后，由阅卷组长审核签名后交教导处审查统计。统考阅卷期间，严禁串组。

（8）教材教辅

①教材要进行循环使用，毕业时由级主任负责，班主任落实，将3年免费课本按套交资料室。

②所订资料，经备课组讨论后，由备课组长向教导处申请，教导处报校长审批同意后统一征订。为规范教育教学管理，任课教师不得私自向学生收费帮助学生统一征订资料。由学校每学期向学生作问卷调查，并接受举报。各年级级主任、备课组长要对资料的使用情况进行检查。

2.1.4考评考核

学科主任、备课组长和学科教师的教育教学工作要依据《肃南一中管理机制改革实施细则》，参照《肃南一中教职工综合考核量化办法》中教师岗位过程考核的扣分项，按以上岗位职责和教学规范逐项进行量化考核。

2.2肃南一中学生值日精细化管理制度

2.2.1值日职责、时间、岗位、时段

学校值日包括值日领导和值日教师各1名。值日领导由学校领导依次担任，值日教师由政教处、教导处统一安排学校教辅人员担任；年级组值日包括年级值日教师6名（每年级1名）和年级值日学生6-8名（每班2名），由年级组统一安排。

2.2.2值日的主要职责

（1）值日期间一律佩戴值日标记（胸牌、袖章、授带），按时到岗，公平、公正执行各项任务。

（2）按学校值日具体时段认真设岗检查，确保每日教育教学活动等顺利进行。

（3）值日领导、值日教师督查、考勤年级值日教师及学生的上岗值日情况和教师早晚自习辅导情况；年级组值日教师负责检查本年级组教师出勤及教育教学情况，负责对本年级各班的学习、纪律、卫生、住校生用餐、就寝等情况的检查、登记、通报及班级日考核工作。

2.2.3值日的主要时间

（1）值日领导和教师值日时间：每人1天，每天6：50-22：40。

（2）年级值日教师值日时间（班主任除外）：每人1天，共5天，每天6：50-22：40。

（3）年级值日学生值日时间：每6-8名学生1天，共5天，每天6:

50-22：40。

2.2.4值日的岗位设置

值日岗位设置：校门礼仪岗、文明卫生监督岗、三轻三不岗、三操两活动岗、餐厅宿舍岗、流动检查岗（包括集体活动等），每个岗位由6名学生组成。

2.2.5值日的具体时段

第一时段：早读前（6：50-7：00）、早操（7：45-8：00）、早餐（8：00-8：20）

第二时段：上午课间（8：20-12：00）

第三时段：午餐及午休前（12：00-12：30）

第四时段：下午上课前（14：10-14：30），下午课间、课外活动及午自习（14：30-18：00）

第五时段：下午放学（18：00-18：10）、晚自习前（18：40-19：00）、晚自习课间（19：00-22：20）

第六时段：晚休（初中：21：10-21：40；高中：22：20-22：40）

2.2.6值日内容和评分标准

<table>
<tr><th colspan="2">内容</th><th>扣分事由</th><th>扣分标准</th></tr>
<tr><td rowspan="2">出勤</td><td>迟到早退</td><td>上课、集会、做操、午休、自习迟到、早退</td><td>每人次扣0.1分</td></tr>
<tr><td>旷课</td><td>上课、自习、集会、做操无故旷缺的</td><td>每人次每节扣0.2分</td></tr>
<tr><td rowspan="9">纪律</td><td>课堂</td><td>课堂吵闹严重影响教师正常上课的，上室外课时在教学区追逐打闹的</td><td>每次扣0.2分</td></tr>
<tr><td>课间</td><td>课间大声喧哗、起哄、故意挑起事端的，课间在楼道内追逐打闹的</td><td>每人次扣0.2分</td></tr>
<tr><td>自习</td><td>课堂吵闹严重影响其他班级正常上课的</td><td>每次扣0.2分</td></tr>
<tr><td>集会</td><td>哄闹、打耍、不遵守集会纪律的行为</td><td>每次扣0.2分</td></tr>
<tr><td>请销假</td><td>履行了正常请假手续但未按时返校的，上课期间或就寝后未经批准擅自离校的，私自留宿非住校人员的</td><td>每人次扣0.5分</td></tr>
<tr><td>就寝洗浴</td><td>不按时熄灯、吵闹、不按时洗浴的</td><td>每次扣0.1分</td></tr>
<tr><td>用餐</td><td>不遵守餐厅纪律，插队、故意拥挤的</td><td>每项每人次扣0.1分</td></tr>
<tr><td rowspan="2">劳动</td><td>在劳动过程中戏耍、不注意安全的</td><td>每人次扣0.1分</td></tr>
<tr><td>没有按时、按质、按量完成劳动任务的</td><td>每次扣0.2分</td></tr>
</table>

卫生	教学楼	教室、楼道、楼梯未打扫的	每次扣0.2-0.5分
		教室、楼道、楼梯打扫不干净的	每次扣0.1-0.2分
	环境	环境未打扫的	每次扣0.2-0.5分
		环境未及时打扫或打扫不干净的	每次扣0.1-0.2分
	宿舍楼	宿舍、楼道、卫生间未打扫的	每次扣0.2-0.5分
		宿舍、楼道、卫生间打扫不干净的	每次扣0.1分
安全		负有安全责任的	每人次扣0.2-1分
财产		故意损坏公物的行为	每人次扣0.1-0.5分
		班级财产保管不好有损坏的(包括桌套)	每次扣0.1-0.5分
仪容仪表		不穿校服的、着装不整齐不干净的、留长发的、佩戴首饰的及有损中学生形象的打扮、言语等	每人次扣0.1分
重大违纪		参与赌博、打架斗殴、聚众闹事、偷盗、敲诈、抽烟、喝酒等严重违纪行为和未请假而擅自离校的、夜不归宿的	每人次扣1-4分
其他	校徽团徽	没有佩戴校徽、团徽的	二次以内通报批评，三次开始每人次扣0.1分。
		校徽、团徽佩戴不规范、任意涂改的	
	三操	集队速度慢,队伍不整齐的	
		态度不认真、敷衍、吵闹、不做的	
	卫生	课桌摆放不整齐的	
		其他物品摆放不整齐的	
		黑板没有擦的	
		日常卫生不能保持的	
	宿舍管理	宿舍物品、生活用品摆放不整齐的	
		床单、被套、枕巾不干净的	
		睡懒觉、赖床、不按时起床的	
	用餐	没有按作息时间用餐的	
	黑板报手抄报	不按要求出的、没有按时出的	

备注：每天班级总分以20分计，其中住校生管理占4分，周总分100分。周六、周日检查情况计入下周周五。计分采用扣分的方法。全校教职工随时随地可根据上表建议相关值日人员对违纪违规师生进行通报或扣分处理。

2.2.7值日安排、评比、通报

（1）每学期初政教处负责对值日领导、教师和年级值日教师、学生进行值日岗位和职责培训，并做好学校值日安排。年级组值日应依据《肃南一中学生精细化管理制度》制定出适合本年级的值日办法，并做好年级值日安排，交政教处备查，不得随意调换。

（2）学校值日情况由当日值日教师负责及时反馈于相关年级值日教师做出处理。年级值日情况由年级主任负责汇总评比，计算出班主任周考核结果。

（3）每周五下午16：40之前，学校当日值日教师收缴齐各年级各班周考核结果，进行一周情况通报、总结。值日情况汇总表必须要有当日值日领导、值日教师、年级主任的签字，生效后核计颁发各年级流动红旗。

2.2.8对值日的考核要求

（1）值日领导和值日教师实行门房签到制。缺签一次扣0.5分；缺勤一次扣1分。

（2）年级值日教师实行学校值日领导、值日教师岗位督查制。每迟到一次扣0.5分；缺勤一次扣1分，年级主任扣0.5分。

（3）每学期由学校行政会对学校值日工作做出考核，由年级主任对本年级值日工作做出考核，学校将年级主任、值日教师，年级主任将年级值日教师工作定为A、B、C三个等级，学年按5、4、3分记入年终考核。

（4）经考核不能认真履行值日工作职责的年级主任和教师，不得对其考核加分和享受值日岗位补助。

对学校值日领导、值日教师和年级主任、年级值日教师的考核，参照《肃南一中教职工综合考核量化办法》中教学岗位和服务岗位过程考核的扣分项，按以上要求进行量化考核。

2.3肃南一中后勤精细化管理制度

2.3.1宿舍管理要求

（1）值班人员要全面履行《宿舍管理员岗位职责》，不准私自调班、顶班，不准放（留）闲散人员、校外生在楼内，严禁脱岗。

（2）按时交接班。每天8：00（餐后）、12：00（餐后）、14：30、18：00（餐后）交接班。其中早晨交班人员9：00离岗，做好交接班记录，交清财产，明确责任，手续清楚。

（3）值班人员应每天6：20-7：00、12：00-14：30、18：00-19：00、

21：10—23：40在楼道、宿舍巡查，排查安全隐患，督促学生就寝。

（4）宿舍区管理实行财产包干制。管理人员要负责在岗时段宿舍财产的维护、维修工作，保证各类设施正常使用。

（5）学校保卫科要督促宿舍管理人员严查住校生私自离开宿舍（班主任未批条），晚自习后未及时回宿舍，夜不归宿、打架、吸烟、喝酒、偷盗、敲诈、用火和私藏管制刀具、棍棒等情况的发生，若有发生要及时处理、逐级上报。

2.3.2门房管理要求

（1）门房值班人员要全面履行《门卫值班岗位职责》和《安全管理制度》，不准私自调班、顶班，严禁脱岗。

（2）按时交接班。每天8：00（餐后）、12：00（餐后）、14：30、18：00（餐后）。开门时段要与值日师生在校门迎送师生。

（3）门房实行每日24小时值班。凡来校办事人员，必须经值班人员检查、登记，与被寻找人核实后，方可允许进入校园。

（4）坚决杜绝没有住校生离校通知单和班主任批条的学生在校期间随便出校门。严禁在校门口停放车辆和摆摊设点。

（5）当日值班应在校门中心20米范围内保持清洁，做到无纸屑、垃圾，校门设施一尘不染。

2.3.3茶炉房管理要求

（1）工作人员要严格履行《茶炉房岗位职责》和《茶炉房作息时间安排》。

（2）按照学校当日执行作息时间供应开水，按照总务处安排时间表组织好寄宿生洗浴，并做好记录。

（3）按照要求做好茶楼房环境卫生，接受校医、值日人员检查，做好茶炉的日常清洗、维护和保养工作。

（4）安全第一，严防烫伤、摔伤等安全责任事故发生。育人为本，时刻对学生进行良好行为习惯教育。

2.3.4食堂管理要求

（1）食堂管理人员要严格履行《食堂管理人员岗位职责》和《合同》，用好、管好学校炊具、餐具等财产，若有损坏照价赔偿。

（2）食堂三餐要按照学校当日执行作息时间开餐，提供量足、质优的饭菜。每餐开够4个窗口，各窗口要标明供餐种类和价格。每月上报食谱、价格和用工工资。

（3）总务处要组织校医室督查食堂管理人员严格落实食品卫生安全管理等10项制度和卫生许可证制度，严防食物中毒等安全责任事故发生。

（4）政教处要组织保卫科督促学生排队就餐，排查用电、用火、用气等安全隐患。

2.3.5商店管理要求

（1）商店经营人要严格按照《工商食品管理条例》和《食品卫生管理条例》进行进货和销售。

（2）商品价格必须低于市场销售价的10%。账目做到日清月结，每月上报进货单和价目表。

（3）商店经营人要严格履行《合同》，按照学校规定的商品种类和范围经营。

（4）学校总务处、政教处要协调保卫科、校医室落实好商店安全经营和食品卫生的相关制度，严禁“三无”商品流入商店。

2.3.6财产管理要求

（1）财产管理人员要严格履行《财产保管人员岗位职责》，做到眼勤、嘴勤、腿勤、手勤。每天至少到教学楼、科技楼、公寓楼和餐饮楼等公共场所巡查一次，发现损坏物品及时维修，并追查责任。

（2）外借财产必须经过总务主任批准方可借出。

（3）新购物品必须及时登记上册，做到账目清、底子明。每学期要对各处室购买的固定财产分账进行审查，并及时记入学校财产总账。库房管理要做到整洁干净、分类摆放。

（4）及时提出采购和维修计划，严格执行采购审批制和使用领用制。

2.3.7水、暖、电管理要求

（1）水、暖、电工要严格履行《水、暖、电工岗位职责》，每天至少要到教室、办公室等场所巡查一次，发现损坏或安全隐患及时维修，并追查责任。

（2）厉行节约，要做到水、暖、电的用量心中有数、记录在册。

(3) 发现问题及时向总务主任汇报，做好各项设施、设备的维修和保养。

2.3.8其他岗位管理要求

(1) 其他岗位人员要严格履行各自的《岗位职责》，必须按照教职工作息时间签到，外出办事必须向总务主任请假。出差回来必须向总务主任报到，是否补休视出差时间而定。

(2) 财务和公益性岗位人员均纳入后勤岗位考勤管理。

2.3.9后勤岗位考核

(1) 不按时交接班、值班，没有及时填写交接班记录、清点财产、手续不清者，每发现一次扣0.5分。

(2) 私自调班、顶班、脱岗每发现一次扣0.5分，放（留）闲散人员、校外生在宿舍内者，每发现一次各扣1分。

(3) 对患病的住校生救治不及时，造成一定后果的，每一次扣1–3分，并负相应责任。

(4) 值班期间若因不负责任造成校门或宿舍楼内设施、财产损坏、丢失、失盗，追查不出当事人责任的，每出现一次扣0.5–1.5分，并按学校规定负经济赔偿责任。

(5) 值班期间没有按要求及时点名、查房、查铺、登记，没有及时排查安全隐患而造成安全责任事故，每发现一次扣1–2分，并视情节承担一定经济责任。

(6) 未及时开锁校门、教学楼门和开关相关电灯，影响正常上课者，出现一次扣1–2分。

(7) 在岗期间发现供水、暖、电出现故障未及时维修，未及时向值日领导和相关人员汇报，造成损失的，每发现一次扣1分，并承担相应经济赔偿责任。

(8) 没有彻底清查清退，私自滞留学生或将教职工锁在楼内，每发现一次各扣0.5分。

(9) 没有认真履行看护、管理、检查、控制、巡查、举报责任的，每发现一次各扣0.5分；出现问题，没有及时查看，如实反映，弄虚作假者，每发现一次扣0.5分。

（10）外人进校门没有进行检查登记，放闲杂人员入校者，每发现一次各扣1分。

（11）商店、食堂出现食物中毒等安全责任事故，相关责任人每人次扣1-3分，并承担相应经济赔偿责任。

（12）登记财产或损坏财产过问不及时，库房不整洁、干净，发现一次扣1分。

（13）不参加临时性或加班工作，根据工作量大小酌情扣1-3分。

（14）发现个别住校生私自离开宿舍（班主任未批条）、晚自习后未及时回宿舍，夜不归宿，打架，吸烟，喝酒，偷盗，敲诈，用火和私藏管制刀具、棍棒等行为批评教育处理不及时，且造成后果扣1-2分。

（15）总务处要根据情况每学年设立后勤岗位安全管理奖、管理创新奖和发明创造奖。

总务处要组织好每学期至少两次不定期的各岗位工作问卷调查，重点是对宿舍、食堂、门房、茶炉房和商店，调查结果纳入考核，并做好反馈和整改工作。各岗位工作要依据《肃南一中管理机制改革实施细则》，参照《肃南一中教职工综合考核量化办法》中服务岗位过程考核的扣分项，按以上岗位职责和考核标准逐项进行量化考核。

五、思考与建议

学校内部管理机制的改革是一项纷繁复杂的系统工程。众所周知，办好一所学校，要靠国家重视，社会重视，领导重视，增加教育投资。另外学校内部存在的种种弊端如不革除，教育投入再多，也不可能提高教育质量。目前，国家十分重视教育，社会各界非常关注教育，把教育摆在重要的战略地位，教育投资逐年增加，说明办好教育的外部环境有了很大改善。但由于学校情况不同，内部管理机制比较复杂，特别是人事制度和分配制度存在着问题，教育投资没有完全通过学校管理转化为效益。因此，学校内部管理机制的改革还需不断深入、不断探索、不断研究，使学校的内部管理充满生机和活力。

进行学校内部管理机制改革，要以科学发展观为指导，进一步解放思想，拓宽思路。借鉴一些国外学校的管理机制，我们通常说的几个发达国家如英、美、法、日、德和俄罗斯，在学校内部管理机制上有几个共同特征：一是无一例外地实行校长负责制，校长有相当大的办学自主权，统一指挥学校的各项工作；二是由少数人组成决策机构，作为学校的最高管理机构，集体决定学校的大政方针，包括任命校长，分配学校财务，讨论学校的重大问题等。三是决策与执行分开，从机制上把决策与执行的职能区分开来。决策机构确定学校的大政方针，谁当校长都要执行决策。同时让校长充分行使指挥权，校长工作的创造性越大，越有利于实现学校的目标。总之，学校内部管理机制应顺应时代的发展和要求进行改革，使学校管理更加科学化、制度化、系统化、规范化，为学校教育教学质量的提升和各项工作的全面发展服务。

参考文献

[1]美Fred C.Lunenburg等著.朱治勇,郑磊译.教育管理学理论与实践[M].北京:中国轻工业出版社.2013.
[2]程振响、刘五驹著.学校管理新视野[M].南京:南京师范大学出版社.2001.
[3]沙培宁.中小学管理[J].2008(7-12),2009(1-6).
[4]陈孝彬.教育管理学[M].北京.北京师范大学出版社.1999.
[5]吴志宏.学校管理理论与实践[M].北京.北京师范大学出版社.2002.

2009年9月，该课题荣获张掖市第八届基础教育教学科研优秀成果三等奖。2010年10月，经甘肃省教育科学规划办组织专家评审，通过省级鉴定（证书号：GSJGB［2010］JD530）。

肃南裕固族自治县中小学生家庭作业的现状调查与改革研究报告

肃南裕固族自治县第一中学校长安维武是中学高级教师，2013年9月至2016年9月，主持完成了甘肃省深入推进普通高中新课程实验专项课题《肃南裕固族自治县中小学家庭作业的现状调查与改革研究》（课题批准文号：甘课改办〔2013〕1号），课题组主要成员有屈军、郎爱军、王肃云、蔡世宏、王雪梅、马世国、全雪萍。

一、简介部分

1.标题

肃南裕固族自治县中小学生家庭作业的现状调查与改革研究报告。

2.摘要

家庭作业对教学有着重要意义，不仅可以促进课堂知识的掌握，还可以培养学生良好的学习习惯。从家庭方面讲：学生完成家庭作业的时间也是学生与家长交流的时间，对学生家庭作业的关注程度从一定意义上反映着家长对学生学习的态度，从而影响着学生的学习态度。我们牧区学校的学生家长往往对学生督促不够，有的家长认为自己不会辅导孩子就不去过问学生作业。有的家长缺乏正确的教育方法，有的家长忙于生计忽视了对孩子的教育，还有特殊家庭对孩子的作业无人过问。从教师角度讲：教师对家庭作业布置的数量、层次、形式如果不够合理会影响学生的完成质量，能否及时检查或批阅，对作业中存在问题的处理都会影响学生的家庭作业完成质量。从学生角度来讲：学生的学习态度是影响家庭作业的关键，学习方法、个性差异、学习习惯、学习基础都是影响学生家庭作业的重要因素。本课题研究针对这些问题，在实践中调查现状，分析原因，寻求解决方法。提出了“家校联动，对症下药，提高质量”的解决方案。在实践中取得了不错的效果。

二、主体部分

1.研究问题

本文从研究目的、研究意义、研究假设、核心概念4个方面来阐明课题所研究的主要问题。

1.1研究目的

一是克服教师对家庭作业就是为了“巩固课堂知识”的片面认识，全面认识作业的功能，综合考虑作业的价值取向，树立家庭作业主要为促进学生发展的教育理念。

二是改变教师在作业布置上的观念老化、形式单一、机械重复等问题，形成创新性、探究性、合作性、层次性、多样性、趣味性为特征的家庭作业布置形式，促进学生学习方式的转型。

三是以家庭作业改革推进教师教学方式转变，使广大教师认识到提高课堂教学质量，提高课堂教学效率是作业改革的根本出路。

1.2研究意义

作业既是教师教学活动的一个重要环节，又是学生学习过程中的一个重要组成部分。新课程改革以来，对作业的理解、定位和实践操作也日渐发生着一定程度的变化：作业不仅仅为了巩固“双基”，还有张扬个性、培养创造能力、促进学生发展的作用；作业不只是一种训练方式，其本身还应成为一种学习行为，一项促进学生思维发展的挑战性活动；对于作业的设置，应该引导学生运用已有知识解决作业中出现的新问题，使学生在习练过程中学会迁移、得到发展。家庭作业亦然。

然而，我们在工作总结中发现：教师在传统落后的作业设计观念的影响下，家庭作业的形式单一，机械枯燥的作业内容多；不适当的作业数量等因素，使学生作业的兴趣下降，作业质量在低水平中徘徊是不争的事实；在教师层面中出现了观念偏差的现象，过度依赖现成作业材料的矛盾突出，过分地强调了基础性作业，忽视了作业的其他功能，一部分教师在作业设计方面反映出无从着手、无可奈何的情绪。

新课程标准实施意见中明确指出：要着重改进学生学习训练的方式，要充分关注学习训练方式对学生创新精神和实践能力培养的促进作用；要重视学习训练体系中的开放性、实践性、研究性、应用性和综合性。因此，学生作业目的、内容、设计（包括家庭作业）必须符合上述改进的要求，在减“负”不减 “质”的基础上发展素质教育。

1.3研究假设

一是以新课标为指导，努力改变教师在作业布置上的观念老化、形式单一、总量超标、难度过大等问题，并通过典型的作业设计对全县中小学作业改革起到促动作用。

二是通过实验研究，提炼成功经验，形成以课程标准为核心的作业设计、形式、批改的一些指导原则。

三是通过理论研究，诠释作业的内涵、功能及价值取向。

1.4核心概念

1.4.1作业

作业是教学过程中的一个重要环节，是检测衡量教学效果的一种重要手段，也是学生学习的一种活动方式，是师生互动交流的重要载体，是培养学生创新精神和实践能力的有效途径。目前，国内外对作业内涵的界定尚未达成共识。但很多专家学者站在现代教育教学理论的高度对作业做了富有创新性的界定，试图走出狭隘的“工具论”视角和摆脱“技术理性”的干扰，这对我们正确理解作业的内涵具有有益的启示。

1.4.2作业改革

是指教师经过教学研究和校本研修等途径，运用继承、摒弃、借鉴、综合和实验等方法，优化作业设计的针对性和有效性。

1.4.3家庭作业

家庭作业是学生根据老师布置的作业要求，课外独立完成的一项学习任务。一般认为，教师布置的家庭作业主要有两种形式，一种是对当日所学内容进行练习，完成当天学习任务，这种形式的特点是学生主要是重复练习，不需要太多认知因素的参与；第二种是家庭作业形式就是学生进行复习和预习，加深对学习材料的理解和掌握。

2.研究背景和国内外研究现状述评

2.1研究背景

过重的作业负担，使广大孩子失去了双休日和节假日，没有了社会实践活动，没有了和大自然接触的机会。过重的作业负担，引起了学生的厌学，引起了多数家长的不满，引起了不同课任教师之间的矛盾，也违背了教育行政部门减轻学生负担的规定。当前社会，尤其是高考前后的报纸上常常报道，高考状元、保送大学等长期受到应试教育的负面影响，给家长的心里形成了孩子的学习必须从娃娃抓起的思想！虽然社会各界都在呼吁大力提倡减轻学生过重的课业负担，提高学生素质，不允许学校补课，但家庭作业在教学活动中所起的作用是众所周知的。家庭作业确实也是提高教学质量的一条有效途径。学生作业的负担有增无减，教育部门提出一、二年级不允许布置家庭作业，试问有多少学校做到了，有多少家长认同？关于家庭作业尤其在学生家庭作业心理（例如：作业动机、态度、期望心理、情绪）还没有引起足够的重视。学生的家庭作业包括作业心理还存在诸多问题，作为教师需要了解分析学生的家庭作业心理。

《基础教育课程改革纲要（试行）》指出："倡导学生主动参与、乐于探究、勤于动手，培养学生搜集和处理信息的能力、获取新知识的能力、分析和解决问题的能力以及交流合作的能力。"新课程实验中作业的设计应是开放的，应努力实现课内外联系，校内外沟通，学科间融合，让作业成为培养和发展学生能力的一座桥梁，从而优化学习环境。

2.2国内外研究现状述评

作业作为教学工作的有机组成部分，在西方国家作业问题研究十分活跃。英国中小学生课程作业主要有实践作业、书面作业、口头和听力作业、表演作业等4种类型。这些作业给我们的启发就是：教师应该更多地从学生个性发展的角度来设计作业，而不应该仅从完成自身教学或增长学生知识的角度设计作业。

对于家庭作业，西方学者在肯定其积极作用的同时，也指出过量的家庭作业也会带来许多消极影响。美国教学问题专家哈里斯·库帕对家庭作业与学业成绩的关系进行了研究，他通过对比研究，得出了令人深思的结论：家庭作业对高中生成绩有重要的积极的影响，对初中生也有用，但功效大约只有一半，对小学生来说，就算作业对他们的成绩真的有效，那也是微不足道的。另外，在家庭作业类型的设计上，西方国家更倾向于扩展型和创造型。如美国有一种贴近生活的家庭作业，依据是当孩子在生活中运用课堂上所学知识时，他们对知识的理解就特别深；当孩子们意识到所学知识在生活中马上会运用时，他们觉得所学知识特别有意义。日本中小学生作业也十分注重联系学生生活实际。总之，美日中小学家庭作业的知识性、综合性、实践性、趣味性比较突出。

瑞士心理学家皮亚杰认为，发展是个体在与环境不断地相互作用中的一种建构过程。个体在发展的过程中，其内部的心理结构是在不断地变化的，而这种变化又不是简单地在原有信息的基础上加上新的事实和思想，而是涉及到思维过程的质的变化。为了学生的发展，我们进行的教育教学工作应当符合“最近发展区”原理：一切的教育组织形式与实施方式，要以缩短学生现有的认知水平和经过他人帮助可以达到的水平之间的差距为出发点。

我国对家庭作业研究较多的是作业量过大问题，即学生学业负担过重问题，家庭作业量大是其中表现之一。特别是自从“减负”以后，很多学校对作业做了有益的改进尝试，诸如“开放性作业”“主体性作业”“发展性作业”等创新设计也层出不穷，在丰富作业形式、激发学生作业兴趣方面取得了不少经验。但这些研究系统不够系统和全面，尤其是实证研究更显不足。相对而言，国外学者对家庭进行了全方位、多视角的研究，其结论和观点对我们的启示是：应全面认识家庭作业的作用，综合考虑家庭作业目的的价值取向，重视家长对家庭作业的作用，家庭作业应向多样化发展。

3.研究程序

本文主要从研究内容、研究方法、技术路线和实施步骤等3个方面来阐明课题的研究程序。

3.1研究内容

3.1.1肃南裕固族自治县中小学生作业现状及存在的问题研究

3.1.2以作业改革撬动学生学习方式改革研究

3.1.3对作业设计、数量、批改的改革研究

3.2研究方法

3.2.1调查法

设计主题问卷，进行实验前后测验调查。

3.2.2实验法

通过对作业形式、数量、批改改进措施的设计和实施，开展作业改革实验。

3.2.3文献资料法

阅读国内外相关研究资料，筛选先进的经验和模式。

3.2.4理论研究法

以皮亚杰的认知理论和多元智能理论为基础，为作业改革及设计提供支撑。

3.3技术路线和实施步骤

3.3.1技术路线

以肃南一中和红湾小学为样本学校，以小学语文、数学和中学语文、数学、英语、物理、化学、生物、政治、历史、地理等学科为主要研究对象，确定实验班级，通过对实验过程的前测和后测的对比，得出基本结论。

3.3.2实施步骤

研究周期：2012年9月至2014年8月。

准备阶段：2012年9月至2012年12月，课题设计、立项评审。撰写《肃南裕固族自治县中小学家庭作业的现状与问题研究》开题报告。

调查分析阶段：2013年1月至2013年3月，开题前期研究、中期检查与评估。大量查阅资料，编辑参考资料汇编；制定研究方案。

调查研究阶段：2013年3月至2013年9月，全面调查、分析对比。撰写论文《肃南裕固族自治县中小学家庭作业的现状与问题研究》；撰写论文《对新课改下家庭作业的内涵、功能和价值取向研究》。撰写《肃南裕

固族自治县中小学家庭作业的现状与问题研究》中期报告。

作业改革实验研究阶段：2013年10月至2014年3月，撰写《新课改背景下中小学家庭作业的内容、形式与批阅改革的实验研究报告》。

归纳总结阶段：2013年10月至2014年3月，深化研究、总结完善。编著《中小学生家庭作业现状调查与改革研究论文集》《新课改背景下中小学家庭作业典型案例集》。

结题阶段：2014年4月至2014年7月，提炼成果、完成结题报告、评估验收，示范推进。撰写《肃南裕固族自治县中小学家庭作业的现状调查与改革研究报告》。

4.研究发现与对策

4.1研究发现

经过两年的课题研究，本课题在理论与实践两方面取得了一定的成效，可以比较圆满地结题。研究表明肃南一中及红湾小学学生家庭作业质量不高存在至少3方面原因。

4.1.1家长方面

大多数家长白天上班或在家务牧或在外打工，晚上忙于家务或其他应酬性事务，无暇顾及孩子作业，个别家长将孩子完全交给爷爷奶奶照顾；有的家长认为自己文化水平低，辅导孩子功课力不从心，干脆任其发展；单亲、孤儿、家庭不和睦也是影响孩子家庭作业质量不高的原因之一。

4.1.2教师方面

主要有两方面：首先是我们对教育规律、学生掌握一种新知的规律、记忆遗忘的规律的认识还需要进一步提高。作为教师必须根据教育学的原理谙知怎样做、何时做、做什么才能让学生掌握住新学的知识，用科学来指导我们的教育教学工作。其次是部分教师的课堂效率不高造成的，"课内损失课外补"，一定要认真抓好集体备课、课例研究，教师要把精力用在备课、课前准备上，抓住教学中的主要环节，方能事半功倍，真正实现"决胜在课堂"的目标。教师布置作业和批改作业不得法。教师布置作业具有随意性，不考虑作业的目的和作用；片面理解精讲多练，作业量不合理；作业方式呆板，布置作业一刀切，缺乏因材施教，对作业的管理跟不上，检查批阅不及时或者不认真。

4.1.3学生方面

有的孩子学习动机存在问题，写作业很被动；有的孩子是身体方面的原因，比如无法集中注意力，视力不好、听力障碍、智力低下等；有的孩子是方法上有问题，比如做事情没有条理，写作业的方法技巧缺乏。

4.2应对措施

基于以上分析，我们在成立了家长委员会的同时，制定了《肃南一中家长的责任与义务》《肃南一中优秀家长评选条件及办法》，对作业布置原则和老师、学生、家长提出了相关要求。

4.2.1作业布置原则

作业的形式——和蔼的外表。在题目前，教师可以设计一些提示的话语，给学生亲切感。如，友情提示："认真读题，仔细审题，沉着做题"；鼓励的话："好好想想，你一定会成功的"；方法指导："注意答题规范""注意从三方面回答，不能遗漏呀"等，这些提示语主要体现一种和谐，关怀的氛围。

作业的内容——善良的内涵。教师在设计题目时，不能把学生看成做作业的机器。首先，作业量要适当。适量的作业，学生会认真对待，兴趣盎然、事半功倍。其次，作业要典型。题目要精选，学生做作业能以一当百，不能布置机械、重复、惩罚性的作业，不能让学生望而生畏。教师可将作业设计成基础、中档、较难三个等级，要求基础题所有学生必做，中档、较难题目学生可根据自己的学习能力自由选择，这样既让学困生有成就感树立学习信心，又能让优秀学生"吃得饱、穿得暖"，从而激发所有学生的学习积极性。

作业的批改——知心的朋友。教师可充分利用作业在师生之间传阅的机会，借作业完成情况，对学生作业给予简洁的评语。评语可分为四类：一是鼓励性评语；二是指导性评语；三是警示性评语；四是询问性评语。

4.2.2学校与老师方面

一是明确作业目的，激发作业动机。只有明确作业目的，才能形成持久的作业动机，要通过正面教育、侧面引导等多种形式，使学生明确为什么要做作业，把老师布置的作业看成是自己掌握知识培养技能的一种需要，并能从完成到做好作业的过程中获得心理满足和快慰时，学生的不良作业心理才会消除。

二是适应学生身心发展水平，讲究作业布置的技巧。一要有目的性，每次作业练习什么，教师心中要有数；二要有针对性，针对教材和学生实际，精选习题；三要有科学性，作业题内容要正确，表述要准确；四要有趣味性，题型多样，方式新颖，内容富有创造性；五要有差异性，区别对待，不搞一刀切；六要有适宜性，数量适当，难易适度。

三是提出规范，严格要求。从新生一入学开始，从新学期第一次作业开始，就向学生提出作业规范，逐步引导学生以正确的态度对待作业，培养学生良好的作业习惯，杜绝不良作业心理的产生。对学生作业规范要求应有这样几条：1.先复习后作业；2.先审题后解答；3.统一格式书写整洁；4.按时、独立完成作业；5.做完后检查，及时上交；6.老师要认真批改作业，错误的地方要及时订正。

四是及时批改，及时反馈。教育心理学研究表明，同样一种练习，知道练习的结果与不知道练习的结果，效果大不一样，前者明显优于后者。因为学生从老师的批改和评价中，不但可以看到自己的进步和不足，及时改进自己的学习，而且还会在精神上产生满足感和内疚感，转化为一种作业动力。实践证明，教师对学生作业不认真批改，是对作业抱无所谓态度的重要原因之一。其次，通过家长学校、家长会、家访、家长开放日等活动形式，对家长进行相关培训，提高家长对学生家庭作业的重视程度，帮助家长掌握辅导学生的方法。让家长体会到，孩子是家庭的希望，家长辛劳很大程度上都是为了孩子，而且孩子的教育是有时效性的，不容许补课的。孩子家庭作业问题主要有这样几种表现：条理性差，不按照顺序做题，错做、漏做题，甚至根本不知道老师布置了什么作业；注意力不集中，左顾右盼；时间观念差；故意拖延时间；协调性差，有的是思维和手不能同步，有的是手眼不协调；被难题挡路，缺乏变通。

4.2.3学生与家长方面

一是要明确学习动机。让孩子把成败的原因归结到“努力”上，如果孩子认为自己笨或者是因为别人影响了他都不利于调动学习的积极性。不能把学习和吃苦联系起来，要让他觉得学习应该是快乐的；那些是为父母写作业、学习为了得到奖励的想法都是错误的。

二是要培养信心。心理学家班杜拉认为孩子会不会采取行动努力学习，有一个重要的影响因素，那就是他对自己能力达到预期的结果，通俗地说，就是他对自己有没有信心。

三是要学会管理时间。有的孩子时点感缺失，有的孩子时序感混乱，有的孩子时距感模糊。学习最好在“黄金时间”进行，还要根据事情的重要程度和紧急程度进行分类，分别对待，学习才最有效。

四是要训练集中精神。当然有的孩子存在注意力障碍，需要特别矫治。对大多数孩子而言，要让他集中注意力，我们要给他创造良好的外部环境，尽量做到简洁、安静、有序才好。我们都应该知道，注意力的持续是有限度的，最好一次只集中于一件事。注意力受到兴趣、身体状态、心态等条件的影响，还需要意志力来维持。

4.3建议对策

允许学生根据自己的兴趣、爱好、特长选做某项作业，而不强求全部完成，以充分发挥发展学生某一方面的创新天赋。

4.3.1让学生自己设计作业，当一回“导演”

《课程标准》指出：“学生是学习的主体，是学习的主人。教师是学生学习的合作者、引导者和参与者。”如果能给学生一些自主权，让学生做自己设计的作业，相信这样的作业学生就不会感到是负担了。事实证明，对于中高年级的学生来说是完全可行的，学生对自己“创造”出的习题更感兴趣，练习也更投入、主动，而且这样的作业让学生感受到一份信任和情感，赋予了作业以人文色彩，反而激活了学生的兴趣，调动了其学习积极性，变作业“要我做”为“我要做”。

4.3.2提供“超市型”的作业，启迪不同层次的数学思考

学生的能力是有差异的，对作业内容的需要自然就有所不同。作业内容的设计就要以自主为原则，找准学生的最近发展区，设计不同层次、多梯度的选择性作业，让学生根据自己的能力和兴趣需要自主选择。如以“作业超市”的形式建立作业库，让学生像逛超市一样，自主选择作业的数量及内容，体现作业的层次性和弹性化，把作业的选择权给学生。我的数学家庭作业除了少量必做的尝试性家庭作业以外，其他的采取自选的办法，可以做一些以巩固为主的家庭作业，也可以做一些兴趣题或思考题。

一开始，有些学生为了应付，出现了“0+0 = 0”的作业，但后来学生们越做越有趣，越做越多，有些学生结合生活实际自编应用题，有些学生竟然开始做一些初中数学习题，真是出乎意料。

4.3.3拓展作业的时空，释放学生的个性

中国的孩子较国外的孩子起步早，却输在终点，这与规定内容、统一模式、固定答案的作业内容的设计不无关系。新课标倡导学习方式的转变，强调研究性学习，作业设计也应与这种学习方式相匹配。探究性作业是对学生综合能力的考核，有利于培养学生的创新精神和实践能力。

5.存在问题及改进

5.1家长方面

肃南地处祁连山深处，农牧村学生在校比例在60%以上，部分家长对孩子的教育不够重视，在多次家长学校培训中，总有些孩子家长不能到场，与家长沟通时，可以发现对孩子的学习不甚关心；有的家长，虽然有心教育孩子，但苦于没有正确的方法。

5.2学校方面

教师人员紧、工作量大，不能真正顾及到每一名学生，教师的水平参差不齐，个别教师责任心不够高，有的教师布置作业缺乏技巧，不能做到“少而精”，不能做到因材施教。

加强教师培训，提高教师的业务水平；提高教师的师德修养，提倡无私奉献的敬业精神。加强家校联系，提高家长对孩子教育的重视程度，尽最大努力发挥家庭教育的作用，给学生家长传授一些教育技巧。

三、主要成果

1.安维武，郎爱军，马世国.肃南裕固族自治县中小学生家庭作业现状调查与改革研究报告.2014.

2.安维武.新课改背景下作业的功能、种类及布置原则[J].甘肃教育社.2014，（3）.

3.课题组.肃南裕固族自治县中小学生家庭作业现状调查与改革研究论文集[C].2014.

4.课题组.肃南裕固族自治县中小学生家庭作业现状调查与改革研究课例集[C].2014.

四、参考文献

[1]李书学.国内外家庭作业比较研究[J].教育学术月刊.2009,(10):65-68.
[2]张丽华.农村中小学数学作业质量不高的归因及对策研究[J].新课程(上旬).2012,(3).
[3]陈雷敏,倪小敏.新课改后小学生课业负担的现状研究——基于温州地区小学的调查[J].温州大学科学学报社会科学版.2012,(3).
[4]李玉梅.让“创意”走进作业布置[J].新课程研究(下旬刊).2011,(12).
[5]王静娴.我国中小学家庭作业价值观研究[D].华中科技大学.2006.
[6]韩云雷.小学生家庭作业情况调查分析[D].内蒙古师范大学.2011.
[7]吴岳,中学生家庭作业态度及其与作业时间和学业成绩的关系研究[D].西南大学.2011.
[8]梁卓娟.关于家庭作业布置与落实的思考[J].新课程(教师版).2006,(5).
[9]王玲玲.新课程理念下数学家庭作业布置的策略[J].小学教学参考.2011,(35).
[10]郭红霞.论作业与教学关系的重建[J].中国教育学刊.2012,(1).
[11]安维武.新课改背景下作业的功能、种类及布置原则[J].甘肃教育.2014(3).
[12]马世国.新课程下的高中语文作业设计探讨[C].肃南裕固族自治县中小学生家庭作业现状调查与改革研究论文集.2014.
[12]全雪萍,优化数学家庭作业还给孩子课外时间[C].肃南裕固族自治县中小学生家庭作业现状调查与改革研究论文集.2014.

五、附录

附录1：

家庭作业现状的调查问卷（家长）

亲爱的家长：

您好！在新课改背景下，为了更全面地了解孩子们的家庭作业现状，进而更好地为大家提供有针对性的帮助，我们特制作此调查问卷。我们将会对您的答卷及个人资料保密，感谢您的配合！祝您生活愉快！

孩子的作业情况

1.孩子做作业一般需要多长时间？（　　）

A.半个小时左右　　B.1个小时左右

C.两个小时左右　　D.其他

2.您觉得孩子的家庭作业量是否合适？（　　）

A.作业太多，孩子写不完　　B.作业量适中

C.作业量不大，还可以再增加一些

D.孩子作业太少，达不到巩固的目的，我会给孩子另外买辅导书

3.您觉得孩子做作业时间多长最合适？（　　）

A.半小时左右　　B.1个小时左右

C.两个小时左右　　D.其他

4.孩子报了几个辅导班？（　　）

A.3个以上　　B.2个

C.1个　　D.没有报辅导班

5.孩子平时的作业都有哪些？（　　）

A.语文　　B.英语　　C.数学　　D.其他

6.孩子常见的作业类型有哪些？（　　）

A.书写、计算　　B.阅读和背诵　　C.生活实践　　D.其他

7.孩子压力大不大？（　　）

A.孩子学习很轻松，没有压力

B.孩子有压力，但不大

C.孩子感觉到作业太多，压力比较大

D.孩子压力很大，每天情绪都很糟糕

关于作业习惯

8.孩子一般什么时间做作业？（　　）

A.在学校基本上就能完成

B.回到家后先做作业再做其他事情

C.回到家先做其他事情再写作业

D.没有养成习惯

9.孩子写作业的时候，是否需要您督促和帮助？（　　）

A.需要督促，否则不能按时完成

B.需要督促，还需要辅导

C.基本不需要

D.没必要督促

10.孩子做作业的时候，您一般会（　　）

A.做自己的事情，不太关注孩子的情况

B.在孩子旁边，可以随时给他提醒或辅导

C.会注意营造安静的氛围，不去打扰他

11.就孩子的作业问题，您是否和老师有过交流？（　　）

A.经常　　　　B.偶尔　　　　C.几乎没有

如果有，都交流些什么内容？

12.如果请您对孩子作业的完成情况进行评价，以下哪种情况最符合？（　　）

A.既快又好　　　　B.快而马虎

C.慢而认真　　　　D.较慢，问题也比较多

13.如果您评价孩子的作业习惯，下面哪种孩子做得很好？

A.自觉学习，先写完作业再做其他事情

B.写作业时很专心

C.写完作业认真检查

14.孩子的成绩怎么样，在班里的程度是（　　）

A.成绩很拔尖

B.中等偏上，但不拔尖

C.中等

D.成绩不大理想，徘徊在及格的边缘

E.成绩很不好，总是不及格

15.在孩子的作业问题上，最让您担心和苦恼的是什么？您觉得出现这样的问题的原因是什么？

16.为了帮助孩子养成比较好的作业习惯，您尝试过什么方法，效果如何？

17.您认为老师让家长修改家庭作业这一举动是否有助于孩子学习成绩的提高？

附录2：

家庭作业问卷调查表（学生）

亲爱的同学们：

你好！这是一份了解你家庭作业完成情况的问卷。所有问题都没有标准答案，也没有对与错。请根据你自身的真实情况，坦率、诚实地回答本问卷中的所有问题，也可以和家长一同完成。

学校　　　班级　　　性别　　　年龄　　　民族

1.你喜欢完成家庭作业吗？（　　）

A.喜欢　　　B.不喜欢

2.你觉得目前整体作业量是（　　）

A.大　　　B.适中　　　C.偏小

3.你放学回家就做作业吗？（　　）

A.是　　　B.不是

4.你每天要花多长时间完成家庭作业？（　　）

A.半小时以内　　　B.半小时至一个小时

C.更多

5.你做家庭作业时有人辅导吗？（　　）

A.有　　　B.没有

6.当你在做作业时，遇到难题，你会如何解决？（　　）

A.问家长　　　B.自己动脑筋，查阅资料解决

C.乱做　　　D.空着不做

7.通常你完成作业后是如何检查的？（　　）

A.自己检查　　　B.家长检查　　　C.不检查

8.你现在常常做的是什么形式的家庭作业？（　　）

A.口头　　　B.书面　　　C.实践

9.你喜欢什么形式的家庭作业？（　　）

A.口头

B.书面
C.综合（查资料、画画、动手实践、听音乐、朗读等）
10.你的老师会给不同程度的学生布置不同内容的家庭作业吗？( )
A.会　　B.不会
11.你喜欢什么类型的家庭作业？(　　)
A.机械的抄写　　B.预复习　　C.阅读和作文　　D.做试题
12.你觉得作业量与成绩的关系（　　）
A.只有多做作业，成绩才能好　　B.要完成作业，成绩就好了
C.少做作业成绩才能好
13.你认为多做家庭作业的原因是（　　）
A.我要做作业　　B.家长要我做的　　C.老师要我做的
14.你愿意和同学们共同完成家庭作业吗？(　　)
A.愿意　　B.不愿意
15.你愿意老师每天都布置家庭作业吗？(　　)
A.愿意　　B.不愿意
16.你的家长经常看你的家庭作业吗？(　　)
A.经常　　B.没有过　　C.有时
17.你经常在什么时候完成作业？(　　)
A.回家后马上写　　B.睡觉前写　　C.早晨上学前写
18.你觉得家庭作业能促进你的学习吗？(　　)
A.能　　B.不能
19.你喜欢父母批改你的家庭作业吗？(　　)
A.喜欢　　B.不喜欢
20.父母对我做家庭作业的态度是（　　）
A.赞同　　B.反对　　C.保持中立

2016年10月，该课题经甘肃省教育科学规划办组织专家评审，通过省级鉴定（证书号：GSGB［2016］J0729）。

后 记

“教研是一种科学研究，也是教育发展的内驱力，在实践、研究、再实践、再研究的循环往复中，通过经验与智慧的积累、传输、共享和集成，一步步垫高了教育水平的台阶，让教育得到切实的发展；教研也是教师个体发展最重要的源泉”。若从2002年我到肃南二中任教开始系统探索教育教学研究算起，至今已近20年了。20年来，先后围绕校本课程开发、学校文化传承、民族语言教学和县域教育管理等主题，开展了一系列选题鲜明切实的研究和实践。这不但为推动县域基础教育优质均衡发展做了些工作，也让我和我的研究团队主要成员有了更好更快的职后专业成长。

20年来，我在教育教学和管理一线亲历了自治县“中学向县城集中、小学幼儿园向乡镇集中”的“一乡一校”学校布局结构调整和落实“以县为主”管理体制改革；参与实践了义务教育“课程改革”“六三制”学制改革和以“五制”改革为主要内容的学校内部管理体制改革；参与落实了国家“两免一补”、巩固提高“两基”成果、中小学信息技术教育普及、实现“15年基础教育全免费”和“10年高等教育奖补”等教育发展重大政策的落地实施；参与推动了县域义务教育基本均衡和学前教育普及普惠发展的实现。应该说这20年是自治县基础教育发展最好的时期，也是发展成果最突出的时期，更是肃南教育在全省民族地区引领发展潮流的时期。

2014年，裕固族教育研究所的成立，开启了裕固族教育研究的新篇章，力求为全国人口较少民族教育发展和文化传承提供范例，为促进世界多元文化发展作出贡献。同年，“裕固学文献资料中心”的成立，初步具备了对民族文化的收集、组织、研究、保存和提供利用的功能，同时使捐赠民族文化公益事业成为了裕固族的文化新风尚。2016年，裕固族教育研究所开始策划出版第一辑“裕固族现代教育与文化传承研究丛书”，开始系统总结和展示裕固族教育发展实践与研究之典范模式和基本经验。同年，裕固族教育研究所申报的6项“1+5”模式的系列课题获准立项甘肃省“十三五”教育科学规划课题，为裕固族语言文化传承工作的全面推进搭建了较好的研究平台。与此同时，新招录的5名裕固族语言文化专职教师在裕固族教育研究所完成半年培训后分配到校任教，开启了裕固族聚居区学校传承民族语言文化的新里程。正是长期在教育教学管理实践、研究、再实践、再研究这样循环往复的经验积累和成果推广，充分利用裕固族教育研究所这个平台，通过每年一届的研讨会，既向上对接专家咨询团队争取理论指导，又向下对接教学实践团队指导教学实践，较好发挥了研究所的平台作用、取得了成功经验……《甘肃省裕固族自治县教育条例》颁布实施、“县管校聘”教师管理改革的实施，为推动县域民族教育治理体系和治理能力现代化，加快实现肃南教育从“管理”向“治理”转变奠定了基础……

20年来，正是响应国家和自治县教育改革发展大势的持续研究和实践，逐步形成了民族地区义务教育课程改革与裕固族乡土教材建设、经济文化类型与初中地方性校本课程建构的“十大环节”“五个有利于”等理论研究成果；探索实践了“专家组理论引领+研究所平台搭建+教师团队教学实践”的民族文化学校传承模式；提炼总结了通过学校教育传承人口较少民族优秀传统文化的基本经验。这对于包括裕固族在内的民族优秀传统文化趋于濒危的其他人口较少民族，通过研究开发和实施校本课程，对保护、传承和弘扬民族优秀传统文化也是一个有益的案例借鉴。同时，在长期的教育教学管理实践中，积极推行级主任管理制、班主任选聘制、教职工聘任制、岗位责任制、绩效工资制等“五制改革”，探索民族地区校本化管理机制改革和创办国内一流教育目标的政策保障机制改革，逐步形成了富有成效的学前教育普及普惠发展、义务教育优质均衡发展、高中教育多元特色发展的民族地区城乡一体化的县域教育特色。

回顾20年来的教育研究和实践经历，在滕星、钟进文、巴战龙等诸位教授的学术指引下，通过和屈军、王延军、蔡世宏、王肃云、樊旭平、郎爱军、杨杰等诸位同仁的共同参与和20多位一线教师的教学实践，我们先后完成了10项教育科研项目。在此，我要向他们表示衷心的感谢和诚挚的敬意！不揣浅陋将研究成果梳理汇集于此，以求教于方家和同仁！

安维武

二〇二〇年十二月三十一日